公共基础课规划教材

大学生军事理论训练教程

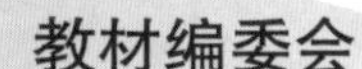

教材编委会
主　编　崔世君 张华平
副主编　黄瑞初 周建成 刘国生

DAXUESHENG JUNSHILILUN XUNLIANJIAOCHENG

中国原子能出版社

图书再版编目(CIP)数据

大学生军事理论训练教程／“十三五”规划教材编委会主编. —北京：中国原子能出版社，2013.6(2023.7 重印)

ISBN 978-7-5022-5946-4

Ⅰ. ①大…　Ⅱ. ①十…　Ⅲ. ①军事理论-高等学校-教材　Ⅳ. ①E0

中国版本图书馆 CIP 数据核字(2013)第 143377 号

大学生军事理论训练教程

出版发行 中国原子能出版社(北京市海淀区阜成路 43 号　100048)
责任编辑 刘　朔
技术编辑 冯莲凤
责任印制 潘玉玲
印　　刷 北京市彩虹印刷有限责任公司
经　　销 全国新华书店
开　　本 787 mm×1092 mm　1/16
印　　张 14.5　　　**字　　数** 366 千字
版　　次 2023 年 7 月修订版　2023 年 7 月第 2 次印刷
书　　号 ISBN 978-7-5022-5946-4　　　**定　　价** 49.80 元

网址：http://www.aep.com.cn　　　E-mail：atomep123@126.com
发行电话：010-68452845

前　　言

国防教育是建设和巩固国防的基础,更是增强民族凝聚力、提高全民素质的重要途径。学校国防教育是全民国防教育的重要阵地,是实施素质教育的重要内容。学生军事训练工作是学校国防教育的基本形式,是国家人才培养和国防后备力量建设的重要举措。军事理论课是学生军事训练工作的重要组成部分,是高校教学的重要内容之一。在青年学生中开展军事训练,对推进素质教育、为国家培养合格人才、强化全民国防观念、加强国防现代化建设、加强思想政治工作、坚定理想信念,造就有理想、有道德、有文化、有纪律的具有一定军事知识和技能的高素质后备兵员,具有重要的战略意义。

军事课是高等院校学生的必修课程,是高校素质教育的必要组成部分,通过军事课教学,让学生了解掌握军事基础知识和基本军事技能,增强国防观念、国家安全意识和忧患危机意识,弘扬爱国主义精神、传承红色基因、提高学生综合国防素质。军事课要以习近平强军思想和习近平总书记关于教育的重要论述为遵循,全面贯彻党的教育方针、新时代军事战略方针和总体国家安全观,着眼培育和践行社会主义核心价值观,以提升学生国防意识和军事素养为重点,为实施军民融合发展战略和建设国防后备力量服务。

本书以国防教育为主线,通过军事理论课教学,使学生掌握基本军事理论和军事技能,增强国防意识,提高国防行为能力,加强集体主义观念和组织纪律性,实现全面提高学生的综合素质。

本书在编写过程中借鉴和参考了多位国内外专家、学者的成果和同类教材的部分精华,在此一并表示衷心的感谢！由于编者水平有限,书中难免有不妥之处,欢迎批评指正。

编者

前言

目　　录

第一章　中国国防

第一节　国防概述

一、国防的内涵

国防是指国家为适应安全与发展的需要，为防备和抵抗侵略，制止武装颠覆，保卫国家的主权、统一、领土完整和安全而进行的军事以及与军事有关的政治、经济、外交、科技、教育等方面的活动。

国防是一个庞大的系统，军事力量不是衡量国家国防力量强弱的唯一标准。国防建设的范畴主要包括武装力量建设、国防体制建设、国防外交、国防工业建设、国防工程建设、国防经济建设、国防动员、对人民群众进行的国防教育以及建立的国防法规等。

（一）国防的主体

国防的主体是国防活动的组织者或实行者，通常是指统治阶级或国家。国防建设的主体也是国家，一切国家机构都应当按照有关法律法规的要求，履行其承担的国防职责。每一位公民也必须依照法律法规，自觉履行公民的国防义务。

（二）国防的目的

国家的主权、统一、领土完整和安全是国家独立的标志和最高原则，是国家最根本的权益。国防的根本目的在于捍卫国家主权、维护国家统一、保护国家领土和保障国家安全。

（三）国防的对象

国防的对象是指外来侵略势力和内部反动势力的一切破坏行为。根据《中华人民共和国国防法》的界定，国防的对象是“侵略”和“武装颠覆”。

（四）国防的手段

国防的手段是指为了达到国防的目的而采取的一切方法和措施。根据《中华人民共和国国防法》的规定，我国国防的手段包括军事活动以及与军事有关的政治、经济、外交、科技、教育等方面的活动。

二、国防的类型

国防力量是一个国家综合国力的重要体现，由国家的性质、国家经济实力等决定。国家的性质不同，国家实力不同，制定的国防政策和追求的国防目标就不同。这就产生了不同的国防类型。目前，世界上的国防类型主要有扩张型、自卫型、联盟型和中立型四种。

（一）扩张型国防

扩张型国防是指某些国家为了维护本国在世界多个地区的利益，奉行霸权主义侵略扩张政策，打着防卫的幌子，对别国进行侵略、颠覆和渗透。美国是当今世界上最典型的实行扩张型国防的国家，它在世界各地驻有大量军队，在全球有几百处军事基地，干涉别国内部事务，强制推行美国式的管理策略，企图永远主宰世界。

（二）自卫型国防

自卫型国防强调主要依靠本国自身的防卫力量，防止外敌入侵，保证本土安全，维护地区与世界的和平与安全，在世界范围内坚持不结盟政策。我国是社会主义国家，中华人民共和国成立后，一直实行自卫型国防。我们不会侵略别的国家，但也绝不允许别国对我国进行侵略。

（三）联盟型国防

联盟型国防就是多个国家通过结盟的形式，以弥补自身防卫力量的不足，实现本国与盟国的安全与稳定的国防政策。从联盟国之间的关系来看，联盟型国防还可分为一元体系联盟型国防和多元体系联盟型国防。前者是由一个大国处于盟主地位，其余国家则处于从属地位，目前的日本、韩国的国防属于此种类型，都是以美国为盟主建立的国防；后者是各联盟国基本属于伙伴关系，共同协商防卫大计，如北约组织、苏联解体后的独联体组织等。从结成联盟的目的来看，联盟型国防又可分为自卫型和扩张型两种。

（四）中立型国防

中立型国防是指一些中小发达国家为保障本国的繁荣、发展和安全，奉行和平中立的国防政策，实施总体防御战略和寓兵于民的防御体系。瑞士就是典型的中立型国防国家，采取寓兵于民、全民皆兵的国防政策。

三、国防的历史与启示

（一）我国国防的历史

我国国防的历史极其悠久，源远流长。中国社会先后经历了不同的发展阶段，国防也经历了屈辱与荣耀、衰败与昌盛的历史。它记录了中华民族悲壮的过去，有着沉痛的教训，也积累了成功的经验，充满着中华民族的勇敢和智慧，不但是中国人民的精神财富，也是我们进行国防教育的生动教材。

1. 古代国防

中国古代国防始于公元前21世纪夏王朝的建立，止于1840年的鸦片战争，历经约4000年、20多个朝代的兴衰更迭，呈现出兴衰交替和曲折发展的特点。

（1）古代的军事国防理论。我国古代历代王朝为了提高国防能力，提出了许多卓有成效的军事国防理论，其中较为著名的有"以民为体""居安思危"等国防指导思想，"富国强兵""寓兵于农"等国防建设思想，"爱国教战""崇武尚德"等国防教育思想，"不战而胜""安国全军"等国防斗争策略，等等。遵循这些思想，我国取得了无数次对外战争的胜利。

（2）古代的军事建制。我国古代的军事建制主要包括军事领导体制、武装力量体制和兵役制度等内容。

①军事领导体制。夏、商、西周时期，一般由君王亲自掌握和指挥军队，没有形成专门的军事领导机构。春秋末期，将、相分权治国，以将（将军）为主组成军事指挥机构。战国时期，将军开始独立统兵作战。秦国一统天下之后，设立了专门管理军事的机构，太尉为最高的军事行政长官。隋朝设立了三省六部制，设兵部专门主管军事。宋朝则设置枢密院作为军事领导的最高机构，主官由文官担任，主要目的是防止"权将"拥兵自重。枢密院有权调兵却无权指挥，将军有权指挥却无权调兵，形成枢密院和将军相互牵制的局面。各朝代在军事领导体制方面的做法虽各有千秋，但皇权至上，军队的最终调拨使用大权始终掌握在皇帝手中。

②武装力量体制。秦朝之前武装力量结构单一，一个国家通常只有一支国家军队。从秦朝开始，国家的政治制度逐渐完善，生产力不断发展，因而各个朝代根据国家状况和国防需要以及驻防地区和担负任务的具体情况，将军队划分为中央军、地方军和边防军三种，并对军队的编制体制、屯田戍边、兵役军赋、军队调动、军需补给、驿站通道、军械制造和配发等都作了具体的规定，并以法律的形式颁布执行。

③兵役制度。兵役制度随着各个历史时期的政治、经济、人口状况和军事需要而发展变化。奴隶社会时期，生产力低下，人口稀少，战争规模小，主要实行兵民合一的民军制度。封建社会时期，民军制度逐渐演变为与当时历史条件相适应的兵役制度，如秦汉时期的征兵制、三国两晋南北朝时期的世兵制、隋唐时期的府兵制、宋朝的募兵制、明朝的卫所兵役制等。

（3）古代的国防工程建设。中国古代的国防工程建设主要是修筑防御工程体系。被列为世界著名建筑奇迹之一的万里长城就是中国古代最大的防御工程，早在战国时期，燕、赵、秦等国就开始修建长城。秦始皇统一六国后，把北部长城连接起来，形成了西起甘肃临洮、东至辽东的万里长城。以后，历代王朝多次修建、扩展，到明代形成了东起辽东虎山、西至甘肃嘉峪关全长8000多千米的长城。从明代开始，在沿海的重要地段，陆续修建了以卫城为主，营堡、水寨、台墩和障碍物相结合的防御体系。

2. 清末与民国时期的国防

（1）鸦片战争前后的清政府国防。清军1644年入关建立全国性的政权，到了康熙、雍正、乾隆时期，清朝进入了鼎盛时期，但是经过康乾盛世之后，清政府政治日趋腐败，国防日益疲软。

1840 年，英国凭借船坚炮利的优势，打破了清王朝紧锁的国门，开始对中国进行侵略。在西方列强的侵略面前，腐朽的清朝统治者奉行消极防御的国防建设指导思想，有国无防，大片国土被迫割让，也使中国逐步沦为半殖民地半封建社会。

(2)民国时期的国防。1911 年爆发的辛亥革命，虽然推翻了清朝的统治，彻底废除了封建专制制度，建立了"中华民国"，近代陆军、海军和空军相继建立，并且配备了先进的武器，国防建设思想也开始逐渐现代化，但并没有改变中国任人宰割的历史。帝国主义通过扶植各派军阀作为自己的代理人，加紧对中国的控制掠夺；各派军阀争权夺利，混战不已。中国依然处在有边不固，有海无防的状态。

3. 新中国成立后的国防

1949 年中华人民共和国成立后，我国国防建设大体经历了三个发展时期。

(1)初创建设时期。此时的新中国处在外御帝国主义侵略，内治战争创伤和恢复经济的时期，国防建设的内容有：建立了边防和守备部队，加强了海防；建立健全了统一的军事领导机构和军事制度；加强对全国武装力量的领导，建立了初具规模的各兵种部队，逐步开始从单一陆军向多兵种全面建设过渡；制定了"积极防御"的战略方针，提出了要实现国防现代化；加强国防动员准备，建立各级动员机构和动员制度；等等。这些措施有力地促进了我国国防建设体系的发展。

(2)曲折发展时期。在"文化大革命"时期，我国国防和军队建设遭到了严重干扰和破坏，军队正常的教育训练受到严重冲击。但国防尖端技术在困难中仍取得了长足发展，成功地进行了地地导弹、核武器试验和地下核试验，第一颗氢弹爆炸成功，第一颗人造卫星发射成功，极大地增强了我国国防实力。

(3)现代化建设时期。党的十一届三中全会以后，随着国家工作重点的转移，国防建设进入了一个新的历史时期。1985 年，我国国防建设指导思想实施战略性转变，国防和军队建设转变到和平时期建设的轨道上来。1993 年，中央军委确立了"打赢高技术条件下的局部战争"的新时期军事战略方针。1995 年，中央军委又提出了实现由应对一般条件下的局部战争向打赢现代技术特别是高技术条件下的局部战争转变，由数量规模型向质量效能型、由人力密集型向科技密集型转变的战略思想。坚持质量建军，走精兵之路，实施科教强军战略，极大地提高了我国打赢高技术局部战争的能力。

(二)国防历史启示

中国国防建设的成长历程

1. 政治昌明是国防巩固的根本

政治与国防紧密相关，国家的政治是否昌明，制度是否先进，直接关系到国防能否巩固。昌明的政治是固国强兵的根本，纵观我国数千年的国防史，凡是兴盛的时期和朝代，都十分注意修明政治，实行较为开明的治国之策。战国时期，原本西陲小国的秦国，从商鞅变法开始，修政治，明法度，发展生产，繁荣经济，国防日渐强大，为吞并六国奠定了坚实的基础；大唐初建时，满目疮痍，百废待兴，正是由于制定并实施了一系列开明的政治制度,国家很快从隋末的战争废墟中恢复过来,成为国力昌盛、空前统一的大唐帝国。凡是衰落的时期和朝代,无不因为政治腐败导致国防虚弱。唐朝中期以后,两宋乃至晚清都是如此。

2. 经济发展是国防强大的基础

经济是国防的物质基础,国防的强大有赖于经济的发展,强兵必先富国。早在春秋时期,齐国著名政治家管仲就提出"富国强兵"的思想,孙子则更直接地指出:兵不强则不可以摧敌,国不富不可以养兵,富国是强兵之本。这一观点抓住了国防强大的根本所在。我国古代凡是有作为的政治家、军事家,无不强调富国强兵这一思想。秦以后,汉、唐、明、清各个封建王朝前期国防的强盛,都是休养生息、发展经济的结果。宋代奢侈成风,"冗官、冗兵、冗费"成灾,府库不充,边用匮乏,加上朝廷政治腐败等其他各方面的原因,外患几乎从未中断,最后被强大的蒙古骑兵夺走政权。近代,满清王朝在帝国主义的侵略下一败再败,从某种意义上讲,也可以说是强大的资本主义经济战胜落后的封建社会经济的结果。

3. 拥有一支数量足、质量高的军队是捍卫国防的保证

国防的基本支柱是常备军,而常备军的强大则是国防巩固的标志。我国历史上重视军队建设从而使国防巩固和强盛的事例很多,而不注重军队建设致使国防衰弱、国家内忧外患迭起的例子也比比皆是。当然,军队数量同国防强弱并不总是成正比的,相比之下,军队的质量更为重要。兵贵精而不贵多,而精兵之要,首在选练,应使军队训练有素,管理良好,始终保持旺盛的战斗意志和强盛的战斗力。建立和保持一支训练有素、纪律严明的军队,是国防建设上的一个根本性的问题,必须做到:和平时期,要科学判断国际环境的变化趋势;要注重军队建设,教育人民群众增强国防观念,树立关心国防事业、支持军队建设、尊重军事职业的思想意识;要坚持"兵可百年不用,不可一日不练"的观念,使军人爱军习武、敬业奉献。

4. 国家的统一和民族的团结是国防强大的关键

翻开几千年的国防史,会发现这样一个规律:凡是国家统一、民族团结的时期,国防就巩固、就强大;凡是国家分裂、民族矛盾尖锐的时期,国防就虚弱、就颓败。晚清时期,面对帝国主义列强的进攻,清政府不仅不敢组织反侵略战争,不依靠、不支持人民群众进行战争,反而认为"患不在外而在内""防民甚于防火",对人民群众自发组织的反侵略斗争实行残酷的镇压,最终造成在对外作战中屡战屡败,割地赔款,使中国逐步沦为半殖民地半封建社会。

四、现代国防观

(一)现代国防的基本概念

现代国防又叫作社会国防、大国防、全民国防,是现代战争的产物,是现代条件下的国防,是国家为适应现代战争的需要而进行的全民族的防务,是指国家为独立、安全和发展、维护领土完整和主权利益,抵御外来侵略、颠覆和武装威胁,以现代化的先进科学技术手段所进行的总体防务。其主要内容包括现代国防体制、国防战略、国防政策、国防力量、国防科技、国防工业、国防工程、国防经济、国防教育、国防动员、国防交通、国防法规,以及与现代国防有关的所有方面的建设和斗争。

现代国防是综合国力的较量。习近平总书记在党的十九大报告中强调:"我们的军队是人民军队,我们的国防是全民国防。我们要加强全民国防教育,巩固军政军民团结,为实现中国梦强军梦凝聚强大力量!"这为确立适应时代发展要求的现代国防意识提供了根本引领。

(二)现代国防的基本特征

现代国防是传统国防的继承和发展,是一种全新的、系统的国防观念和国防实践活动。现代国防基本有以下几方面的特征。

1. 现代国防与国家的安全发展联系更紧密

由于国防内涵的演变和发展,国防观念便有了新的深度和广度。现代国防观念认为:国防已不单是军队的事,它渗透于国家的各个领域和各个行业,贯穿和平时期和战争时期的全过程,因而成为党政军民的共同大事。它不仅是为了打赢战争,也是为了达到多元化制约战争、推迟战争和制止战争,最终达到维护世界和平的目的。国防不仅是保卫国家安全,同时也是国家稳定、国家建设和发展的保障。在当代,任何国家的统治者和决策者都必须把国防问题提到国家全局的高度予以统筹规划与考虑,而不能把国防和军队的建设游离于国家、政府之外。

2. 现代国防是综合国力的对抗与较量

从国防的角度讲,现代国防的核心虽仍以军事力量为主体,但已不单指军事力量,它依靠国家的实力,同时还依靠国家的潜力和潜力转化为实力的能力。它不仅要考虑兵力、军费、武器等直接构成的国防实力,同时还要考虑国防体制、国防法规、国防教育等国防实力和潜力的发挥。为此,在现代国防中出现了"综合国力"的理论。现代综合国力是由政治力、经济力、科技力、自然力、国防力、人力、物力等多种因素构成的。它包括国家的方方面面,如国土面积、地理位置、自然资源、人口数量与质量、地形、气候、生产能力、科技文化水平、运输和通信状况、军事力量、社会制度、国家政策和管理能力、国际关系、国际地位等。如何使综合国力得到尽快的增强和有效的运用,则是加强现代化国防建设的关键所在。

3. 现代国防是多种形式的斗争和角逐

现代国防的斗争不仅继续以武力较量为基本形式,还经常通过诸如政治、经济、科技、心理能力、外交谈判、军备控制、国际会议等方面的多种形式的非武力斗争进行角逐。随着社会经济和科学技术的发展,使用武力越来越危及整个人类的生存,因而越来越超出人类所能承受的限度。各种非武力的斗争形式,以武力做后盾,主要通过非武力手段的斗争形式,越来越多地为世界各国所采用。不少人把这种以武力为后盾的多种形式的角逐归纳为保持威慑力量。所谓威慑,指"不战而屈人之兵",是指运用和显示既有的综合国力与多种斗争手段,发挥最大的影响力,给敌人造成巨大的心理压力,使其不敢贸然运用武力，从而达到制约、推迟或制止战争的目的。在制约战争中“显示”国防力量比“使用”国防力量意义更大。威慑理论和实践的出现以及它的多样化的运用，进一步丰富了现代国防的斗争形式。

4. 现代国防具有多层次的目标体系

现代国防的斗争，使其目标呈现多个层次。按范围可分为自卫目标、区域目标及全球目标（不同制度和不同对外政策的国家，国防目标各有不同）。自卫目标着眼于维护国家主权。区域目标有的着眼于自卫和维护周边地区的和平与稳定，有的则是在周边地区进行挑衅、扩张和蚕食。全球目标对不同的国家区别则更大，有的以称霸世界为目的；有的则以维护世界和平、消除战争威胁为目的。从国防目标的内涵讲，国防也有不同层次的目标。在国家面临紧急威胁时，国防的目标首先是解决国家存亡问题；在一般威胁的情况下，国防的目标是解决安危、荣辱问题；在保障国家建设和创造发展有利的国内外环境的问题上，国防的目标还有保卫和促进发展问题。因此，存亡、安危、荣辱、兴衰构成了国防目标的四个层次。

5. 现代国防与国家经济建设的关系更加紧密

国家经济发展的总的水平决定着现代国防的规模和质量，制约着武器装备技术水平的发展。当今世界由于科技的迅猛发展，促使武器装备不断更新，现代国防对资源、财力的需求和对国家经济部门的依赖性也日益增加。同时，国防又能为保证经济建设的顺利进行和为人民的和平劳动创造一个和平安全的国内国际环境。它能发挥社会经济功能，多方面地支援和促进国家经济建设，如参加救灾抢险和重点工程项目建设、利用国防工业的人才和技术设备的优势从事民用生产与科研等，均可以达到国防“繁殖”，为国家创造财富的目的。

6. 国防教育的普及与开展

党的十九届五中全会对国防和军队现代化作出部署

现代国防的另一个显著特征是国防建设与发展离不开教育。《中华人民共和国国防教育法》颁布后，国防教育有了新的发展，特别是在高等学校实施的军事训练和军事理论课教学，是现代国防教育的一个重要环节。经过十几年的不断努力和发展，高等学校军事学科的发展取得了长足的进步。从学科建立至目前较系统的高校军事学科体系，不仅适应了新时期的国防教育发展需要，而且深受广大青年学生的喜爱。这也为国防教育的普及与发展奠定了坚实的基础。

第二节　国防法规

国防法规是指国家为了加强防务，尤其是加强武装力量建设，用法律形式确定并以国家强制手段保证其实施的行为规范的总称。国防法规作为国防活动的基本法规规范，其主要任务是调整和规范国家在国防领域中的各种关系，把国防建设纳入到法律化轨道，确保革命化、现代化、正规化建设总目标的实现。它是国家国防政策的法律体现，是指导国防活动的行为准则，又是国家法律体系的重要组成部分。

国防法规对人们的行为具有指引、评价、教育、预测、强制的作用，对国防活动具有保证执政党和国家对国防的统一领导，保障国防现代化建设，巩固和提高武装力量战斗力，维护军队和军人合法权益等作用。在我国构建社会主义和谐社会的新形势下，在依法治国的大环境中，国防法规在加强国防和武装力量建设、做好新时期军事斗争准备等方面，发挥着越来越重要的作用。

一、国防法规体系

国防法规体系是指由不同层次、不同门类的国防法律规范构成的相互联系、相互制约、和谐一致的有机整体。

（一）国防法规体系的层次

我国的国防法规从国防建设的实际需要出发，内容十分广泛，已形成完整的国防法规体系。这一体系包括规范国防建设基本任务、方针原则、领导体制及制度的《中华人民共和国国防法》；规范国家兵役制度的《中华人民共和国兵役法》；规范国防教育的《中华人民共和国国防教育法》；规范武装力量作战训练、管理等内容的行政法规；规范军官、士兵服役、军衔等内容的国防人事法规；还有规范发展武器装备、保护军事设施的《中华人民共和国国防科技法》《中华人民共和国军事设施保护法》等。我国的国防法规，按立法权限可以区分为五个层次。

1. 全国人民代表大会及其常务委员会颁布的法规

根据我国宪法，全国人民代表大会及其常务委员会是唯一拥有国家立法权的机关，凡是基本军事法律和军事法规均须经全国人民代表大会或其常务委员会讨论制定。属于这一层次的有《中华人民共和国国防法》《中华人民共和国兵役法》《中华人民共和国国防教育法》等。《中国人民解放军现役军官服役条例》《中国人民解放军军官军衔条例》等由全国人大常委会制定颁布，属于基本法律之外的其他法律。

2. 国务院和中央军委制定的法规

根据我国宪法，国务院是最高行政机关，肩负领导国防事业的职权；中央军委是最高军事机关，行使领导全国武装力量的职权。二者作为最高权力机关的执行机关，都有权制定国防行政法规。如《军人抚恤优待条例》等由国务院制定颁布；《中国人民解放军内务条令》《中国人民解放军纪律条令》《中国人民解放军队列条令》等由中央军委制定颁布；而《征兵工作条例》则是由国务院和中央军委联合制定颁布的。

3. 国务院各部委和军委各总部制定的法规

军事规章和国防行政规章以军事法规和国防行政法规为依据，结合本系统或本区域的实际情况作出具体规定，以保证军事法规或国防行政法规的贯彻实施。由军委各总部和国务院各部委制定的军事规章或国防行政规章在全军或全国一定范围内具有法律效力，如《单兵训练规定》《兵员管理规定》《牺牲、病故人员遗属抚恤的规定》等。

4. 各军兵种、各大战区制定的法规细则

中国人民解放军是诸军兵种合成的军队。为了加强部队建设，坚持严格训练，实施

科学管理,提高作战能力,各战区、各军兵种根据自身特点,依据基本法律法规,制定具体的法规细则。如陆军颁布的《战斗条令》、海军颁布的《舰艇条令》、空军颁布的《飞行条令》等。

5. 各省、自治区、直辖市人民代表大会和政府制定的地方性法规

为了贯彻落实国家宪法、国防基本法律,加强国防建设,确保地方政府各个部门有法可依,有章可循,各省、自治区、直辖市的人民代表大会和政府制定了相应的法规和规章。如《关于加强人武部建设意见》《征兵工作若干规定》《国防教育条例》等。

(二)国防法规体系的内容

依据国防活动的领域,在横向关系上可以将国防法规划分为国防领导、武装力量建设、国防建设事业、军事刑事等方面的国防法律制度。

1. 国防领导方面的法律制度

国防领导方面的法律制度,是关于我国国防领导体制、国家机构在国防活动中的领导职权等方面的法律规范的总和,是国防法律制度中最重要的组织制度。它主要包括国家最高军事统帅、国防决策机构、国防行政领导机构、国防指挥机构、国防协调机构、国防咨询机构的设置、职权划分和相互关系等制度。根据我国《宪法》和《国防法》的规定,在现行的国防领导体制中,由全国人民代表大会及其常委会、中华人民共和国主席、国务院和中央军事委员会共同行使领导职责。中央军事委员会是我国武装力量的领导机关。不同的国家机构在国防方面的职权主要有立法权、任免权、决定权、监督权和行政权等。

2. 武装力量建设方面的法律制度

武装力量建设的法律制度,是关于武装力量的性质、任务、建设目标、建设原则、体制规模以及兵役制度的法律规范的总和。它主要包括武装力量体制、兵役制度、军队体制编制、军事训练制度、军队行政管理制度、军队武器装备管理制度、军队政治工作制度、军队后勤制度、人民武装警察部队方面的制度、优抚与安置制度等。

3. 国防建设事业方面的法律制度

国防建设事业方面的法律制度,是关于国家在调整国防建设活动中的各种社会关系的法律规范的总和。主要有国防科研生产法律制度、国防动员法律制度、国防教育法律制度、军事设施保护法律制度、人民防空法律制度、安全防卫法律制度、对外军事关系方面的法律制度等。

4. 军事刑事方面的法律制度

军事刑事法律制度,是规定军职人员违反职责犯罪和其他公民危害国防利益犯罪及其刑罚处罚的法律规范的总和。它以刑法、军事刑事法规、规章、司法解释等形式规定了军职人员违反职责犯罪和其他公民危害国防利益犯罪的种类、适用法律,以及处罚原则、刑事处罚种类、诉讼程序和执行方式等。

二、公民的国防权利与义务

公民的国防权利是指由国家宪法、法律赋予公民在国防活动中所享受的权益或资格。国家从法律和物资上保障公民享有这种权利。公民的国防义务是指宪法和法律规定的公民在国防活动中对国家必须履行的某种责任。这种责任是根据国家和人民的根本利益确定的,并由国家运用法律的强制力保证它的实现。

(一)公民的国防权利

根据《国防法》的规定,我国公民有以下三个方面的国防权利。

1. 对国防建设提出建议的权利

《国防法》第五十四条规定:"公民和组织有对国防建设提出建议的权利。"这一规定是公民依照宪法享有对国家事务的建议权在国防建设方面的体现。我国现行宪法规定:"中华人民共和国公民对于任何国家机关和国家工作人员,有提出批评和建议的权利";"一切国家机关和国家工作人员必须依靠人民的支持,经常保持同人民的密切联系,倾听人民的意见和建议,接受人民的监督,努力为人民服务"。公民的批评建议权是国家和社会监督权的形式之一,充分体现了我国人民当家做主的社会主义性质。在我国,人民是国家的主人,公民有权关心国防建设,有权对国防建设提出建议。

2. 制止、检举危害国防行为的权利

《国防法》第五十四条规定:"公民和组织有对危害国防的行为进行制止或者检举的权利。"这一规定是对宪法关于公民有维护国家安全、荣誉和利益的义务和关于公民检举权规定在国防方面的体现。这一权利表现为两个方面:一方面,公民为维护国防利益,有权依法对危害国防的行为,即对行为人违反国家的有关法律、不履行国防义务、超越国防权利的界限、对国防利益造成破坏或侵害的行为,予以制止、检举。另一方面,要求国家对公民为维护国防利益而行使的制止、检举权,予以支持和保护,且对于检举的危害国防利益的违法犯罪行为,必须查清事实,负责处理,绝不允许对检举人压制和打击报复。否则,将承担法律责任。

3. 在国防活动中因经济损失得到补偿的权利

《国防法》第五十五条规定:"公民和组织因国防建设和军事活动在经济上受到直接损失的,可以依照国家有关规定取得补偿。"这一规定体现了我国一切为了人民利益的社会主义的本质,既保护了公民和组织的经济权利,又有利于调动公民和组织依法积极参加国防建设和军事活动。但是,这种补偿与公民在民事活动中享有的损害赔偿是不同的,它仅限于公民在国防活动中出现直接的经济损失,而不包括间接的经济损失和非经济的损失。同时,对直接经济损失的偿付,可以是全部的,也可以是部分的。

(二)公民的国防义务

根据《国防法》的规定,我国公民的国防义务主要包括兵役义务,接受国防教育的义务,保护国防设施的义务,保守国防秘密的义务,支持国防建设、协助军事活动的义务等。

1. 兵役义务

《国防法》第五十条规定:"依照法律服兵役和参加民兵组织是中华人民共和国公民的光荣义务。"《兵役法》第三条规定:"中华人民共和国公民不分民族、种族、职业、家庭出身、宗教信仰和教育程度,都有义务依照本法的规定服兵役。”

根据《兵役法》,公民履行兵役义务主要有三种形式:一是服现役。现役指公民自入伍之日起到退伍之日止,在军队中所服的兵役。这是公民履行兵役义务的一种主要形式。凡在中国人民解放军和中国人民武装警察部队服兵役的公民称为现役军人。现役又包括军官的现役和士兵的现役。二是服预备役。预备役是公民在军队现役之外所服的兵役。我国预备役包括预备役部队、民兵组织和其他预备役人员。服预备役是指普通公民参加预备役部队,或参加民兵组织,或进行预备役登记。服预备役分为服士兵预备役和服军官预备役。三是参加军事训练。包括参加预备役人员的军事训练、普通高等学校和高级中学学生的军事训练。

2. 接受国防教育的义务

接受国防教育作为公民的一项义务,是指每一个公民都要按照国家的规定,通过一定的形式,接受国防教育,增强国防观念,并把它当作自己的光荣职责。具体来讲,我国公民有义务接受国防理论、军事知识、国防法制、国防历史、国防精神、国防体育等内容的教育。对拒绝接受国防教育的义务主体,要视情况追究法律责任。我国许多省、市的国防教育条例都明确规定:对不接受国防教育的重点对象,要进行批评教育;批评教育不改的,要强制其接受教育,或给予行政处分。

3. 保护国防设施的义务

国防设施是指国家直接用于国防目的的建筑、场地和设备。包括军事指挥机关、地面和地下的军事指挥工程、作战工程;军用机场、港口、码头;部队营区、训练场、试验场;军用洞库、仓库;军用通信、侦察、导航、观测台站和测量、导航、助航标志;军用公路、铁路专用线,军用通信、输电线路,军用输油、输水管道以及国务院和中央军委规定的其他国防设施。国防设施是国防的物质屏障,战时,它是打击敌人、抵抗侵略的重要依托;平时,它具有制约敌对力量的威慑作用。

根据国防设施的性质、作用、安全保密的需要和使用效能的特殊要求,可将国防设施分为三类:一是需要划定军事禁区予以保护的国防设施;二是需要划定军事管理区予以保护的国防设施;三是不便于划定保护区域,但同样需要采取有效措施加以保护的国防设施。对此,我国公民对这三类国防设施要履行不同的保护义务。

4. 保守国防秘密的义务

国防秘密是指关系到国家防卫安全与利益,依照法定程序确定,在一定时间内或只限一定范围的人员知悉的军事或与军事有关的政治、经济、外交、科技、文化等方面的事项。根据《国防法》的规定,公民应当遵守保密规定,不得泄露国防方面的国家机密,不得非法持有国防方面的秘密文件、资料和其他秘密物品。

5. 支持国防建设、协助军事活动的义务

根据《国防法》的规定,公民在支持国防建设、协助军事活动方面的义务有以下几点:①支持国防建设,包括参与国防宣传、履行兵役义务、协助做好军人及其家属的优抚工作、促进军民团结等。②为武装力量的军事训练、战备勤务、防卫作战等活动提供便利条件或者其他协助,主要包括:根据需要,主动为武装力量使用档案、资料、设备、交通、通信、场地、建筑等提供方便；为武装力量执行任务的人员提供必需的饮食、住宿、医疗、卫生保障等。③支前参战的义务，主要包括战时踊跃参军、配合部队作战、担负战时勤务、保卫重要目标等。

第三节 国防建设

国防建设是国家为构建和完善国防体系，提高国防能力而进行的一系列活动的统称，包括武装力量建设，边防、海防、空防、人防及战场建设，国防科技与国防工业建设，国防动员建设，国防法规建设，国防教育，以及与国防相关的交通运输、信息通信、医疗卫生、能源、水利、气象、航天等方面的建设等。

专家解读新时代的中国国防

一、国防领导体制

国防领导体制是指国家领导国防活动的组织体系及相应制度。它包括国防领导机构的设置、职权划分、相互关系等，是国家政权组织形式和机构的重要组成部分。一般设有最高统帅、最高国防决策机构、国家行政机关中管理国防事务的部门、武装力量领导指挥系统。中国根据《宪法》《国防法》和有关法律，建立和完善国防领导体制。中国共产党、中华人民共和国对国防活动实行高度集中统一的领导。

（一）国防领导体制的历史发展

自中华人民共和国成立以来，为使国防领导体制适应国家政治、经济、科技的发展，特别是军事发展和保障国家安全的需要，国防领导体制进行了多次调整改革，在实践中不断发展和完善。

1949 年 10 月，中华人民共和国成立后，根据《中国人民政治协商会议共同纲领》和《中华人民共和国中央人民政府组织法》的规定，设立中央人民政府人民革命军事委员会，作为国家最高军事领导机关，统一管辖并指挥中国人民解放军及其他武装力量。人民革命军事委员会下设总参谋部、总政治部、总后勤部。

1954 年 9 月 20 日，第一届全国人民代表大会通过并颁布的《中华人民共和国宪法》规定：中华人民共和国主席统率全国武装力量，担任国防委员会主席，不再设立中央人民政府革命军事委员会。1954 年 9 月 28 日，中共中央政治局在《关于成立党的军事委员会的决议》中指出，必须同过去一样，在中央政治局和书记处之下成立党的军事委员会，担负整个军事工作的领导。中央政治局、书记处和军事委员会有关军事工作的决定，可用军事委员会（简称军委）的名义由内部系统下达，其须公开发布的命令和指示，则用国务院或国防部的名义下达。同年 10 月 11 日，经中央书记处批准，原冠以“中央人民政府人民革命军事委员会”者，一律改称“中国人民解放军”，如“中央人民政府人民革命军事委员会总参谋部”改称“中国人民解放军总参谋部”等。至 1958 年 7 月以前，中共中央军事委员会领导下的人民解放军总部曾实行总参谋部、训练总监部、武装力量监察部、总政治部、总干部、总后勤部、总财务部、总军械部等八大总部的体制。

1958年7月，中共中央军委扩大会议通过的《关于改变组织体制的决议》规定：中央军委是中共中央的军事工作部门，是统一领导全军的统帅机关，军委主席是全军统帅。国防部是军委对外的名称。军委决定的事项，凡需经国务院批准，或需用行政名义下达的，由国防部长签署。中央军委领导下的总部体制仍恢复总参谋部、总政治部、总后勤部三总部体制。1975年和1978年通过的《中华人民共和国宪法》规定：中华人民共和国武装力量由中国共产党中央委员会主席统率，国家不再设国防委员会。

1982年9月，第五届全国人民代表大会第五次会议通过的第四部《中华人民共和国宪法》规定，设立中华人民共和国中央军事委员会，领导全国的武装力量。中央军事委员会实行主席负责制，主席由全国人民代表大会选举或罢免，对全国人民代表大会和全国人民代表大会常务委员会负责。与此同时，中共中央军事委员会继续存在，其职能和国家中央军委完全相同，这表明中央军委同时有两个名称：一个是中共中央军委，一个是国家的中央军委；从而确立了党和国家高度集中统一的行使领导职权的国防领导体制。

党的十八大以来，军队全面实施改革强军战略，我军领导指挥体制改革取得了突破性进展。军委机关按照军委管总、战区主战、军种主建的总原则进行调整组建，把总部制改为多部门制，由原来的总参谋部、总政治部、总后勤部、总装备部4个总部，改为军委办公厅、军委联合参谋部、军委政治工作部、军委后勤保障部、军委装备发展部、军委训练管理部、军委国防动员部、军委纪律检查委员会、军委政法委员会、军委科学技术委员会、军委战略规划办公室、军委改革和编制办公室、军委国际军事合作办公室、军委审计署、军委机关事务管理总局15个职能部门。

（二）国防领导职权

根据《宪法》和《国防法》，中华人民共和国的国防领导职权由中共中央、全国人大及其常务委员会、国家主席、国务院、中央军委行使。

1. 中共中央的国防领导职权

中国共产党作为执政党，是领导中国社会主义事业的核心力量。中共中央在国家生活包括国防事务中发挥决定性的领导作用。有关国防、战争和军队建设的重大问题，都是由中共中央、中央军委、中央政治局及其常务委员会做出决策并通过必要的法定程序，作为党和国家的统一决策予以贯彻执行。

2. 全国人民代表大会及常务委员会的国防职权

中华人民共和国全国人民代表大会是最高国家权力机关，它在国防方面的职权主要有：决定战争与和平的问题；制定有关国防方面的基本法律；选举中央军事委员会主席，根据中央军事委员会主席的提名，决定中央军事委员会其他组成人员，并有权罢免以上人员；审查和批准包括国防建设计划在内的国民经济、社会发展计划和计划执行情况的报告；审查和批准包括国防经费预算在内的国家预算及预算执行情况的报告；改变或者撤销全国人民代表大会常务委员会在国防方面的不适当的决定；应当由全国人民代表大会行使的国防方面的其他职权。

全国人民代表大会常务委员会在国防方面的职权主要有:在全国人民代表大会闭会期间,如果遇到国家遭受武装侵犯或者必须履行国际间共同防止侵略条约的情况,决定战争状态的宣布;决定全国总动员或者局部动员;制定国防方面的法律;在全国人民代表大会闭会期间,审查和批准包括国防建设计划在内的国民经济和社会发展计划,包括国防经费预算在内的国家预算在执行过程中所必须做的部分调整方案;监督中央军事委员会的工作;在全国人民代表大会闭会期间,根据中央军事委员会主席的提名,决定中央军事委员会其他组成人员的人选;根据最高人民法院院长和最高人民检察院检察长的提请,任免军事法院院长和军事检察院检察长;决定同外国缔结的有关国防方面的条约和重要协定的批准和废除;规定军人的衔级制度;规定和决定授予在国防方面国家的勋章和荣誉称号;全国人民代表大会授予的国防方面的其他职权。

3. 国家主席在国防方面的职权

中华人民共和国主席在国防方面的职权主要有:根据全国人民代表大会的决定和全国人民代表大会常务委员会的决定,宣布战争状态;根据全国人民代表大会的决定和全国人民代表大会常务委员会的决定,发布动员令;公布全国人民代表大会及其常务委员会制定的有关国防方面的法律;根据全国人民代表大会常务委员会的决定,授予在国防方面国家的勋章和荣誉称号;根据全国人民代表大会常务委员会的决定,批准和废除同外国缔结的有关国防方面的条约和重要协定。

4. 国务院在国防方面的职能

中华人民共和国国务院是最高国家权力机关的执行机关,是最高国家行政机关。它在国防方面的职权是领导和管理国防建设事业,包括编制国防建设发展规划和计划;制定国防建设方面的方针、政策和行政法规;领导和管理国防科研生产;管理国防经费和国防资产;领导和管理国民经济动员工作与人民武装动员、人民防空、国防交通等方面的有关工作;领导和管理拥军优属工作、退出现役的军人安置工作;领导国防教育工作;与中央军事委员会共同领导中国人民武装警察部队、民兵的建设和征兵、预备役工作以及边防、海防、空防的管理工作;法律规定的与国防建设事业有关的其他职权。

5. 中央军事委员会在国防方面的职权

中华人民共和国中央军事委员会是最高国家军事机关,负责领导全国武装力量。其职权主要包括:统一指挥全国武装力量;决定军事战略和武装力量的作战方针;领导和管理中国人民解放军的建设,制定规划、计划并组织实施;向全国人民代表大会或者全国人民代表大会常务委员会提出议案;根据宪法和法律,制定军事法规,发布决定和命令;决定中国人民解放军的体制和编制,规定军委职能部门以及战区、军兵种和其他战区级单位的任务和职责;依照法律、军事法规的规定,任免、培训、考核和奖惩武装力量成员;批准武装力量的武器装备体制和武器装备发展规划、计划,协同国务院领导和管理国防科研生产;会同国务院管理国防经费和国防资产;法律规定的其他职权。

中央军委实行主席负责制,中央军委主席即为全国武装力量的统帅。中央军委组成人员为中央军委主席一人,副主席若干人,委员若干人。中央军委之下,设有 7 个部(厅)、3 个委员会、5 个直属机构共 15 个职能部门。

二、国防战略

我国的国防战略是积极防御。积极防御就是坚守我们的防御,在我们防御的过程中要争取主动、争取有利态势,即积极防御。中国实行积极防御军事战略,在战略上坚持防御、自卫和后发制人的原则。为适应世界军事领域的深刻变革和国家发展战略的要求,中国制定了新时期积极防御的军事战略方针。

这一方针立足于打赢现代技术特别是高技术条件下的局部战争。中国综合考虑威胁国家安全的各种因素,着眼于最困难、最复杂的情况做好防卫作战准备。中国人民解放军实施科技强军战略,加快国防科研和武器装备发展,培养高素质新型军事人才,建立科学的体制编制,发展具有中国特色的作战理论,增强联合作战、机动作战和执行多种任务的能力。

这一方针注重遏制战争的爆发。根据国家发展战略的需要,中国人民解放军灵活运用各种军事手段,同政治、经济、外交等斗争密切配合,改善中国的战略环境,减少不安全、不稳定因素,努力遏制局部战争和武装冲突的爆发,使国家建设免遭战争的冲击。中国始终奉行不首先使用核武器政策,对发展核武器采取极为克制的态度。中国从不参加核军备竞赛,也从不在国外部署核武器。中国保持有限的核反击力量,是为了遏制他国对中国可能的核攻击。

这一方针坚持和发展人民战争思想。而对现代战争的新变化,中国坚持依靠人民群众加强国防建设,增强全民国防观念,实行精干的常备军与强大的后备力量相结合的武装力量体制;坚持平战结合、军民结合、寓兵于民的方针,完善动员体制和机制,拓宽动员领域和范围,建立适应现代战争要求的国防动员体系;坚持灵活机动的战略战术,创造现代条件下适合人民群众参战的新战法,发挥人民战争的整体威力。

三、国防政策

国防政策是国家在一定时期所制定的关于国防建设和国防斗争的基本行动准则。我国的国防政策是由中国的国家利益、社会制度、对外政策和历史文化传统等因素所决定的。新世纪新阶段中国国防政策的基本内容包括以下几个方面。

1. 维护国家安全统一,保障国家发展利益

防备和抵抗侵略,确保国家领海、领空和边境不受侵犯;反对和遏制“台独”分裂势力及其活动;防范和打击一切形式的恐怖主义、分裂主义和极端主义。

2. 实现国防和军队建设全面协调可持续发展

坚持国防建设与经济建设协调发展的方针,把国防和军队现代化建设融入经济社会发展体系之中,使国防和军队现代化进程与国家现代化进程相一致。

3. 加强以信息化为主要标志的军队质量建设

坚持以机械化为基础,以信息化为主导,推进信息化、机械化复合发展,实现军队火力、突击力、机动能力、防护能力和信息能力整体提高。

4. 贯彻积极防御的军事战略方针

立足于打赢信息化条件下的局部战争,着眼维护国家主权、安全和发展利益的需要,做好军事斗争准备;逐步建立集中统一、结构合理、反应迅速、权威高效的现代国防动员体系;以联合作战为基本作战形式,发挥诸军兵种作战优长。

5. 坚持自卫防御的核战略

中国的核战略贯彻国家的核政策和军事战略,根本目标是遏制他国对中国使用或威胁使用核武器。中国始终奉行在任何时候、任何情况下都不首先使用核武器的政策。无条件地承诺不对无核武器国家和无核武器区使用或威胁使用核武器,主张全面禁止和彻底销毁核武器。

6. 营造有利于国家和平发展的安全环境

按照和平共处五项原则开展对外军事交往,发展不结盟、不对抗、不针对第三方的军事合作关系。参与国际安全合作,加强与主要大国和周边国家的战略协作和磋商,开展双边或多边联合军事演习,推动建立公平、有效的集体安全机制和军事互信机制,共同防止冲突和战争。

四、国防建设成就

中华人民共和国成立后,经过几十年的艰苦奋斗,国防建设取得了举世瞩目的成就。我国国防建设无论是在政治上还是在国防力量上都在不断加强。今天的中国之所以巍然屹立在世界的东方,并享有很高的声誉,主要是我国在政治上独立、经济上发展和国防的不断强大。

(一)建立和完善了有中国特色的武装力量领导体制

我国的武装力量领导体制是在长期的革命战争中形成和发展起来的。1949 年 10 月 19 日成立了中央人民政府人民革命军事委员会。从 1982 年起,党和国家共同设立中央军事委员会。这种领导体制,既贯彻了党对军队绝对领导的根本原则,又适应了我军已成为国家的主要组成部分的实际情况,进一步完善了国家武装力量的领导体制,体现了党领导军队与国家领导军队的一致性。这种领导体制,便于运用国家机器来加强武装力量的建设,既可使党中央对军事工作的决策、指示具有法律效力,成为国家意志,又能保证军队的最高领导权、指挥权高度集中统一。这种领导体制,也符合我国的国情和军情,坚持了党领导军队的传统,体现了四项基本原则这个立国之本的要求,体现了中国共产党作为唯一的执政党在国家政治生活中的领导地位和作用。

(二)现代化、正规化和革命化军队建设取得突破性的进展

20 世纪 90 年代以来,根据高技术战争的特点和影响,人民解放军开始把军事斗争准备的立足点放在打赢现代技术,特别是高技术条件下的局部战争上面。军队建设逐步实现由数量规模型向质量效能型、由人力密集型向科技密集型的转变。在发展武器装备方面,人民解放军根据现代技术,特别是高技术条件下局部战争的需要,努力发展高技术

"撒手锏";在调整改革体制编制方面,人民解放军进一步压缩了军队规模,优化诸军兵种比例结构,完善合成体制,使军队体制编制更加适应现代战争的需要;在改革教育训练方面,为培养掌握现代科技知识和战争知识、精通现代军事科学理论的高层次指挥人才,指挥院校增设了硕士、博士生教育,部队训练加大了实战力度。

(三)形成了门类齐全、综合配套的国防科技工业体系

国防科技是衡量一个国家综合国力的重要标志之一。在党中央、国务院、中央军委的关怀和领导下,经过几十年的建设和发展,我国的国防科技工业建立起了包括电子、船舶、兵器、航空、航天和核能等门类齐全、综合配套的科研实验生产体系,为我军现代化建设做出了重要贡献。

(四)国防后备力量建设取得了长足的发展

党的十一届三中全会以来,我国国防后备力量建设经过一系列的调整改革,各项工作均取得了显著的成绩。一是实现了指导思想的战略性转变,走上了相对和平时期稳步发展的轨道。二是确立并实行了民兵与预备役相结合的制度,初步形成了具有中国特色的国防后备力量体系。三是注重宏观指导,合理布局,边海防、大中城市和重点地区的民兵工作进一步加强。四是民兵、预备役部队在参战支前、保卫边疆、发展生产、扶贫帮困、抢险救灾、维护社会治安等方面发挥了重要作用,为国家的改革、发展和稳定做出了巨大的贡献。五是健全了国防动员机构。军队从军委各机关到各战区、集团军、师、团均设有动员机构或动员军官。省军区、军分区、人武部既是同级党委的军事部门,又是政府的兵役机关,是兼后备力量建设与动员工作于一体的机构。六是加强了国防教育,恢复并加强了对大学、高中(含相当于高中)在校学生的军训工作,使国防教育逐步纳入整个国民教育体系之中。

五、军民融合

(一)军民融合的含义

军民融合是指把国防和军队现代化建设与经济社会发展体系进行融合,全面推进经济、科技、教育、人才等各个领域的军民融合。军民融合指在更广范围、更高层次、更深程度上把国防和军队现代化建设与经济社会发展结合起来,为实现国防和军队现代化提供丰厚的资源和可持续发展的后劲。

党的十八大以来,党中央把军民融合发展上升为国家战略,军民融合发展呈现整体推进、加速发展的良好势头。党的十九大报告提出,新时代要"更加注重军民融合","形成军民融合深度发展格局,构建一体化的国家战略体系和能力。"

2015 年,习近平首次提出把军民融合发展上升为中国国家战略。截至 2018 年 5 月,重点领域军民融合发展的格局初步形成。特别是在武器装备科研生产领域,积极吸纳全社会优势资源。在取得武器装备科研生产许可证的企业中,民营企业占到总数的 2/3 以上,其中优势民营企业占比接近一半。

2018年11月15日,中央军民融合办举办军民融合发展总体情况第三方评估成果报告会,深入学习贯彻习近平总书记关于军民融合发展重要论述,传达学习中央军民融合发展委员会第二次会议精神和全国军民融合发展工作座谈会精神,研讨交流军民融合发展总体情况第三方评估成果。

(二)军民融合的发展方式

第二次世界大战后,世界许多国家将重点转移到经济建设上,并采取以经济竞争和科技竞争为主、军事力量竞争为辅的战略,促进了军民共用技术的巨大发展,形成了各自的发展模式。

1. 美国军民融合的发展

第二次世界大战后至20世纪90年代中期,是美国的军转民阶段。第二次世界大战后,美国政府强调军转民,实行军工科研资料解密,鼓励将国防科技成果和人才转入民用企业。在军工科研所中成立研究与技术应用办公室,帮助军工科研所将国防科技成果转向私营企业。美国电子工业的发展就得益于大批军事科研成果的解密。这一时期,美国坚持"以军带民",强调国防与国民经济共同发展。1994年,美国国会技术评估局在《军民一体化的潜力评估》研究报告中,首次提出"军民融合"的概念,要求国防科技工业与民用科技工业相结合,形成一个统一的国家科技创新体系。军民融合作为一项国策被正式确立后,美国对军工企业等部门进行了一系列改革,促进了高新技术的快速发展,推动了军用技术与民用技术的融合。"以军带民,以民促军"政策的实施,将美国国防与国家经济带入跨越式发展阶段。

2. 俄罗斯军民融合的发展

苏联解体后,俄罗斯为改变其军事畸形发展的状况,于20世纪90年代开始实行军转民。1990年,俄政府颁布了《俄罗斯联邦共和国国防工业"军转民"法》,旨在推动俄罗斯军方和军工企业的优化改组,通过对军工企业进行结构改革,减少军工企业数量,发展军民两用高新技术,加强军工企业与国外企业的合作,尽快改变军事畸形发展的局面。但因国内政治剧变与金融危机,使俄罗斯国防工业军转民的改革收效甚微,军品与民品分割现象依然存在,军民一体化发展高新技术产业难以落实,原本强大的军工体系也受到了削弱。

3. 日本军民融合的发展

第二次世界大战后,日本军力发展受到种种限制。为恢复战后经济,日本政府强调国家经济依靠民用部,强调军用技术和民用技术之间没有区别,采取大力发展民间军事工业、成立军民一体化公司、公司内优先发展民用技术、以民用带动军用等一系列有效措施,促进军民两用技术和产业的发展,推进军民一体化进程。

4. 欧盟军民融合的发展

第二次世界大战后,英、意、德、法等欧洲国家在经历了战争的洗礼后,渴望和平成为欧洲各国人民的迫切要求,各国元首以战后的视角开始审视军与民之间发展的次序问题。1975年,欧空局的成立标志着先民后军、以民促军战略的确立。欧盟先在民用领域进行技术、人才开发。法国率先从法律和会计制度上实行军用和民用之间通用,使军用采购和民用采购之间无差别,在制定政策时也将国防政策与经济社会政策同时考虑。德国、意大利也是欧盟军民融合的支持者,它们采取的措施是缩减国防经费预算,加强国防科技的国际合作。欧盟各国国防军工企业能力不同,军转民经历与进度不同,但各国通过协商,在科研政策、国防工业、科研人才三个方面达成一致,致力于欧盟国防科技一体化,其目的是在开发民用技术的基础上,进行军民联合技术开发,从而为从民用技术合作过渡到军用技术合作打下了基础。

5. 中国军民融合的发展

20 世纪 50 年代之前:全民皆兵军民一体;

20 世纪 50 年代中后期:重军民两用;

20 世纪 60 年代:军民结合、平战结合以军为主;

20 世纪 50—70 年代,处于“军民结合”阶段。1958 年,毛泽东提出“军民结合,平战结合”方针后,开始对国防科技工业进行管理机构改革,从而拉开了军转民的序幕。这一时期,国防工业与国民经济各成体系,虽然国务院、中央军委批准国防工业实行中央与地方双重领导的管理体制,但军队、政府间职能不清,加上国家实行面向国防建设服务的战略,使得国防工业依然独立于民用,还是民用为军用服务,为发展武器装备业服务。

20 世纪 70 年代至 21 世纪初,进入“军民一体化”阶段。邓小平提出“军民结合、平战结合、军品优先、以民养军”的十六字方针后,国防科技工业开始实行军民结合,要求国防工业服从和服务于国家经济建设大局,为经济建设服务,以四个现代化建设带动国防现代化。国防科技工业与国民经济相结合,实行了公司制和市场化改革,将航天、航空、兵器、舰船等军工总公司改组为 10 个集团公司,实行合同制,实现了政企分开、供需分开,从而使中国国防工业走上了“军民兼容”“军民结合”的道路。国防科技工业真正融入国民经济中,由单一面向国防建设转为面向为工业、科技、经济和国防现代化服务,大力发展民品生产和第三产业。

20 世纪 90 年代,江泽民提出“军民结合、寓军于民”“两头兼顾、协调发展”以及“提高军民兼容程度”等思想,有力促进了国防建设与经济建设的紧密结合。同时,江泽民指出中国要走出一条符合我国国情并反映时代特征的国防现代化建设道路。

2007 年,胡锦涛在十七大报告中提出了“建立和完善军民结合、寓军于民的武器装备科研生产体系、军队人才培养体系和军队保障体系,坚持勤俭建军,走出一条中国特色军民融合式发展路子”的战略思想,标志着中国开始迈向“军民融合”阶段。这一阶段的基本思路是:国防工业要与经济建设良性互动,国防工业要与民用工业相联系,实现民用与国防科技工业同步发展,形成国家创新体系下的国防科技创新体系。这一思想要求对军工企业的组织管理模式进行改革,对不适应市场机制的军工企业进行兼并、重组与关停,培育大型企业和企业集团。

2018 年军民融合产业发展稳中提速,取得实质性成果。在政府主导和市场化运作相结合条件下,以有利于增强武器装备系统集成能力生成为目标,积极推进军民融合领域相关企业的兼并重组。专业化整合和规模化重组以各军工集团或各民用行业龙头为主,实现内外部军民资源的整合。在此基础上,未来将逐步打破军工集团和各企业的界限,实现军工集团之间交叉重组和各企业之间的跨行业重组。无论从政策支持还是战略形势的角度,军民融合领域正处于黄金并购重组期。

(三)军民融合的国家战略

1. 中国战略

(1)军民融合成为国家战略。2015 年 3 月 12 日习近平在中国十二届全国人大三次会议解放军代表团全体会议上,第一次明确提出:“把军民融合发展上升为国家战略。”

(2)设立中央军民融合发展委员会。2017 年 1 月 22 日,中共中央政治局召开会议,决定设立中央军民融合发展委员会,由习近平任主任。中央军民融合发展委员会是中央层面军民融合发展重大问题的决策和议事协调机构,统一领导军民融合深度发展,向中央政治局、中央政治局常务委员会负责。

(3)军民融合成为国家今后五年的工作重点。2017 年 10 月 18 日,习近平在中国共产党第十九次全国代表大会上的报告中指出:“坚持富国和强军相统一,强化统一领导、顶层设计、改革创新和重大项目落实,深化国防科技工业改革,形成军民融合深度发展格局,构建一体化的国家战略体系和能力。”

(4)军民融合战略由构想转为实践。2018 年 6 月 20 日,习近平主持召开中央军民融合发展委员会第一次全体会议时指出:推进军民融合深度发展,必须立足国情军情,走出中国特色军民融合道路,把军民融合发展理念和决策部署贯彻落实到经济建设和国防建设全领域全过程,强化贯彻落实和改革创新,坚持法治思维,向重点领域聚焦用力。各地区各部门坚持党中央领导,强化使命担当。各省(区、市)要加快设置军民融合发展领导机构,完善职能配置和工作机制。

(5)军民融合进入实质性实践阶段。2018 年 10 月 15 日,习近平主持召开中央军民融合发展委员会第二次全体会议时指出:要抓好《关于加强军民融合发展法治建设的意见》贯彻实施,推进军民融合领域立法;加快职能转变;通过战略性重大工程有效推动科技创新;要加强党中央集中统一领导,统一协调相关重大工程、重大计划、重大项目,统一调动所需的人、财、物等创新资源。

2. 战略意义

以习近平为核心的中共中央,把走中国特色军民融合式发展与实现中华民族伟大复兴紧密联系在一起,说明了推动中国国防建设和经济建设良性互动,确保在中国全面建成小康社会进程中实现富国和强军的统一,是实现强国梦强军梦的必由之路,对于提高中国人民解放军能打仗、打胜仗,有效维护国家主权、安全、发展利益,具有极其重要的现实意义。

3. 变革对策

(1)以政府为先导。中国政府在军民融合中扮演两种角色:一是直接干预军工企业的并购活动,参与有关军工企业改革、并购的重大决策;二是以社会管理者的身份,通过法律、经济等间接的方式影响军工企业。从欧洲与美国来看,政府充分发挥“管理者”进行宏观调控的作用,在国防工业购并中采取发动、鼓励等间接手段,促进军民融合发展。

而俄罗斯在军转民中,由于政府未担当起宏观调控人的角色,使得军工企业与民用企业生产相同的产品,造成企业间不必要的竞争。这就要求我国政府把军民融合作为国家战略,对军工企业的产业结构布局和调整进行长远规划,对"军转民"实施政策引导,使军工企业更好地适应市场经济环境。

(2)以法律法规为保障。军民融合需要通过制定完善的法律法规体系,规范军民融合中各参与主体的行为。制定"军转民"法规,以保障军转民的顺利实施。从法律制度来讲,中国的军民融合工作才刚刚起步,需要通过立法加以推进,使其逐步走向法制化和规范化。

(3)以发展军民两用技术为核心。一是借鉴先进国家的经验,对中国现有的国防机构进行改组,或扩大国防科研项目的申报范围,使民用科研机构参与到国防科研项目的申报中来;二是建立军民融合的科技创新体系,发展军民两用技术,促进军民两个领域的双向技术交流,实现军民双赢。

4. 产业模式

(1)"军转民"。关于"军转民"的解释,国外比较有代表性的观点认为,"军转民"是特指军事装备等军品的生产设备和人员向民用生产领域转移(Jacques S. Gansler,1995)。在国内,一般将"军转民"界定为军事工业的民用生产,是指和平时期军事工业在确保完成军工生产任务的前提下,充分利用自身剩余生产能力,挖掘自身的生产潜力并充分发挥自身优势生产民品,以发挥军事工业对民用工业的补充和促进作用,为国民经济的发展服务(曹智英,1995)。可见,国内外对"军转民"的理解主要局限在两个层次上,一是军事工业由单一军品生产转向包括军品和民品在内的多种产品生产(多种经营),二是将军工生产能力部分转向民用生产。虽然这两个方面是"军转民"的重要内容,但它不能完整地概括军事工业"军转民"内涵与实质。

如果从更全面、更深层次理解,可以将"军转民"界定为军事工业由军事专用性的科研生产转向军民结合性(或兼容性、两用性)科研生产的一种特定运行机制。军转民的必然结果是军民一体化。

(2)"民参军"。中国"民参军"尚处于起步阶段,兼具机制灵活、效费比高等诸多优点,未来拥有更为广阔的发展前景。"民参军"即民营企业、民营资本,或者以民品为主的国资进入军工行业。

中国民营企业进入中国国防科技工业主要有三层含义:①进入军用产品和技术市场,参与军品的研制和生产,或进行零部件的配套研制和生产。②进入军工资本市场,参与国有军工企业的股份制改造,或合资合作组建新的股份制项目公司。③进入军工人才市场,各类民营科技和经营管理人才应聘于军工企业。

(四)军民融合的发展意义

(1)通过军民深度融合,盘活存量资产,吸引各种渠道资源进入安全领域,促进创新,加快武器装备升级换代。

(2)解决原有中国军工资产的效率问题,构建中国国家主导、需求牵引、市场运作、军民深度融合的运行体系,由原来的"输血"转为"造血",促进军工产业升级。

(3)把中国国防科技工业与民用科技工业相结合,共同形成一个统一的国家科技工业基础,实现军民两部门合作共赢的目标。

第四节 武装力量

武装力量是国家或政治集团所拥有的各种武装组织的统称。一般以军队为主体,由军队和其他正规的、非正规的武装组织结合构成。通常由国家或政治集团的最高领导人统率。

超震撼的中国武装力量

一、中国武装力量的性质、宗旨与使命

中国《兵役法》第四条规定:"中华人民共和国武装力量由中国人民解放军、中国人民武装警察部队和民兵组成。"《宪法》第二十九条规定:"中华人民共和国的武装力量属于人民。它的任务是巩固国防,抵抗侵略,保卫祖国,保卫人民的和平劳动,参加国家建设事业,努力为人民服务。"

我国的武装力量产生于人民,服务于人民,是为人民利益而存在和战斗的军事力量。

人民军队的性质:中国人民解放军是中国共产党缔造和领导的,用马克思列宁主义、毛泽东思想和包括邓小平理论、"三个代表"重要思想、科学发展观、习近平新时代中国特色社会主义思想等重大战略思想在内的中国特色社会主义理论体系武装的人民军队,是人民民主专政的坚强柱石。

人民军队的宗旨:紧紧地和人民站在一起,全心全意地为人民服务。

人民军队的使命:坚决维护中国共产党的领导和中国特色社会主义制度,坚决维护国家主权、安全、发展利益,坚决维护国家发展的重要战略机遇期,坚决维护地区与世界和平,为全面建成小康社会、实现中华民族伟大复兴提供坚强保障。

二、中国武装力量的构成

武装力量建设是指为建立和加强国家武装力量所采取的一系列举措。它以军队建设为主体,是国防建设的重要组成部分。武装力量建设的目的是提高武装力量的作战能力、为国家的根本利益服务。中华人民共和国武装力量由中国人民解放军、中国人民武装警察部队、民兵组成,由中华人民共和国中央军事委员会领导并统一指挥。

(一)中国人民解放军

中国人民解放军由现役部队和预备役部队组成,是中国共产党缔造和领导的军队。其中,中国人民解放军现役部队是中华人民共和国武装力量的主体,主要担负防卫作战任务,必要时可以依照法律协助维护社会秩序。2015 年中共中央总书记、国家主席、中央军委主席习近平在纪念中国人民抗日战争暨世界反法西斯战争胜利 70 周年大会上宣布:中国将裁减军队员额 30 万。至此,中国人民解放军员额为 200 万人。

中国人民解放军自 1927 年 8 月 1 日诞生以来,经历了中国工农红军、八路军和新四军、中国人民解放军等几个发展阶段,由小到大,由弱到强,打败了国内外的反动派和帝国主义侵略者,为建立人民政权立下了不朽的功勋。中华人民共和国成立后,又经过了抗美援朝战争、边境自卫反击作战的考验,捍卫了国家主权和领土完整,并在革命化、现代化、正规化建设中得到了很大的发展,成为了人民民主专政的坚强柱石、保卫社会主义祖国的钢铁长城、建设社会主义的重要力量。无论是历史还是现实,无一例外地表明,中国人民解放军在中国革命和建设的实践中,在建立和巩固新中国的国防事业中,具有不可替代的重要作用。

1. 中国人民解放军现役部队

(1)陆军。陆军是陆地上作战的军种,由步兵、炮兵、装甲兵、工程兵、通信兵、防化兵、陆军航空兵等兵种和专业部队组成。它担负在陆地歼灭敌人的任务,既能独立作战,又能与海军、空军联合作战。

中国人民解放军陆军成立于 1927 年,现已发展成为一支具有强大火力、突击力和高度机动能力的诸兵种合成军种。由 5 个战区陆军、13 个集团军构成。每个战区下设 2 至 3 个集团军,驻扎在国家的特定地区。集团军包括 3 万至 6 万兵力,由不同师和旅级部队构成,另外还包括支援部队。中国人民解放军陆军的基本组织层次为:集团军、师(旅)、团、营、连、排、班。

(2)海军。海军是海上作战的主力,是中华人民共和国的海上武装力量,中国人民解放军的海上军种。中国人民解放军海军以舰艇部队和海军航空兵为主体,其主要任务是独立或协同陆军、空军防御敌人从海上的入侵,保卫领海主权,维护海洋权益。其作战部队除了海军总部直辖外,分布于北海、东海、南海三支舰队中。海军是海上作战的主力,具有在水面、水下、空中作战的能力。

中国人民解放军海军是在人民解放军陆军的基础上组建起来的。1949 年 4 月 23 日,华东军区海军领导机构成立,标志着中国人民解放军海军从此诞生。人民海军从无到有,从小到大,从弱到强,已建设发展成为一支由水面舰艇部队、潜艇部队、航空兵部队、岸防部队和陆战部队五大兵种组成的战略性、综合性、国际性军种,成为一支能够有效捍卫国家主权和安全、维护中国海洋权益,应对多种安全威胁、完成多样化军事任务的现代海上作战力量。

中国人民解放军海军以新型航空母舰、新型驱逐舰、新型潜艇、新型战斗机为代表的新一代主战装备,以及与其相配套的新型导弹、鱼雷、舰炮,电子战装备等武器系统陆续交付使用。人民海军已经拥有大型区域防空舰、核动力潜艇、AIP 潜艇等世界先进武器装备,中国人民解放军海军航空兵现已装备了轰炸机、巡逻机、电子干扰机、水上飞机、运输机等勤务飞机。海防导弹形成系列,不仅有岸对舰导弹、舰对舰导弹,还有舰对空导弹、空对舰导弹、空对空导弹等。

(3)空军。空军是以航空兵为主体,进行空中斗争、空对地斗争和地对空斗争的军种。一般包括航空兵、地面防空兵、雷达兵等兵种。空军具有远程作战、高速机动和猛烈突击的能力,既能协同陆军、海军作战,又能独立作战。中国空军的主要任务是组织国土防空,保卫国家领空和重要目标的空中安全;组织相对独立的空中进攻作战;在联合战役中,独立或协同陆军、海军、火箭军作战,抗击敌人从空中入侵,或从空中对敌实施打击。中国空军实行空防合一的体制,由航空兵、地空导弹兵、高射炮兵、空降兵以及通信、雷达、电子对抗、防化、技术侦察等专业部(分)队组成。

1949 年 7 月,中共中央和毛泽东主席正式决定建立中国人民解放军空军。7 月 6 日,中央军委决定设立中国人民解放军空军司令部。11 月 11 日,中央军委致电各军区、各野战军,宣布成立中国人民解放军空军司令部,此后,11 月 11 日被确定为人民空军成立日。

改革开放后,特别是 20 世纪 90 年代以后,中国自主研发的各种航空武器装备得到不断进步和改善。党和国家领导人审时度势,放眼全世界范围的新军事变革浪潮,提出空军由“国土防空型”向“攻守兼备型”转变。随着中国航天事业不断取得辉煌成就,中国综合国力的上升,特别是随着“空天一体”国家战略利益的空前融合,中国空军又提出新的战略转变,即由“攻防兼备型”,向“空天一体、攻防兼备型”转变。这次转变成为中国空军的第三次战略转变,也是迄今最深刻的历史转变。空警-2000、轰-6H、歼-15、歼-20、歼轰-7A、红旗-9 地空导弹武器系统发射车等,这些全部由中国自主研发的空军主战装备标志着中国空军已形成以第四代主战装备为骨干的空中作战体系,战斗力水平有了质的飞跃。人民空军振翼长空,成为祖国领空上一道坚不可摧的蓝天长城。

(4)火箭军。火箭军是中国人民解放军新的军种,由第二炮兵更名而来,于 2015 年 12 月 31 日正式成立,是中国大国地位的战略支撑,是维护国家安全的重要基石,由战略导弹部队、常规导弹部队以及专业部队组成。战略核导弹部队装备地地战略核导弹武器系统,主要任务是遏制敌人对中国使用核武器,并在敌人对中国发动核袭击时,遵照统帅部命令,独立或联合其他军种的战略核部队对敌人实施有效自卫反击。战役战术常规导弹部队装备常规战役战术导弹武器系统,遂行常规导弹火力突击任务。

(5)战略支援部队。2015 年 12 月 31 日,中国人民解放军陆军领导机构、中国人民解放军火箭军、中国人民解放军战略支援部队成立大会在北京举行。自此人民解放军形成了陆、海、空、火箭、战略支援部队五大军种。

战略支援部队是中国陆、海、空、火箭之后的第五大军种。中国人民解放军战略支援部队是维护国家安全的新型作战力量,是军队新质作战能力的重要增长点,主要是将战略性、基础性、支撑性都很强的各类保障力量进行功能整合后组建而成的。成立战略支援部队,有利于优化军事力量结构、提高综合保障能力。

2. 中国人民解放军预备役部队

预备役是公民在军队外所服的兵役。中国人民解放军预备役部队是以现役军人为骨干,以预备役军官、士兵为基础,按统一编制为战时能迅速转为现役部队而组建起来的部队。它是实施成建制快速动员的有效组织形式，是提高储备质量的好办法，是节约军费开支、加强国防建设的重要措施。

预备役部队组建于1983年，分为陆军、海军、空军和兵种预备役。平时隶属省军区，战时归指定的现役部队指挥。其师团纳入军队建制序列，并授有番号和军旗。预备役军官中有些是地方党政领导干部。

中国人民解放军预备役部队的基本任务：一是努力提高部队的军政素质，不断增强现代条件下快速动员和作战能力；二是切实做好战时动员的各项准备工作，随时准备转为现役部队，执行作战任务；三是积极参加社会主义建设，在物质文明和精神文明建设中，发挥骨干带头作用。

（二）中国人民武装警察部队

自2018年1月1日起，中国人民武装警察部队由党中央、中央军委集中统一领导，实行中央军委—武警部队—部队领导指挥体制。这是党中央作出的重大政治决定，是完善和发展中国特色社会主义军事制度的重大创新举措，是加强党对人民解放军和其他人民武装力量的绝对领导、确保党和国家长治久安的重大政治设计和制度安排。

中国人民武装警察部队同中国人民解放军一样，都是中国共产党领导的国家武装力量。武警部队改革完成后，不再是以往众人熟悉的八大警种，主要由内卫总队、机动总队、海警总队、院校和科研机构等组成，担负执勤、处突、反恐怖、海上维权执法、抢险救援以及防卫作战等任务。中国人民武装警察部队在维护国家安全和社会稳定、保卫人民美好生活中肩负着重大职责，在维护政治安全特别是政权安全、制度安全中具有重要作用。

（三）中国民兵

民兵是不脱产的群众武装组织，是中国武装力量的重要组成部分，是人民解放军的助手和后备力量。根据2011年10月29日修改后公布的《中华人民共和国兵役法》规定，民兵在军事机关的指挥下，其主要任务表现在四个方面：参加社会主义现代化建设；执行战备勤务，参加防卫作战，抵抗侵略，保卫祖国；为现役部队补充兵员；协助维护社会秩序，参加抢险救灾。

按照《中华人民共和国兵役法》的规定，凡十八周岁至三十五周岁符合服兵役条件的男性公民，经所在地人民政府兵役机关确定编入民兵组织的，应当参加民兵组织。根据需要，也可以吸收十八周岁以上的女性公民、三十五周岁以上的男性公民参加民兵组织。国家发布动员令后，动员范围内的民兵，不得脱离民兵组织；未经所在地的县、自治县、市、市辖区人民政府兵役机关批准，不得离开民兵组织所在地。

民兵组织分为基干民兵组织和普通民兵组织。基干民兵组织是民兵组织的骨干力量，主要由退出现役的士兵以及经过军事训练和选定参加军事训练或者具有专业技术特长的未服过现役的人员组成。基干民兵组织可以在一定区域内从若干单位抽选人员编组。普通民兵组织由符合服兵役条件未参加基干民兵组织的公民按照地域或者单位编组。

三、人民军队的发展历程

中国人民解放军自1927年诞生至今，从一支弱小的以步兵为主体的农民军队逐渐建设发展成为当前由陆军、海军、空军、火箭军、战略支援部队及诸兵种合成的高度集中统一的现代化军队。回顾人民军队建设的发展历程，可以说是一部不断寻求自我超越的历史。

（一）革命战争时期

从1927到2017
8分钟速览人民军队的发展史

中国共产党从人民军队创建伊始就关心其建设发展。1927年，国民党内的蒋介石集团、汪精卫集团先后背叛革命，屠杀共产党人和革命人民，使国共合作的反帝反封建大革命遭到失败。中国共产党从失败中认识到武装斗争和组织军队的极端重要性，1927年7月下旬，中共中央决定集合共产党所掌握和影响的国民革命军，在江西南昌举行武装起义，8月1日，周恩来、贺龙、叶挺、朱德、刘伯承等领导国民革命军第十一军第24师、第10师一部、第四十一军第25师（叶挺独立团扩编）、第二十军、第三军军官教育团等部，共2万余人举行南昌起义，打响了武装反抗国民党反动派的第一枪，标志着中国共产党独立领导武装斗争的开始。7日，中共中央在汉口召开“八七”会议，确定了实行土地革命和武装起义的方针。9月11日，毛泽东等领导的农民、工人和革命官兵组成工农革命军第一军第一师，在湖南、江西边界地区举行秋收起义。随后他对起义部队进行“三湾改编”，开始了对革命军队的政治建设，强调党对军队的领导，规定部队民主制度，实行官兵待遇平等，并把支部建在连上。这些原则至今仍是军队坚持的政治传统。12月11日，张太雷、叶挺、恽代英、叶剑英、杨殷、周文雍、聂荣臻等领导工人赤卫队和革命官兵举行广州起义。至1928年6月，中国共产党还领导了海陆丰、洪湖、黄麻、弋横、湘南、桑植、渭华等地区的近百次起义。1929年12月，古田会议顺利召开，正式规定了人民军队的性质、宗旨和任务，确立了思想建党、政治建军的根本原则，为建设成为新型人民军队初步奠定了基础。

1937年7月7日，中日全面战争爆发。中国共产党从大局出发，毅然同意把主力红军和南方八省游击队分别改编为国民革命军第八路军和国民革命军新编第四军，坚决贯彻统一领导、“精兵简政”、整顿三风以及发展生产、拥政爱民等各项任务，实行官兵一致、军民一致、瓦解敌军和宽待俘虏等原则，构建起了主力军、地方武装和民兵自卫队三结合的武装力量体制，通过在抗日斗争中边打边建，力量迅速发展壮大。

中国共产党领导的抗日武装在人民群众的支援下，同日伪军作战12.5万余次，毙伤俘日伪军171.4万余人，在19个省区内形成了拥有100多万平方公里和1.2亿人口的解放区，部队发展到130余万人，为打败日本帝国主义，为世界反法西斯战争的胜利作出了巨大贡献。

抗战胜利后，以蒋介石为首的国民党反动派在美帝国主义的支持下，为独占胜利果实，消灭中国共产党及其领导的武装力量，蓄谋发动内战。中国共产党竭力争取和平民主，同时调整了战略部署，对部队进行整编，划分战略区，编组野战兵团，至1946年6月，全军共编成27个野战纵队(师)及6个野战旅、14个炮兵团。全部野战军约60万人,另地方军60余万人,民兵220余万人。在此期间,各解放区军民对国民党军的挑衅和进攻进行了坚决自卫还击。同年全面内战爆发后,各解放区军民奋起自卫,人民解放战争全面展开。此后各解放区部队陆续改称人民解放军,逐步理顺编制,建立了集中统一的指挥机构,初步建立起了一支能在较大范围实施机动作战的正规兵团与地方部队、民兵游击队相结合的武装力量,并使长期以来一直指导人民军队建设的毛泽东建军思想也得到了进一步丰富和发展。

在历时4年的解放战争中,共歼灭国民党军807万人,解放了除西藏(1951年5月和平解放)和台湾、金门、马祖以及南海诸岛等岛屿以外的全部国土,至1950年5月,中国人民解放军已发展到530余万人。

(二)和平建设时期

新中国成立后,人民军队迅速从革命战争转向和平建设,开始向革命化、现代化和正规化迈进,包括整顿军队编制体制,调整各战略区域部署,并以精简整编为主要内容进行了多达13次的改革,奠定了军队领导管理指挥体制的基础和现代化军队的基本框架,初步实现了由单一军种向诸军兵种合成军队的转变,完成了由革命战争时期向和平建设时期的全面转型。

1953年12月,中央召开全国军事系统党的高级干部会议,确定了把人民解放军建设成为一支优良的现代化革命军队的总方针和总任务。1954—1965年,人民解放军在加速部队建设的同时,进行了保卫国家边防、海防和领空的作战。1962年10—11月,人民解放军边防部队对入侵中国边境的印度军队进行了自卫反击作战,取得重大胜利。从1965年10月开始,根据越南政府的要求,遵照中共中央的指示,人民解放军派出防空、工程、铁道、后勤等部队,大力支援了越南人民的抗美救国斗争。1967年4—5月,空军部队连续击落侵入广西地区上空的美国军用飞机5架;1969年3月,东北边防部队打退了苏联军队对黑龙江省珍宝岛的入侵;1974年1月,海军南海舰队在陆军配合下,严惩了入侵西沙群岛的南越侵略军。

1978年12月,党的十一届三中全会召开,坚持把军事训练摆到战略地位,贯彻军队建设要面向现代化、面向世界、面向未来的方针,有效地提高了部队在现代条件下诸军兵种合同作战、快速反应、电子对抗、后勤保障以及野战生存的能力。

1979年2—3月,人民解放军边防部队进行的对越自卫还击作战,和以后在广西、云南边境地区对越南军队入侵的自卫还击作战,不仅沉重地打击了越南的侵略行为,捍卫了中国领土主权,而且锻炼了部队,促进了军队的建设。

从整体上来看,人民军队在和平建设期间所取得的成果有目共睹,硕果累累,在整体军力建设上缩短了与世界先进国家军队的距离,有效提高了中国的国际地位。

(三)全面转型时期

20世纪80年代末,随着冷战的结束和苏联的解体,国际形势发生重大变化,和平与发展成为世界两大主题,科学技术迅猛发展并在军事领域广泛应用。人民军队开始对军队建设指导思想实施战略性转变,力图通过深化改革,完善体制,从根本上推动人民军队从数量型军队向质量型军队转变,迈开了中国特色精兵之路的坚实步伐。

进入新世纪以来,争夺信息优势成为各国军队建设的焦点,人民军队迎来了迈向信息化的重要机遇期。针对现代战争出现的新特点和新要求,坚定不移地把信息化作为发展方向,不断提高武器装备的信息技术含量,积极推进机械化条件下的军事训练向信息化条件下的军事训练转变,坚持国防建设与经济建设协调发展,基本构建起了一个以打赢信息化战争为目标的立体化军事体系。

第五节　国防动员

国防动员亦称战争动员,简称动员,是国家或政治集团由平时状态转入战时状态,统一调动人力、物力、财力为战争服务所采取的措施。通常包括武装力量动员、国民经济动员、人民防空动员、国防交通动员和政治动员等。动员是国防活动的重要组成部分。动员准备的完善程度,是国防强弱的标志之一。中国坚持全民国防,着眼于发挥现代人民战争整体优势,加强以综合国力为基础的国防动员建设。我军现阶段编制体制调整改革的一项重大决策是重塑国防动员体系,专门成立了中央军委国防动员部,并在战区联合参谋部设立动员部门。这从组织形态上启示我们,国防动员的地位和作用仍呈加强之势,且要纳入联合作战体系之内。

一、国防动员的主要内容

国防动员是由多个领域的动员活动组合而成的系统工程,包括武装力量动员、国民经济动员、人民防空动员、国防交通动员和政治动员等。武装力量动员是保障军队扩充的基本途径,国民经济动员是保障战争物资需求的主要手段,人民防空动员是保存战争潜力的重要措施,国防交通动员是保障军队机动和作战行动的关键因素,政治动员是围绕实施战争而进行的宣传教育和政治鼓励。各个领域的动员是相辅相成、密切相连的。

(一)武装力量动员

武装力量动员是战争动员的核心。它通常包括现役部队动员、预备役部队动员、后备兵员动员和民兵动员,是国家将后备力量充实到军队,使军队和其他武装组织由平时状态转入战时状态所进行的活动。

(二)国民经济动员

国民经济动员是指国家为维护国家安全和应对战争,有计划有组织地提高国民经济应变能力的活动。它是战争动员的基础和重要内容,对于充分发挥国家的经济潜力,提高军品生产能力,及时满足战争对各种物资和勤务保障的需求,具有重要的作用。国民经济动员主要包括工业动员、农业动员、贸易动员、财政金融动员、科学技术动员、医疗卫生动员和劳动力动员等。

（三）人民防空动员

人民防空动员是国家发动和组织人民群众防备敌人空袭、消除空袭后果所进行的活动。在现代战争中，远距离精确打击成为重要的作战样式，大、中城市和经济基础设施面临的空袭威胁日益严重。人民防空动员对于减轻空袭危害，减少人民群众生命财产损失，保持后方稳定，保存战争潜力，具有重要的作用。人民防空动员主要包括人防预警动员、群众防护动员、重要经济目标防护动员、人防专业队伍动员等。

（四）国防交通动员

国防交通动员是指在全国或部分地区调集交通力量，全力保障战争需要的紧急行动。它通常是在国家动员领导机构的统一领导下，由国防交通主管机构组织，协同政府、军队有关部门共同实施。

国防交通动员准备包括在平时制定完备的国防交通动员的法规和计划、健全国防交通机构和机制，建立国防交通保障队伍、储备必要的国防交通物资和器材等。

国防交通动员的主要任务包括：根据战争规模和作战需要，有计划地将平时国防交通领导机构迅速按方案扩编为战时交通运输指挥机构，政府交通运输部门随即转入战时体制；根据作战保障需要，动员、征用社会运输力量，必要时对交通运输系统实行不同范围、不同形式的军事化管理；动员、组织各交通保障队伍和交通保障物资器材迅速到位，遂行运输、抢修、防护任务；根据统帅部规定，做好对弃守地区的交通遮断准备，保证及时遮断。

（五）政治动员

政治动员是指国家从政治上、组织上、思想上发动人民和军队参加战争所采取的措施。通过动员激发全体军民的爱国热情，动员军队英勇作战，动员人民踊跃参军，努力增加生产，厉行节约，全力支援战争。政治动员在平时主要表现为国防教育，其主要内容包括国防理论、国防知识、国防历史、国防法规和军事技能等方面的教育。

二、国防动员的意义

（一）增强国防实力的重要措施

国防实力是国家防御外来侵略的力量，是国家军事、政治、经济、科学技术等力量的总和。在和平时期，国家把动员准备纳入经济建设和社会发展的总体规划，贯彻军民结合、平战结合的方针，可以增强战争潜力。同时，可通过动员准备，激发人民的爱国主义精神和国防观念，使国家政局稳定、经济发达、科技进步，迅速增强综合国力。平时奠定良好的基础，一旦战争爆发，通过战时动员，就能迅速地把战争潜力转变为战争实力。就武装力量建设而言，为了对付敌人的突然袭击和入侵，保持一定数量的常备军是必要的，我国采用常备军和后备力量相结合的原则，平时保持精干的常备军作为战时动员扩建部队的骨干力量，同时积极训练、储备后备力量，以便战时根据需要组编参战。这样既可以加速国民经济的发展，又可以从根本上增强国防实力。

（二）提升国防威慑力的有效手段

一个国家的国防威慑力，不仅取决于常备军的数量和质量，还取决于军队后备力量和其他动员潜力，取决于常备军与后备力量动员准备的有机结合，以及动员机制健全完善程度和运行效率。平时充分做好战时动员的准备工作，建立强大的后备力量和健全的动员体制，可以使敌人望而生畏，不敢轻举妄动，贸然发动进攻。现在一些国家主张采取"不战而屈人之兵"的军事战略，就是这个道理。特别是处于防御地位、反对侵略的国家，应该采取积极的对策，以充分有效的动员，显示应付战争的能力和拼死抵抗的决心，迫使敌人延缓或放弃侵略战争。

（三）夺取战争主动权的可靠保障

决定战争胜负的因素是多方面的，其中后备力量的强弱、兵员质量的优劣，以及战时动员的准备和实施的好坏，是重要的因素。随着现代科学技术的飞速发展及其在军事领域的广泛应用，使现代战争的突发性和速决性显著增大。发动战争的一方往往先发制人，迫使对方在无戒备或准备不充分的情况下仓促应战，力求取得速战速决的效果。第二次世界大战以来，突然袭击、不宣而战，已成为首先发动战争一方的惯用手法。处于防御地位的国家，如果战时动员工作实施不好，在战争初期往往处于被动地位，甚至来不及实施动员和完成战略展开，其武装力量和经济命脉就可能陷于瘫痪。历史表明，在现代战争中，谁能保持强大的后备力量，并以最快的速度动员起来投入战争，谁就能取得战争的主动权。

思考题：

1. 什么是国防？它包含哪几种类型？
2. 现代国防的特征有哪些？
3. "民参军"的方式有哪些？
4. 简述国防法规的含义及其主要内容。
5. 简述国防动员的含义及其主要内容。

第二章　国家安全

第一节　国家安全概述

国家安全是国家的基本利益，是一个国家处于没有危险的客观状态，也就是国家没有外部的威胁和侵害也没有内部的混乱和疾患的客观状态。当代国家安全包括 11 个方面的基本内容，即国民安全、领土安全、主权安全、政治安全、军事安全、经济安全、文化安全、科技安全、生态安全、信息安全和核安全。

中国设有中华人民共和国国家安全部统一管理国家安全工作。2014 年 1 月 24 日，为了进一步完善国家安全体制和国家安全战略，确保国家安全，中共中央决定设立国家安全委员会。

什么是国家安全

一、国家安全的内涵

习近平总书记指出："增强忧患意识，做到居安思危，是我们治党治国必须始终坚持的一个重大原则。我们党要巩固执政地位，要团结带领人民坚持和发展中国特色社会主义，保证国家安全是头等大事。"

2015 年 7 月 1 日，第十二届全国人民代表大会常务委员会第十五次会议通过《中华人民共和国国家安全法》，该法第二条明确规定：国家安全是指国家政权、主权、统一和领土完整、人民福祉、经济社会可持续发展和国家其他重大利益相对处于没有危险和不受内外威胁的状态，以及保障持续安全状态的能力。

《中华人民共和国国家安全法》第三条引入了总体国家安全观，将其作为国家安全工作的指导思想，即国家安全工作应当坚持总体国家安全观，以人民安全为宗旨，以政治安全为根本，以经济安全为基础，以军事、文化、社会安全为保障，以促进国际安全为依托，维护各领域国家安全，构建国家安全体系，走中国特色国家安全道路。

总体国家安全观，是做好新形势下国家安全工作的根本遵循。同时，也要认识到安全不是你死我活，而是求同存异。国际社会是个大家庭，兴与衰、安与危、治与乱，攸关所有国家的命运，攸关各国人民的福祉。只有以合作谋和平、以合作促安全，才能实现长治久安。

二、国家安全的原则

"必须坚持国家利益至上，以人民安全为宗旨，以政治安全为根本"，简明扼要地说明了新时代中国总体国家安全观的宗旨和原则。

国家安全的基本原则是国家利益至上、以人民安全为宗旨、以政治安全为根本。在维护中国的国家安全和领土主权完整等方面，中国奉行的是国家利益至上的原则，“中国决不会以牺牲别国利益为代价来发展自己，也决不放弃自己的正当权益，任何人不要幻想让中国吞下损害自身利益的苦果。”“我们绝不允许任何人、任何组织、任何政党、在任何时候、以任何形式、把任何一块中国领土从中国分裂出去！”这些都是对分裂主义势力妄图损害中国主权和领土完整的掷地有声的回答。国家利益至上，目的是让人民更加有安全感，能够在国内和国际上都保护好中国公民的生命财产安全。“国家安全是安邦定国的重要基石，维护国家安全是全国各族人民根本利益所在。”而政治安全是根本，则意味着中国政治体制和政权的安全，意味着中国政府有能力在全球维护中国的国家利益和人民安全。

三、总体国家安全观

（一）总体国家安全观的提出

新中国成立至今，国家安全观在不同时期有不同特点和变化，主要分四个阶段：新中国成立之初到 20 世纪 70 年代末，这一阶段的国家安全观以军事安全为核心；20 世纪 70 年代末到 80 年代末，这一阶段的国家安全观以综合安全为核心；20 世纪 90 年代初到 2012 年党的十八大之前，这一阶段形成了以互信、互利、平等、协作为核心内容的新国家安全观；2012 年党的十八大以来，这一阶段形成了总体国家安全观，标志着中国国家安全观的日臻成熟和完善。

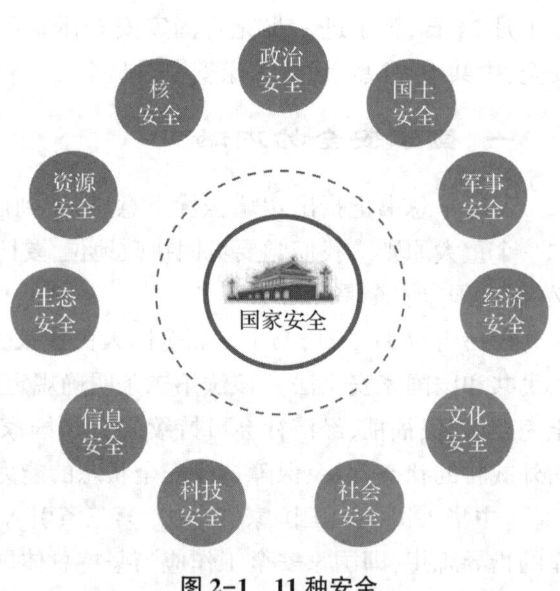

图 2-1　11 种安全

2014 年 4 月 15 日，中共中央总书记、国家主席、中央军委主席、中央国家安全委员会主席习近平在主持召开中央国家安全委员会第一次会议时提出，坚持总体国家安全观，走出一条中国特色国家安全道路。首次提出总体国家安全观，并首次系统提出“11 种安全”，即要构建集政治安全、国土安全、军事安全、经济安全、文化安全、社会安全、科技安全、信息安全、生态安全、资源安全、核安全等于一体的国家安全体系，如图 2-1 所示。

（二）总体国家安全观的核心内容

习近平指出，贯彻落实总体国家安全观，必须既重视外部安全，又重视内部安全，对内求发展、求变革、求稳定、建设平安中国，对外求和平、求合作、求共赢、建设和谐世界；既重视国土安全，又重视国民安全，坚持以民为本、以人为本，坚持国家安全一切为了人民、一切依靠人民，真正夯实国家安全的群众基础；既重视传统安全，又重视非传统安全，构建集政治安全、国土安全、军事安全、经济安全、文化安全、社会安全、科技安全、信息安全、生态安全、资源安全、核安全等于一体的国家安全体系；既重视发展问题，又重视安全问题，发展是安全的基础，安全是发展的条件，富国才能强兵，强兵才能卫国；既重视自身安全，又重视共同安全，打造命运共同体，推动各方朝着互利互惠、共同安全的目标相向而行。

（三）总体国家安全观的内涵

总体国家安全观的战略意义

1. 总体国家安全观是发展的安全观

习近平总书记明确提出，要"既重视发展问题，又重视安全问题，发展是安全的基础，安全是发展的条件，富国才能强兵，强兵才能卫国"。安全与发展可以说是一个硬币的两面，二者相互支撑，相互促进，高度融合，有机统一，"贫瘠的土地上长不成和平的大树，连天的烽火中结不出发展的硕果"。"手里有粮，心中不慌"，这"不慌"其实指的就是安全感，只有国家发展、实力强盛，才能为保障国家安全提供坚实的物质基础，可以说安全源于实力，实力来自于发展，发展是永远的硬道理；同时，只有安全稳定的国际国内环境，才能心无旁骛地发展生产，改革开放以来中国发展的战略机遇期正印证了这点。发展是最大的安全，发展利益与安全利益统一于国家的核心利益。总体国家安全观深刻揭示了发展与安全关系的本质，其立足点不是单纯的安全视角，而是将安全问题放在中华民族永续发展的宏大视野中去审视。随着中国日益发展成为全球性大国，面临越来越多的非传统安全问题，如金融安全、科技安全、网络信息安全、能源安全、生态安全、粮食安全等，这些在发展中产生的安全问题最终也只能在经济社会科技等方面的全面发展中得到解决。特别是在全面深化改革的今天，新常态伴随新问题、产生新矛盾，一些潜在风险逐渐显现。我们决不能因噎废食，因为惧怕面对新的安全问题而停止改革、放弃发展，而是要从国家安全的层面，站在维护国家经济安全、社会稳定的角度，理解、支持全面深化改革。

2. 总体国家安全观是辩证的安全观

总体国家安全观是唯物辩证法在国家安全领域的最新实践，突破了过去"安全观"只强调国际安全忽视国内安全的局限，将内部安全与外部安全、传统安全与非传统安全统一于国家安全，将自身安全与共同安全紧密联系起来，更加完整、全面地认识国家安全。内部安全要始终坚定维护国家的核心利益，科学系统地分析应对国内存在的各种安全问题，关键是要坚定维护政治安全。要以维护政治安全为根本，坚定中国特色社会主义的道路自信、理论自信、制度自信和文化自信，为各项事业的发展提供和平稳定的国内环境。外部安全要随着全球一体化程度不断加深，各国利益相互交织，相互依存度不断提高，国内问题国际化和国际问题国内化已成普遍趋势，一方面单凭一己之力解决所有安全问题已不可能,另一方面国内安全、国际安全、全球安全问题相互交叉,别国的安全问题或国际安全问题随时可能影响本国安全。“既重视传统安全,又重视非传统安全,构建集政治安全、国土安全、军事安全、经济安全、文化安全、社会安全、科技安全、信息安全、生态安全、资源安全、核安全等于一体的国家安全体系。”目前,传统安全威胁与非传统安全威胁相互交织,只有将传统安全与非传统安全统一于国家安全、社会稳定,借助军事、经济、科技、文化等多种手段,才能综合保障国家的安全。

3. 总体国家安全观是包容的安全观

总体国家安全观强调以促进国际安全为依托,摒弃了零和博弈、绝对安全、结盟理论等旧思维,超越了“你输我赢,你兴我衰”,而是“你中有我,我中有你”,大家“既重视自身安全,又重视共同安全,打造命运共同体,推动各方朝着互利互惠、共同安全的目标相向而行”,体现了合作共赢、以共同安全确保自身安全的新型国际关系思想。“零和博弈”模式催生了以现实主义为代表的传统安全观,将国与国的关系简单归结为你输我赢的竞争关系和你死我活的对抗关系,一度成为国际社会上关于国家安全的普遍模式。然而,在全球高度一体化的当代世界,没有哪个国家可以在牺牲他国利益的情况下真正实现自身安全。总体国家安全观突破了“零和博弈”的历史局限,回应世界政治经济一体化的时代特征,立足于构建“命运共同体”“一个国家要谋求自身发展,必须也让别人发展;要谋求自身安全,必须也让别人安全;要谋求自身过得好,必须也让别人过得好。”中国作为世界第二大经济体和最大的发展中国家,尊重并包容各国的差异性,并将这种差异性转化为国际交往合作的动力和活力,遵循和平发展,坚持合作共赢,积极承担与我国国力地位相适应的国际责任,尊重各国人民的愿望和选择,这是大国的胸怀,也是大国的担当。

4. 总体国家安全观是人民的安全观

人民安全是国家安全的宗旨,人民的安全感、幸福感是检验国家安全的根本标准。维护国家安全最终是为了人民,维护国家安全最终也需要依靠人民。总体国家安全观是马克思主义群众观点和党的群众路线“一切为了群众、一切依靠群众”在国家安全领域的贯彻和实践,体现了我们党对人的内在关切和重视,找到了国家安全的最终归宿。国土安全立足于对物的关切,但国家不是物的简单累积和拼凑,脱离了人民这一国家主体,国土安全就成了没有意义的口号。物的关切只有建立在人的关切的基础上才有存在的意义和生命力。如果将人的关切和物的关切割裂开来,一方面物的关切很难保证,另一方面也失去其终极价值意义,因为保证国家安全的目的就是人民的幸福生活和中华民族的永续发展。离开国民安全仅仅追求国土安全,就是舍本逐末。总体国家安全观实现了国土安全与国民安全的高度统一,厘清了人民群众在国家安全中的主体、核心地位,为国家安全找到了最根本的支撑和依托,将国家安全观提升到了一个新的境界。

第二节　国家安全形势

国家安全形势易受国际战略格局变动的影响，同时也受国家地理环境状态的影响。不同国家的地理条件往往影响着民族性格、社会经济文化、国家历史进程，形成不同的地缘政治样态，也影响着国际关系和国家安全。因此，可以说国家安全战略与军事战略很大程度上取决于一个国家所处的地缘环境。

一、中国地缘环境基本概况

"地缘"即"地理缘由"，是由地理位置上的联系而形成的关系。分析某地的政治、经济、社会、军事、外交等方面时，常须考虑地理缘由。中国的地缘环境很特殊，从古至今，这种特殊的地理环境无时不在影响着中国的安全形势、安全观念、防务政策和军事战略。

（一）陆海兼备，陆地边界和海岸线漫长

中国位于欧亚大陆的东南部，是欧亚大陆的一部分，幅员辽阔，拥有 960 万平方公里的陆地疆土；同时，又东临太平洋，拥有 300 多万平方公里的海洋国土，有便利的海上交通和丰富的海洋资源。中国有 14 个陆上邻国、8 个隔海相望的国家，有 2.2 万公里的陆地边界线、1.8 万公里的大陆海岸线。因此，需要保持较大规模的陆海军，加强海陆综合防卫。

总体来看陆地三面，北边是荒原和冰冻之地，西边是戈壁、沙漠、雪山，南边是崇山峻岭、大河和热带雨林。陆地边界多高山、荒地，气候恶劣，居民较少，难以部署兵力有效防卫。东面大海，阻隔外来危险，四周地貌成为地缘安全的天然屏障，形成中国历史上相对封闭的地理环境，但也较易受到封锁。

（二）邻国众多，安全环境极其复杂

在陆上，与中国接壤的国家有 14 个，依次是朝鲜、俄罗斯、蒙古、哈萨克斯坦、吉尔吉斯斯坦、塔吉克斯坦、阿富汗、巴基斯坦、印度、尼泊尔、不丹、缅甸、老挝和越南。在海上，与中国邻海相望的国家有 8 个，分别是朝鲜、日本、韩国、菲律宾、马来西亚、印度尼西亚、文莱和越南。

中国陆海邻国众多，排世界第二位。俄罗斯的邻国虽然比中国多 1 个，但其陆地面积比中国约大一倍，与中国陆地面积大致相当的美国只有 2 个陆地邻国，加拿大只有 1 个邻国，英国和澳大利亚被海洋环抱，这些国家的周边安全环境均不及中国的复杂。

（三）跨界民族多、宗教文化多样

中国是多民族的国家。少数民族人口有一亿多，约占全国总人口的 8.49%，大多居

于陆地边疆省区。边疆民族地区既是国家地缘上的毗邻之处,又是少数民族的聚居之地,更是多元宗教、文化的交会之所,存在30多个跨国界居住的民族。跨界民族与邻国相关民族在血缘、亲缘、文化等方面存在诸多相同或相似之处,在中国与邻国的交往中发挥着天然的桥梁与纽带作用,但同时也容易被国外敌对势力拉拢与利用。

中国是多宗教信仰的国家,宗教信仰具有多样性。目前各种宗教信徒一亿人左右。边疆民族地区的宗教信仰更为普遍。比如,新疆信教群众人数居全国各省区市之冠;西藏宗教氛围浓厚,藏民全民信仰藏传佛教。宗教文化多样性加剧地缘政治安全的复杂性。这需要增强跨界民族和教民对国家的政治认同和团结,反对狭隘民族主义、民族分离主义和宗教极端主义。

这样的地缘环境决定了维护本土安全成本较高,国民需要居安思危,树立总体国家安全观。

二、中国地缘安全概况

当今世界仍处在一个大变革的时代,国际关系结构深刻调整,中国的海外利益大幅增长,与外部世界的互动明显加强。在此背景下,中国与外界的矛盾与摩擦必然增加,中国地缘安全面临的问题逐渐增多。

(一)缓和是中国安全环境的主流

20世纪90年代以来,和平与发展的时代主题进一步强固,多极化趋势继续发展,综合国力竞争成为国家间关系的中心,世界总体和平的格局得以巩固和加强。尽管世界形势动荡不安,有些地区的局势还相当紧张,但在中国周边却出现了一个相对和平的局面,中国周边安全环境处在新中国成立以来最好的时期之一,并有望继续延续。

(二)中国地缘安全面临的问题

1. 朝鲜半岛与中国安全

朝鲜半岛问题是东北亚地区最大的冷战遗产。美国重返亚太战略、朝鲜拥核战略、韩美同盟强化、半岛统一问题等,都在导致国际关系紧张化、复杂化。美国政府对朝鲜采取强硬姿态,导致朝美多次核危机爆发,半岛局势趋紧。虽然在2018年,韩朝两国领导人举行了会晤,朝美两国领导人也进行了历史性会晤,但半岛局势仍呈现出复杂多变的发展态势和阶段性紧张。一方面,促进和解、推动谈判、制约战争的内外因素继续存在和发展。另一方面,朝鲜与美国、韩国之间的矛盾根深蒂固,各自的国家利益和政策目标大相径庭,半岛局势的发展仍存在较大的不稳定和不确定因素,不排除出现武力对抗和军事冲突的可能性。半岛局势的紧张将破坏本地区的和平与稳定,也将影响中国现代化建设的进程。

2. 美日军事同盟和日本对外军事扩张

日本是中国海上强邻、经济强国，曾经侵略中国及东南亚许多国家，其军国主义分子至今对此没有反省，拥有巨大潜力掌握核武器。第二次世界大战后，美国和日本结成军事同盟。日美安全同盟冷战后适用范围由日本本土及周围数百海里扩大到整个亚太地区；合作内容由“日本受到武力攻击”扩展到“日本周边地区发生事态时”，防卫态势由“对付威胁型”向“地区安保型”转变；主要防范对象由苏联转变为朝鲜和中国。日美安全同盟的重新定位、美日联合研制战区导弹防御系统将导致亚太尤其是东北亚地区战略力量的严重失衡，成为影响未来地区安全的重要不稳定因素。此外，日本与中国至今还存在着东海大陆架和钓鱼岛的争议。

3. 印度和巴基斯坦的冲突

印巴冲突是直接破坏中国周边安全环境的重要隐患。印巴冲突是包括领土、民族、宗教和军备之争的综合性、长期性矛盾与争端。近年来，两国的核军备和常规军备竞赛愈演愈烈，在克什米尔冲突时紧时缓。印巴冲突对南亚安全局势和中国西部边境的安全有重大关系。

4. 美国对中国的安全环境有综合性的影响

半个世纪以来，美国对中国周边安全构成的威胁，在性质上具有根本性，在程度上具有严重性，在时效上具有长期性。冷战后，美国作为世界唯一的超级大国，是最有实力对中国安全构成威胁的国家。在欧亚大陆地缘战略又与中国的安全利益存在重大冲突，美国将中国视为有能力挑战其全球利益的地区性大国和潜在对手。

美国在东亚的存在及中美战略结构性矛盾的深化，表明美国从战略上防范中国的政策不会改变。在亚洲东面，美国依靠美日军事同盟联手遏制中国；在西亚，美国借反恐名义向西亚地区渗透；在东南亚地区，美国与东南亚地区国家加强军事合作，还靠多年与台湾形成的默契，打“台湾牌”制约中国的崛起；在北亚，美国加强与蒙古的全面关系。美国持续推进亚太“再平衡”战略，增强中国周边地区军事力量存在，加强对能源、战略要地和海陆通道的渗透控制。中国能源资源的海洋通道几乎完全掌握在美国手里。美国韩国部署陆基战区高空区域防御系统“萨德”，可探测中国大半军事安全体系的活动，严重威胁中国国家安全。

5. 边界和海洋权益争端尚存

中国与一些邻国的边界及海洋权益划分的争议情况复杂，解决起来难度很大，这些争议始终是威胁中国边境和领海安全的不稳定因素，比较突出的有以下几个热点问题。

(1)中印边界争端至今悬而未决。印度是南亚地区性大国，人口达13.8亿，位居世界第二，资源较丰富，科技力量较强，积极谋求“亚洲核心”和世界大国地位，争取成为联合国常任理事国。中印边界全长约2000千米，分为东、中、西三段。中印两国存在大片领土争端，争议面积共达12.55万平方公里。东段争议面积约9万平方公里，现被印度控制。中段争议面积约 2000 平方公里,除个别地区外,均为印方控制。西段争议面积约 3.35 万平方公里,除巴里加斯地区约 450 平方公里被印军侵占外,其余在中方控制之下。目前,双方同意保持实际控制线地区的和平与安宁。

由于印方坚持非法的"麦克马洪线",致使中印边界谈判难以取得实质性进展。印度在中印边界领土争端上坚持强硬态度和不让步立场,将中印边境地区视为战略前沿,不断加强边境地区战场建设,把边境地区建成攻防兼备的战场体系,尤其注重在中印边境对中国保持局部军事优势。从目前情况看,中印边界争端短期内难以全部解决。

(2)中国南海海洋权益之争。南海总面积约 360 万平方公里。南海诸岛包括东沙、西沙、中沙和南沙四大群岛,分布于南海的中心部位,扼太平洋和印度洋的咽喉,不仅地理位置非常重要,而且蕴藏着丰富的矿产和水产资源。其中南沙群岛是南海诸岛中分布面积最广、岛礁数量最多,处于最南端的一组群岛。南沙群岛由 230 个岛屿、礁滩和沙洲组成,分布在 24.4 万平方公里的海域中。其中露出水面的岛屿 25 个,明暗礁 128 个,明暗沙洲 77 个,太平岛面积最大,约 0.5 平方公里。

20 世纪 70 年代以前,南海毗邻国家对此从未提出异议。但是自发现南海蕴藏丰富的油气资源后,周边国家开始窥视这一海域。21 世纪是海洋的世纪,中国必然向海洋型经济方向发展,中国的海洋权益日益重要,而印度尼西亚、马来西亚等国家非法占领南中国海的岛屿,开采油气资源,严重损害中国领土主权和经济权益,越来越不利于中国发展。南沙群岛历来是中国的领土。中国政府对待南中国海的态度是:南中国海关系到中华民族子孙万代的利益,一寸也不能放弃。基本方针是主权归我,搁置争议,共同开发。

(3)关于东海大陆架和钓鱼岛的争议。东海位于中国、日本、韩国三国之间,东西宽 150~420 海里,南北长 660 海里,总面积约 77 万平方公里。日本与中国是相向不共架国,中国大陆架一直延伸到冲绳海槽。冲绳海槽大部深度超过 1000 米,坡度很陡,形成西部大陆架和东部岛架的天然分界。根据东海大陆架的实际情况,参照《联合国海洋公约》的有关条款和各国海域划界的实践,冲绳海槽构成了中国东海大陆架与琉球大陆架的自然分界线,因此,应按大陆架自然延伸的原则,以冲绳海槽中心线为界,划分中国与日本在东海大陆架边界。但是日本方面却主张按东海的中心线平分划界。这样,中日间便产生了 20 多万平方公里的争议区。如果按日本的主张划界,中国在东海的大陆架范围将被拦腰截断,应归中国管辖的海域面积将减少一半。

中日在东海还存在着钓鱼岛归属问题之争。钓鱼岛群岛位于台湾东北约 120 海里处,总面积 4.5 平方公里。由钓鱼岛、黄尾屿、赤尾屿、南小岛、北小岛及一些礁石组成。其中最大的岛屿钓鱼岛海拔 360 余米,面积约 3.64 平方公里。钓鱼岛面积不大,但位置非常重要。首先,钓鱼岛列岛具有丰富的动、植物资源以及丰富的海底油气资源。其次,其战略地位极其重要,位于中国黄海、东海出入太平洋航道的咽喉。如果失去该岛,将意味着失去环钓鱼岛附近的大片海域。

对钓鱼岛问题,在中日邦交正常化谈判时,双方都同意"以后再说"。但是,事后日方却采取放任态度,批准日本一些右翼团体在岛上建立航标灯,甚至出动舰艇进入钓鱼岛海域驱赶中国台湾省渔民。中国政府已于 1990 年 10 月 27 日再次发表声明,强烈要求日本政府维护双方过去达成的谅解,立即停止在钓鱼岛及其海域采取任何单方面行动。中国政府再次建议双方尽快就搁置主权争议,共同开发钓鱼岛海域资源、开放钓鱼岛海域渔业资源等问题进行磋商。1996 年 7 月 18 日,发生了日本右翼团体"日本青年社"在钓鱼岛的北小岛上设置灯塔的严重事件。香港、澳门的记者团体乘游艇前去示威,但遭到日本人出动直升机的驱逐。2004 年,中国大陆第一个民间保钓组织——"保钓协会"曾到岛上进行考察,设置了界碑。2005 年 2 月 9 日,日本内阁官房长官细田博之召开记者招待会,宣布日本政府接管钓鱼岛上的灯塔,把在钓鱼岛问题上的民间对立演变成政府行为。2013 年,中日两国多艘巡航执法船围绕钓鱼岛主权问题发生激烈对峙和冲突。时至今日,安倍政府在钓鱼岛问题上仍然采取"不接受、不谈判、不冲突"的策略。关于钓鱼岛问题,中国政府的态度是钓鱼岛不存在主权争议。

6. 恐怖主义和民族分裂活动

中国是一个多民族的国家,国家统一、民族团结、社会稳定始终是国家安全和发展的重要前提。但恐怖主义和民族分裂势力对中国安全统一的危害不容低估。当前,出现了民族分裂主义、国际恐怖主义和宗教极端主义合流的趋势,这"三股势力"内外勾结、相互借重,对世界和平与发展构成了更加严重的威胁。中东、中亚、南亚和东南亚成为恐怖活动的高发区。中国也处于恐怖主义和民族分裂势力活动的威胁之中,境外"东突"恐怖组织和"藏独"分子正加紧向中国境内渗透,恐怖主义和民族分裂势力活动已对中国改革、发展、稳定构成最直接和最现实的威胁。

(三)祖国统一大业尚未完成

近几年来,台湾海峡地区出现了较为复杂的局势,一方面,两岸经贸关系迅速发展,人员往来和各项交流活动日趋频繁,这对发展两岸关系和促进祖国统一是有利的;但另一方面,阻碍两岸交流和破坏祖国统一的不利因素也在发展,祖国统一大业面临着更加复杂的形势。

美国政府把台湾作为遏制中国的一张王牌,视台湾为美国亚太战略中一艘"不沉的航空母舰",其实质是希望长期维持两岸不战、不和、不统、不独的分离状况,充当两岸关系的最大操盘手。

日本反华势力与"台独"有着千丝万缕的联系,台湾是许多日本人魂牵梦绕的地方。1996 年 4 月,美日两国首脑发表东京宣言,决定加强美日防卫合作,把台湾划为其防卫范围之内,意味着今后一旦台湾"有事",日本可以采取行动;1999 年 5 月,日本正式通过"周边事态"相关法案,最终完成了日美防卫合作的法律程序;日本的反华分子甚至某些政要,屡次公开宣扬日美防卫合作范围包括台湾。

2005 年 3 月中国政府颁布了《反分裂国家法》。《反分裂国家法》为解决台湾问题提供了法律依据,这是一部统一法,是一部维护两岸和平的法,充分体现了中央政府以最大的诚意、尽最大的努力,争取两岸的和平统一,同时指出,决不承诺放弃武力并为武力解决台湾问题明确了政策底线。从根本上说,“一个中国”原则是中国政府对台政策的核心,“和平统一,一国两制”,是中国政府提出的解决台湾问题的基本模式。

台湾问题已经成为中华民族伟大复兴道路上一块巨大的绊脚石,无论局面多么复杂,道路多么曲折,中国人民都将排除一切困难,完成祖国统一大业。台湾与大陆的完全统一不仅事关中国国家主权与领土完整,事关民族尊严,事关中国在政治上的完全独立,而且事关中华民族的生存与发展,事关中华民族在21世纪的伟大复兴!

三、中国新形势下的国家安全

国家安全工作需要对国内外新形势进行准确判断,找准新趋势,把握新机遇,应对新挑战,保障国家安全和人民幸福。

(一)准确把握中国国家安全面临的形势变化,不断强化维护国家安全的政治担当

1. 国家安全内涵新拓展

5分钟读懂国家安全法

在“站起来”的时代,主要是实现民族解放、维护国家独立和新生政权安全;在“富起来”的时代,主要是维护日益拓展的国家利益、捍卫改革发展取得的重要成果;在“强起来”的时代,要应对全方位安全、新疆域安全、“走出去”后安全、地区性安全乃至全球性安全问题等。

2. 国家安全面临新挑战

进入中国特色社会主义新时代,每一步战略目标的实现都必然伴随高风险的重大安全挑战。如果发生重大风险扛不住,强国进程就可能被迫中断。这就要求必须把防范风险提升到新高度,力争不出现重大风险或在出现重大风险时扛得住、过得去,力争把风险化解在源头。

3. 国家安全提出新要求

当前中国仍处于社会转型期,各种矛盾错综复杂,同时处于中国国际地位提升与世界结构秩序和规则重构的特殊时期,国家安全呈现出国际性、系统性、全面性、交互性等特点,要求必须提升对国家安全重要性、紧迫性的认识,增强忧患意识、危机意识和使命意识;深化对新形势下国家安全特点规律的研究,推进国家安全理论创新和思路创新;加强国家安全的全面合作,不断提升维护国家安全的综合能力和合作水平。

(二)深刻把握维护国家安全面临的新任务、新要求,坚定不移走中国特色国家安全道路

1. 坚持党对国家安全工作的领导

习近平总书记指出:“坚持党对国家安全工作的领导,是做好国家安全工作的根本原

则。”党的十八大以来，中央决定成立国家安全委员会，研究部署国家安全工作，领导制定《国家安全法》等，目的就是建立集中统一、高效权威的国家安全体制，加强党对国家安全工作的领导。

2. 全面贯彻落实总体国家安全观

新时代有效维护国家安全，必须全面贯彻落实总体国家安全观，始终坚持国家利益至上，以人民安全为宗旨，以政治安全为根本，科学运筹国内与国际、发展与安全，统筹外部安全和内部安全、国土安全和国民安全、传统安全和非传统安全、自身安全和共同安全，完善国家安全制度体系，加强国家安全能力建设，坚决维护国家主权、安全、发展利益。

3. 牢牢把握军事实力这个保底手段

国防和军队建设是国家安全的坚强后盾，军事手段始终是维护国家利益和战略底线的保底手段，是实现“两个一百年”奋斗目标和中国梦的战略支撑。全面贯彻习近平强军思想，建设一支听党指挥、能打胜仗、作风优良的人民军队，把人民军队全面建设成为世界一流军队，不断提高有效塑造态势、管控危机、遏制战争、打赢战争的战略能力。

（三）用全球思维统筹发展和安全，把维护国家安全的战略主动权牢牢掌握在自己手中

1. 始终立足国际秩序大变局，统筹国家安全

当前世界多极化、经济全球化、社会信息化深入发展，同时地区动荡、恐怖主义、金融风险等人类共同面临的问题愈加突出。各国既享有前所未有的发展机遇，也面对全球性安全挑战，没有哪个国家可以置身事外、独善其身。新时代维护国家安全，应当着眼推动构建人类命运共同体，宣扬和确立共同、综合、合作、可持续的新安全观，加强国际安全合作。

2. 始终立足防范风险的大前提，谋求国家安全

国家安全是在应对、防范和化解风险中赢得的。如果防范不及、应对不力，就可能传导叠加，演变为系统性风险。必须预先发现并尽早化解苗头性、倾向性风险，从应对最困难情况着想制定相关应急防范措施，把主要精力放在应对重大挑战、抵御重大风险、解决重大矛盾上，不断消除风险隐患。

3. 始终立足维护中国发展重要战略机遇期，塑造国家安全

塑造国家安全，说到底是为了维护国家发展重要战略机遇期，确保中华民族伟大复兴进程不被滞缓或打断。党的十九大规划了中国未来 30 多年的发展战略，并强调：“我国发展仍处于重要战略机遇期，前景十分光明，挑战也十分严峻。”

4. 始终立足实现国家长远发展目标，保持战略定力

越是接近奋斗目标，前进阻力和风险压力就会越大，特别是当前影响国家安全的热

点增多、焦点多变，容易带来各种影响和干扰。要不断提升国家安全工作的前瞻预见力、战略谋划力、主动塑造力和综合施策力，从而把维护国家安全的战略主动权牢牢掌握在自己手里。

四、新兴领域的国家安全

随着生物技术、太空、远海、网络、极地、人工智能等领域高新技术的迅猛发展，国家安全和发展利益逐渐超出传统领土、领海、领空和利益安全的范围，开始向深海、深空、网络、生物、核、能源等领域拓展。国家安全的博弈与角逐的战场也开始向着新兴领域延伸。

（一）海洋安全

深海开发作为赢得未来战争优势的战略基点，成为各国明争暗斗的新焦点。海洋是世界战略资源的重要基地。深海油气资源、可燃冰、砂矿等，储量之大远超当今人类需求，引发各国不断上演“蓝色圈地”运动。岛屿归属、专属经济区与大陆架划定、海底资源的争夺，特别是对深海资源的竞争成为新焦点。

海洋是国家安全的重要屏障，关系国家长治久安和可持续发展。维护海洋安全必须突破重陆轻海的传统思维，建设与国家安全和发展利益相适应的现代海上军事力量体系，维护国家主权和海洋权益，维护战略通道和海外利益安全，参与海洋国际合作，为建设海洋强国提供战略支撑。

（二）太空安全

太空作为赢得未来战争优势的战略高点，成为大国激烈博弈的新舞台。在陆、海、空、天、电、网多个作战维度中，谁控制了太空，谁就能占据多维作战空间制高点，就可牢牢把握感知、认知、决策优势。太空领域成为各国争夺全球优势的战略高点。中国一贯主张和平利用太空，反对太空武器化和太空军备竞赛，积极参与国际太空合作。

（三）网络空间安全

网络空间作为赢得未来战争优势的战略热点，成为全球激烈竞争的新空间。网络空间国际战略竞争日趋激烈，不少国家都在发展网络空间军事力量。中国是黑客攻击最大的受害国之一，网络基础设施安全面临严峻威胁，网络空间对军事安全影响逐步上升。要加快网络空间力量建设，提高网络空间态势感知、网络防御、支援国家网络空间斗争和参与国际合作的能力，遏控网络空间重大危机，保障国家网络与信息安全，维护国家安全和社会稳定。

（四）极地领域

极地领域作为赢得未来战争优势的战略极点，成为多国争相占据的新疆域。北极地区潜在的可采石油储量有1000亿至2000亿桶,煤炭则占到世界总量的9%。北极还有大量的铜、镍,以及金、金刚石、铀等。北极有鳕鱼,南极有磷虾,这些作为食物不论是量还是营养都极为丰富。从军事上来说,北极位于亚、欧、北美三大洲的顶点,有联系三大洲的最短航线,地理位置极为重要。冷战时期,美苏两国就在北极地区部署战略轰炸机和战略核潜艇。为赢得极地竞争优势,掌握极地主动权,不仅美、俄、加拿大等极地国家纷纷制定极地战略,一些非极地国家也积极参与极地事务。

(五)人工智能领域

人工智能作为赢得未来战争的战略重点,成为多国竞相研发的新利器。世界主要军事强国将人工智能视为大国博弈的战略重点,采取多种措施积极研发,人工智能在军事领域应用取得重大突破。人工智能是自互联网诞生以来的重大战略前沿技术,将使未来战争样式发生全新变革。

第三节　国际战略形势

国际战略形势是国际战略环境的动态表现。它从本质上反映了世界各主要国家的政治集团建立在一定军事、经济实力基础上的政治关系的基本状况和总体趋势,其核心是世界范围内的战争与和平问题。

一、国际战略环境概述

国际战略环境是一个时期内世界各主要国家(集团)在矛盾、斗争或合作、共处中的全局状况和总体趋势,是世界各主要国家和政治集团在一定时期内在战略上相互联系、相互作用、相互斗争所形成的世界全局性的大环境。它是国际政治、经济和军事形势的综合体现。

国际战略环境包括国际战略格局和国际战略形势两个方面。国际战略格局是国际战略环境的框架结构,国际战略形势是国际战略环境的动态表现。国际战略环境是在一定的时代背景下形成的,时代的特征对它的基本面貌有决定性的影响。

(一)影响国际战略环境的主要因素

影响国际战略环境的主要因素包括:国际间战略利益的矛盾及其发展;政治、军事、经济力量在世界范围内的分布与配置;主要国家之间的战略关系及其斗争、制约、合作的态势;战争的进程和结局,以及战争威胁的性质和程度等。

国际战略环境是国家安全和发展的国际条件,对实现国家的战略目标和战略利益有重大的影响,并决定或制约着一个国家政治、军事、经济斗争的对象和敌友关系以及采取的方针、政策和策略。任何一种战略,都是依据一定的环境条件而提出来的,在实施过程中都要受到这种环境条件的制约,因此,对国际战略环境的分析和判断,是制定战略决策和战略实施过程中必须特别加以重视的一个至关重要的问题。只有站在时代的高度,从各主要国家或政治集团的战略利益关系入手,较系统地考察一个时期内国际战略格局的状况和国际战略形势的发展趋势,综合分析影响国家安全和发展的各种国际化条件,判明本国遭受威慑的可能、方向、性质和程度,才能提出正确的战略对策。

(二)国际战略环境的考虑因素

1. 时代特征

时代特征是某一时代基本特征的集中反映,代表着这个时代的本质和发展趋势,规定着该时代各国人民相应的主要任务。正确地认识把握时代特征,有助于从宏观上把握当今世界的主要矛盾和发展方向,从而对国际战略环境做出正确判断,避免战略指导的重大失误。

2. 国际战略格局

国际战略格局反映了一定历史时期相互联系、相互作用而形成的相对较为稳定的力量结构,它是国际战略力量之间在全球政治层面上的实力对比关系。正确地对国际战略格局进行分析,有助于从总体上了解世界各主要国家在世界全局中的地位及战略利益方面的矛盾和需求,同时可对国际形势及发展趋势作出基本的估计。

3. 主要国家的战略动向

世界上一些实力强大的世界性或地区性大国,不单对大国乃至世界的安全与稳定有着一定的影响,同时对其他国家的战略也产生着不同程度的影响。了解主要国家的战略动向,有助于从世界各国特别是大国之间关系上具体研究国际战略环境,从而对国际形势作出正确判断。

4. 当代战争与和平的发展趋势

在当今时代条件下,国际形势尽管总有起伏变化,但和平与发展依旧是引人注目的时代主题,同时它也是各国研究和制定军事战略时关注的重心。

5. 周边安全形势

周边安全形势是指周边国家直接或者间接影响本国安全的条件和因素。周边安全形势中最值得注意的是周边国家与本国的利益矛盾、对本国的政策企图、与本国密切相关的军事力量及其部署等直接相应本国安全的情况和因素。

二、国际战略形势现状与发展趋势

（一）国际战略形势的现状与特点

1. 美国成为世界唯一的超级大国，世界呈多极化趋势

当前国际战略格局框架结构的主要特点是“一超诸强，多元争极”。“一超”指的是美国。美国作为冷战后唯一的超级大国，其经济、政治、军事、科技等力量占据着极大的优势。虽然它的经济在连续十多年的增长后出现了一定程度的衰退，但它在国际舞台上的竞争力和影响力仍然是最强的。并且，由于世界战略格局的转换具有渐进性，这将使美国“一超独霸”的局面保持相当长的一段时间。

与此同时，以其他战略力量迅速增长为主要特征的多极化趋势正在发展。所谓“诸强”，指的是一些综合国力较强的国家或国家集团，如中国、欧盟、俄罗斯、日本等。从目前各国发展的情况看，印度等国近些年的出色表现，也可能在未来的多极格局中占据一席之地。所以，目前的力量格局，大致是“一超诸强”或“一超多强”。

2. 新的各种安全结构正在建立和完善

在两极格局时代，美苏始终互为对手。东西方集团内部即使有时在经济、政治上的矛盾上升为主要矛盾，但盟友关系却一直是十分清楚的。而在两极格局瓦解后，对手和盟友便模糊不清了，均势的维持更多依靠结盟。各种国际和地区安全机制应运而生，相继建立。北约决定将其军事活动范围由北约成员国领土之内扩大到整个欧洲，先后与欧洲其他国家和俄罗斯建立了“和平伙伴关系”；欧盟由一个经济体转为政治、经济、货币联盟体；东盟各国的“东盟地区论坛”已成为亚太地区第一个政府间的多边安全对话机制；亚太经济合作组织（简称 APEC）已举行了多次非正式首脑会议，等等。各地区安全机制的陆续建立，预示着未来地区军事格局将朝着多样化、区域化的方向演进，世界将在地缘上分为欧洲、原苏联地区、亚太、中东、拉美和非洲等区域，形成各具特色的地区格局。

3. 经济因素在国际事务中的作用在上升

当前世界战略力量呈现出多极化的发展趋势，最突出的表现是经济领域的多极化速度比其他领域发展更快。战后几十年的激烈军事对抗和军备竞赛使美苏这两个超级大国的经济不同程度受到影响，并最终导致解体。随后各国更加注重经济的发展，调整本国的经济发展战略，制订经济发展计划，突出在国际社会的影响力。一方面，美国的国民生产总值在世界上所占的比例已较之“二战”结束初期的46%有很大幅度的下降，而日本、中国和欧盟一些国家经过这几十年的迅速发展，已成为对国际事务有着重要影响的经济大国或经济集团。目前，日本和德国都在凭借自己强大的经济实力谋求政治大国、军事大国地位。中国经济的迅速发展，也招来了诸如“中国威胁论”之类的论调。

4. 武装冲突和局部战争对国际安全的影响相应突出

20世纪90年代后,随着美苏冷战的结束,世界大战的危险进一步减少,地区武装冲突和局部战争成为主要的军事冲突形式。总体上说,当前频繁发生的地区冲突主要是新旧战略格局转换时期国际政治秩序失调的表现,有一定的必然性。在旧的国际政治秩序瓦解和新的秩序形成过程中,出现动荡是不可避免的。在局部地区,力量的重新分化组合甚至是以武装冲突的方式表现出来的。与此同时,通过全球和地区性的国际组织间的合作,来控制和解决地区冲突,维持国际形势的和平与稳定,已成为国际政治军事领域的一个热门话题。

5. 军备竞赛有所趋缓,但质量竞赛更加激烈

随着国际形势日渐缓和,全球性军备竞赛有所降温。但是,一些地区性的军备竞赛有所升级。同时,世界各国都更加重视军队的质量和技术优势,在减少数量、强化质量上下功夫。

在常规军备方面,美国倡导进行新军事革命,强调用高技术提高美军的战斗力,将工业时代的武装力量转变为信息时代的武装力量。俄罗斯以及法、英、德等欧洲强国也都在提高军队质量,发展高技术武器装备。在核军备方面,尽管美、俄两国开始大幅度裁减核武器,但仍保持有庞大的核武器库。据西方军事专家分析,目前还有10多个国家已经掌握了核武器的制造技术,如有必要,短则几个月,多则几年便可造出用于实战的核武器。

由上可见,尽管国际裁军与军控有所进展,但以谋求质量优势为主的军备竞赛,仍然可能引发国际紧张局势和军事对抗。

(二)国际战略形势的发展趋势

1.“多极化”将是未来国际战略格局发展的必然趋势

(1)美国谋求建立单极世界却难阻多极化潮流。两极格局解体后,美国成为世界上唯一的超级大国,是目前各极力量中最强大的一极。美国在经济、科技、军事、政治、文化等方面的实力都很突出。美国倚仗其经济科技实力和超强的军事力量,企图建立以美国为领导的单极世界,充当世界的领袖。但是,美国并不能凭借自己的优势地位在世界上为所欲为。当前世界战略力量多极化的发展趋势最突出地表现在经济上,美国虽然经济上保持着世界经济发展的领头羊地位,但随着近几年国际市场的建立,第三世界国家重视对经济的发展,欧盟一体化进程的加快,美国的国际市场竞争能力正受到严重挑战。所以,美国“一超独霸”的局面正在遭到削弱。

(2)欧盟力量不断发展并且自主意识日趋增强。冷战结束后,欧盟各国加快了欧洲一体化进程的步伐,共同谋求使欧洲真正成为未来多极世界中强有力的一极,争取与美国平起平坐的地位。近年来,欧盟在应对气候变化、金融危机、俄格冲突、伊朗核问题等热点上表现突出。欧盟内部多边或双边防务组织不断出现。但是,欧盟毕竟不是一个真正意义上的国家,只是一个松散的国家联盟,各国在政策协调上存在着诸多的杂音,也仍未摆脱对美国的依赖。欧盟不可能像一个国家那样一致对外,要想成为一极,还有很长的路要走。

(3)俄罗斯力保大国地位。苏联解体后,俄罗斯的实力和国际影响力大大削弱。但从总体上看,俄罗斯仍具有较强的综合国力。俄继承了苏联在联合国安理会常任理事国的席位,以及苏联76%的领土和70%的国民经济总资产,幅员横跨欧亚两大洲,国土总面积1700多万平方公里;自然资源极其丰富,物质技术基础雄厚,具有巨大的发展潜力;俄是目前世界上唯一能与美国在军事上抗衡的国家,它把核武器作为恢复大国地位、遏制大规模侵略的支柱,同时致力于建设一支精干、高效的常规力量,发展同盟关系,以此保持其在苏联地区的领导地位和在全球事务中的影响力。

(4)日本加快由经济大国走向政治大国的步伐。日本是战后西方国家中发展最快的国家,从战后到20世纪70年代它走完了由一个战败国变成经济发达国家的全部历程。目前排在美国和中国之后,为世界第三大经济大国。随着经济和科技实力的增强,日本已经不满足于经济大国的地位,提出了以经济力量为后盾,以强大军事力量为保证,以自主外交为手段,逐步发展成为世界性政治大国的战略目标。它要求成为联合国安理会常任理事国,竭力在国际政治舞台上扮演重要角色,力争在关系世界稳定和发展的重大问题上,拥有不次于其他大国的发言权。为此日本坚持日美军事同盟,不断拓宽"专守防卫"军事战略的内涵,已突破和平宪法的限制向海外派遣军事力量,并将其防卫范围扩展到包括朝鲜半岛、台湾海峡和南中国海在内的整个亚太地区。

(5)中国在国际事务中将发挥越来越大的作用。中国是社会主义国家,也是最大的发展中国家。中国不与任何国家结盟,不干涉别国的内部事务,坚决维护自己的独立和主权,同时也尊重别国的独立和主权。中国从远远落后于其他大国的贫弱基础上快速崛起,13亿人口将从贫穷转为富裕的翻身,是人类历史上亘古未有的壮丽事业。中国规模与速度是举世无双的,其潜力与影响超过了当年苏联、日本的崛起。中国经济这种高速发展,正在带动亚洲崛起,对世界格局产生着重大影响。虽然论科技含量、技术专利、人均经济总量,中国与发达国家相比还有比较大的差距,但是这种经济总量排名已使国家地位发生了历史性变化。中国的国防实力也在日益增强,拥有一支任何人都不能轻视的军事力量,而且自行设计和制造了原子弹、氢弹、运载火箭、卫星等,成为世界上少数几个掌握这类技术的国家之一。随着科教兴国战略的实施,中国的综合国力将日益强盛,在世界上的地位和作用必将进一步提高。

(6)其他国家和国家集团的实力与地位在增长。除了上述五大力量中心,现在世界上还有一些国家和地区集团,因为综合国力的明显增强,在全球和地区事务中的地位和作用日益提高。

印度是南亚地区大国。它追求的战略目标是确保在南亚和印度洋地区的优势,进而谋求"亚洲核心"和世界大国的地位。印度在廉价劳动力方面比中国后劲更足,在信息技术、制药和汽车工业上有自己的优势。印度长期重视军队现代化建设,是亚洲战后最早拥有航母的国家,还公然跨进了核门槛。在外交上善于"左右逢源",既跟俄罗斯保持着传统的军事合作,又以"世界最大民主国家"的身份与美国发展关系,赢得了较为宽松的国际环境。

东盟所在的东南亚是20世纪80年代以来世界经济最具活力的地区之一。随着经济实力的壮大,东盟已成为一支新兴的政治力量,正在不断加强内部防务合作,同时积极调整与美、日、中、俄等大国的关系,积极争取对东亚事务更大的发言权。

此外,还有巴西、伊朗、土耳其和南非等国家,都是有一定号召力的地区中心国家,并能影响到国际政治。

通过以上分析可以看出,在未来国际战略格局多极化发展的进程中,起主导作用的可能是美国、欧盟、俄罗斯、日本、中国这五大力量。同时,其他一些重要的国际组织、区域集团和地区性大国,也将发挥重要作用。目前各种力量都在加紧调整自己的战略,以加强在国际社会中的影响,这一趋势的发展正越来越明显地制约美国的霸权主义和强权政治,世界"多极化"的发展方向,将是一种必然趋势。

2. 未来国际战略格局中各方关系将日趋复杂化

随着冷战的结束,过去相互对立的两大阵营间的敌对状态不复存在,各国间的关系已打破意识形态的束缚,由敌对转变为交流、对话,各国间更加重视积极的外交与合作。所以,未来战略格局中各方关系正呈现复杂化的趋势。

比如中美关系。美国的对华政策是既"遏制"又"接触",随着美国近几年在国际社会的种种霸权行径和强权政治遭到各国的抵制,越来越感到自己的孤立。美国是最发达国家,中国是最大的发展中国家。美国充分认识到这一点,所以主张对中国"全面接触"。同时,中国面对当今国际格局的发展变化,也不能与美国为敌,所以表现出既"冷静"又"克制"的外交战略。所以说中美之间既不是敌人和对手,也不是盟友和战友,而是非敌非友的性质,有冲突但也不至于完全没有节制,不至于发展到全面对抗;有合作但绝非毫无保留,更不可能结盟。

以上情况说明,随着冷战后国际形势的发展,当今世界五大力量的地位和关系已经发生了重要变化,随着中、俄、日、欧的地位提高,大国间相互制约关系显著增强。今后,维护世界和平和推动经济发展,主要靠这五大力量的协调与合作,其中美、中、俄的协调与合作尤为重要。世界五大力量对外政策和战略关系的调整,将使未来国际战略格局呈现新的特征。

3. 维护国家利益的"软战争"将对国际战略格局产生重要影响

20世纪80年代,美国在反思越战历史教训的基础上,提出"软实力"这一概念,企图在和平与发展的时代条件下,为巩固美国世界霸权找到一种"不战而屈人之兵"的理想途径。由此引起世界各国对国家实力的重新认识,也引起新一轮国家安全观的创新浪潮。

加之当代科技革命和新军事革命带来的战争成本空前加大,有利于各种政治军事力量的相互制约。当今的信息化时代,国际间的政治角力和利益之争同时展开,维护国家金融安全的“软战争”初显端倪。

当代世界经济的一个显著特征就是世界经济越来越多地受到国际因素的影响,经济的稳定程度直接决定着国家的健康程度。其中金融安全在国家经济安全乃至整个国家安全中的战略地位空前上升,并相对军事安全而言成为当代国家安全斗争的又一主战场。回眸 1997 年的亚洲金融危机,细观 2007 年的美国金融风暴,任何国家金融体系的剧烈动荡,不仅会在短时间内将一个国家百十年积累的财富席卷一空,导致国家整个经济体系的崩溃和社会的倒退,还可能引发“多米诺骨牌”效应,酿成全球性金融危机。

金融实力同军事实力一样,已经成为衡量国家强弱的主要标志;当代金融战线已经成为国家安全斗争的又一个主战场,确保金融安全已经成为维护国家安全的重要战略手段。更新国家安全理念、完善国家安全战略、构建高效安全的现代金融体系,已成为全球化时代国家安全斗争的一个重大而紧迫的课题。

三、世界主要国家军事力量及战略动向

美国军事力量

(一)美国军事力量及战略动向

1. 美国的军事力量

美国军事力量是美利坚合众国的武装力量,即对美国拥有的武装部队的统称。从建军到现在,美国军事力量经过两百多年的发展,尤其是两次世界大战给美国军队发展带来巨大机遇,造就了现今世界上总体实力最为强大的军队。美国军队由美国陆军、美国海军、美国空军、美国海军陆战队以及美国海岸警卫队构成。美军现役部队人数 142 万人左右,其中陆军约 54 万人,海军约 37 万人,空军约 33 万人,海军陆战队约 19 万人。

美国的武器和军事工业是世界上最先进的。截止 2022 年 6 月 5 日,全世界有 8519 颗卫星,其中美国 4632 颗,占了全世界卫星数量的 50%以上。美国还有 612 颗军用卫星。

美国拥有世界最大的军事储备,封存的空军飞机数千架,封存的海军舰艇超过 600 艘,其中 40%的装备时至今日其技术仍相对领先。美军装备技术水平最高。这种压倒性优势状态,得益于美国完善的国家制度。美国有能力在短短数年内恢复建立全部武装力量。

美国武器装备制造与研发世界一流,拥有 10 余艘核动力航母和 10 余艘核潜艇,全球最多且最先进。

美国军事基地遍布全世界,军事打击能力遍布全球。海外军事基地数量巨大,标志着美国在世界任何一个角落与任何一个国家作战拥有足够的后勤补给。

美国军队作战素质高、经验丰富,仅在苏联解体以后,美国先后发动科索沃战争、阿富汗战争、伊拉克战争,介入了利比亚内战、叙利亚内战等,局部小冲突不断。美国军队

作战经验超过世界上任何一支其他国家的军队。

2. 美国的战略动向

第二次世界大战后,美国军事的战略重心经历了三次转移调整:冷战时期,美国战略重心在欧洲,目的是与苏联进行对抗,美国大力扶植西方亲美政府,在世界范围内与苏联等共产主义国家势力对抗;冷战后一段时期,美国战略重心在大中东地区,意图控制世界能源枢纽地带,并接连发动了海湾战争、科索沃战争、阿富汗战争和伊拉克战争;进入21世纪后,明确提出军事重心向亚太转移,美国的战略意图十分明确,美国在21世纪的首要目标是防止在欧亚大陆出现对美构成战略威胁的新对手,从而确保"美国在世界的领导地位"和巩固"既定的以美国为中心的世界政治和经济秩序"。

从以上各个时期的变化不难看出,称霸全球的霸权主义是美国军事战略调整中的一条主线,核心还是美国的国家利益。

(二)俄罗斯军事力量及战略动向

俄罗斯的军事力量

1. 俄罗斯的军事力量

俄罗斯武装力量人数为190万人左右,其中现役军人为101万左右。俄罗斯武装力量被划分为3个军种(陆军、海军、空军)和3个独立的兵种(战略火箭兵、空天防御兵、空降兵),综合军事实力世界第二,仅次于美国。

进入21世纪,俄罗斯经济渐渐复苏,军队制式装备的更新也渐渐开始。陆军方面像T-90主战坦克、"阿塔玛"主战坦克等;海军方面像"基洛"级常规动力潜艇、"守护"级护卫舰等;空军方面像苏-34"后卫"战斗机、T-50第五代战斗机等,这些装备快速提升了俄军的军事实力。但是俄罗斯遇到了一个与中国同样的问题:装备虽先进,但大批的老旧装备还等着更换。

2. 俄罗斯的战略动向

俄罗斯认为,国家当前面临的外部战略压力持续加大,美国和北约仍是俄罗斯首要外部威胁,除北约东扩,美国部署反导系统和推行太空军事化外,俄罗斯还面临美加紧构建"全球快速打击系统"、信息攻击与舆论煽动,以及跨境极端恐怖主义活动等多样化威胁。

美国和北约对俄罗斯的打压政策并没有出现实质性变化,反而是其方式方法更为灵活多样,行动空间较前也有所拓展,以网络空间为核心的信息安全领域已成为西方对俄罗斯进行渗透进攻的新战场。俄罗斯的主要任务是防止战争,消灭入侵之敌、遏制境外武装冲突向国内蔓延,力保周边势力范围的特殊利益与稳定。虽然俄罗斯综合国力受到削弱,但其军事力量尚能够有效支撑其大国地位。

目前,俄罗斯已调整了亲西方政策,力求在世界和地区事务中发挥其大国的影响力,加速推进独联体军事一体化,反对美欧染指独联体国家。为弥补综合国力的不足,俄罗斯越来越把核武器作为恢复国家地位的支柱，放弃不首先使用核武器的承诺，研制并发射新型导弹、试图以此遏制北约东扩，维护国家利益和自身安全，保持其大国影响力。新的“积极遏制”军事战略为俄罗斯的大国复兴与“强军梦想”提供了强有力的战略支撑。

（三）日本军事力量及战略动向

日本的军事力量

1. 日本的军事力量

日本军队称自卫队，是第二次世界大战后在美国扶植下重建和发展起来的。随着日本经济实力的迅速增强，日本军队建设得到长足发展，在“质重于量”和“海空优先”的建军方针指导下，自卫队已发展成为一支装备精良、训练有素、作战能力较强的武装力量。

日本自卫队的最高军事决策机构为内阁会议，现役部队由陆上自卫队、海上自卫队、航空自卫队组成。日本自卫队现役总人数约 25.5 万人。

根据日本 1947 年的“和平宪法”，日本须放弃以战争作为解决国际争端的手段，并且禁止日本有任何军事建制。日本的军事实力只能维持在自卫所需的水平，总兵力不得超过 10 万，军舰数量不得超过 30 艘，总排水量不得超过 10 万吨，不得拥有航空母舰（护航航母除外）及核动力潜艇，作战飞机数量不得超过 500 架，不得拥有远程轰炸机，不得发展弹道导弹技术。

2. 日本的战略动向

日本是世界上仅次于美国和中国的第三大经济体，外汇储备居世界第二。日本工业高度发达，科技实力雄厚，在机器人、半导体元件、光纤通信等方面的科技水平居世界前列。随着经济和科技实力的增强，日本已经不满足于经济大国的地位，提出了以经济力量为后盾，以自主外交为手段，逐步发展成为世界性政治军事大国的战略目标。

2012 年底安倍内阁再次上台后，为了摆脱战后体制束缚，实现“普通国家化”的国家战略目标，对日本国家安全战略进行了战后以来最大幅度的调整。从组建“国家安全保障会议”并发布战后日本首份《国家安全保障战略》，对日本的国家安全战略作出长远规划，到出台 2013 年版《防卫计划大纲》，解禁集体自卫权的行使，进而构建起新安保法制的一系列操作，日本的国家安全战略视野已经扩大到全球维度，开始构筑起多领域、全方位的国家安全体制。2018 年 12 月 18 日，日本内阁会议正式批准了新版《防卫计划大纲》及《中期防卫力量整备计划》。新版《防卫计划大纲》提出，对于日本而言，打造能够进行“跨域作战”的能力，适应宇宙、网络、电磁波这些新领域和陆、海、空传统领域相结合的战争形态至关重要。

此外，日本要求成为联合国安理会常任理事国，竭力在国际政治舞台上扮演重要角色，力争在关系世界稳定和发展的重大问题上拥有不次于其他大国的发言权，成为在未来国际战略格局中“支撑国际秩序的一极”。

（四）印度军事力量及战略动向

印度的军事力量

1. 印度的军事力量

印军前身为英国殖民主义者的雇佣军，1947 年印巴分治后始建分立的三军，1978 年创建独立的海岸警卫队。印度的武装力量由正规军、准军事部队和后备力量组成。现役部队分陆、海、空和海岸警卫队四个部分，现役兵力 132 万左右。

2. 印度的战略动向

近年来，印度着眼国际战略形势的发展和国家安全环境的变化，对其安全战略思路进行了较大调整，主要表现在大力强化与美国的军事关系，努力建立牢固的印美安全合作体系；积极谋求与巴基斯坦改善关系，努力营造良好的周边安全环境；加快提升核威慑战略的主导地位，努力构建可靠的核安全屏障；更加重视军队现代化建设，突出军事安全对于国家安全的重要作用等方面。

莫迪就任印度总理以来，印度大国崛起战略推进步伐明显加快。虽然印度大国崛起的过程不会一帆风顺，但其可能引发的地缘政治影响不容忽视。此外，鉴于印度洋具有极为丰富的海洋资源、战略地位也十分重要。在各大国激烈争夺印度洋却未能完全控制该洋的情况下，印度在军事战略中新增加了南下印度洋的内容，并正式把南下印度洋的海洋战略与陆上战略同步实施，力求巩固陆上已取得的成果，走海上强国之路。

思考题：

1. 简述国家安全。
2. 国家安全的原则是什么？
3. 世界安全形势面临的挑战有哪些？
4. 影响国际战略环境的因素有哪些？

第三章　军事思想

军事思想不是从来就有的，它是人类战争的产物。自从人类进入阶级社会以来，战争就成为了解决阶级矛盾、民族矛盾等的主要斗争形式之一。军事思想的研究对象是战争、军队和国防建设问题，它既是历代战争与军事实践的理论概括，又对现实和未来的战争与军事实践具有重要的理论指导作用。

第一节　军事思想概述

一、军事思想的内涵

长征代表了军事路线思想路线的创新

（一）军事思想的定义和分类

军事思想是关于战争、军队和国防基本问题的理性认识，是人们长期从事军事实践的经验总结和理论概括。军事思想从总体上考察和回答军事领域的普遍性、根本性问题。军事思想来源于人类的军事实践，对战争实践和军队建设实践提供超前性和预见性的理论指导；同时又在军事实践中接受检验，随着战争和军事实践的发展而发展。

按阶级来划分，军事思想可分为奴隶主阶级军事思想、封建地主阶级军事思想、资产阶级军事思想和无产阶级军事思想；按国家来划分，可分为外国军事思想和中国军事思想；按历史阶段来划分，可分为古代军事思想、近代军事思想和现当代军事思想等。

（二）军事思想的内容和特点

军事思想的内容大体可以分为两个层次：

一是军事哲学问题，主要内容有战争观、军事问题的认识论和方法论。战争观是指对战争问题的根本看法。战争观主要通过对战争产生、发展、消亡的历史发展过程和战争与政治、经济、科技、文化等因素相互联系的揭示，从而认识战争的起源、性质、本质、作用、消亡的途径等根本问题。战争方法论是认识和指导战争的方法理论。战争方法论主要回答如何认识战争的规律，并在此基础上如何正确指导战争等问题。战争观和战争方法论是军事思想的基础和核心。

二是军事实践的基本指导原则问题，主要内容有战争指导的基本方针和原则、军队建设的基本方针和原则、国防建设的基本方针和原则等。战争指导的方针和原则，不但要回答战争是什么和怎样认识战争，还要回答怎样指导战争的问题。军队和国防建设的方针和原则，主要回答军队和国防起源及其本质、军队和国防建设与国家经济的联系以及如何建设军队和国防问题等。

军事思想作为一种独立的意识形态是从奴隶社会开始的，产生于一定的社会物质生产和战争实践基础之上，具有以下特点：

一是具有鲜明的阶级性。军事思想来源于社会实践，在阶级社会中，人们为了各自阶级的利益，所奉行和推崇的军事思想，必然要反映各个阶级对战争和军队建设的认识和立场。因此，不同阶级、国家或政治集团必然有着不同的军事思想。

二是具有强烈的时代性。军事思想来源于战争实践，不同历史时期的战争有着不同的形态和战略战术，有着不同的军队组织原则和编制。这种不同时代的特征往往最能反映当时的物质生产水平，军事思想所反映的这些特征代表着这一时代的生产力水平。

三是具有明显的继承性。在战争中，人们必须按事物的客观规律办事。古代大军事家孙武说："先知者，不可取于鬼神，不可象于事，不可验于度，必取于人，知敌之情者也。"因为，只有这样，才能做到"知彼知己，百战不殆，知天知地，胜乃无穷"。所以，历史上所形成的具有规律性的军事原则、概念和范畴被流传下来为后人所用，并不断地加以丰富和发展。

四是具有广泛的通用性。军事思想和军事领域所揭示的一些事物的普遍规律，所形成的原则、概念和范畴，常常被用于政治、经济、外交及商业竞争和体育比赛等方面。

总的来说，任何军事思想都是对战争、军队和国防问题的理性认识，它以一定哲学的世界观和方法论为指导，反映一定时代、阶级、国家、人物对战争性质、战争准备与实施等所持的基本观点。

二、军事思想的发展历程

中国古代军事思想的闪耀与发展

人类对军事问题的认识，随着社会生产力的发展、社会关系的变革、战争规模的扩大及其激烈程度的加剧，以及科学文化技术水平的不断提高，经历了一个又一个由浅入深的演进过程。这一过程大致经历了古代军事思想、近代军事思想和现当代军事思想三个阶段。军事思想也正是在这个演进过程中得以产生、形成、提高、丰富与发展的。

（一）古代军事思想

从时间上说，古代军事思想主要是指奴隶社会到封建社会两个历史时期的军事思想。从空间上说，由于世界历史早期发展的地域差异性和不平衡性，古代人口大规模聚集的地区主要集中在中国、地中海地区和印度，大规模的冲突也多发生在中国和地中海地区。因而，古代军事思想的产生和发展主要集中在两个相对独立的区域，即中国和地中海一带沿海国家。

中国古代军事思想最早出现在公元前21世纪至公元前8世纪，此时的中国处于奴隶社会时期，在这一历史时期出现了军队和真正意义上的战争，军事思想也开始萌芽并逐渐成为专门学科。《军政》和《军志》就是这一时期的军事思想理论成果,但已经失传。从公元前 8 世纪至公元前 3 世纪,是中国由奴隶社会走向封建社会的社会革命时期,文化的发展和诸侯国的重视,促进了中国古代军事思想的空前发展,涌现出了许多杰出军事家及军事著作,如孙武的《孙子兵法》,吴起的《吴子兵法》和司马穰苴的《司马法》等。

与中国古代军事思想相比,外国古代军事思想起步较晚,公元前 8 世纪至公元 5 世纪是西方古代的奴隶社会时期,在这个时期,古希腊、古罗马等奴隶制国家为了扩张领土、建立霸权、掠夺奴隶和财物,频繁发动战争,在长期的战争实践中,涌现出许多著名的将领和统帅,产生了丰富的古希腊和古罗马的军事思想。如《希腊波斯战争史》《伯罗奔尼撒战争史》《高卢战记》《亚历山大远征记》等著作。从公元 476 年西罗马帝国灭亡到 1640 年英国资产阶级革命,为欧洲的中世纪。在这个长达 1100 多年的"黑暗"时代,由于封建割据的庄园经济、宗教思想和经院哲学的禁锢,极大限制了军事思想的发展。直到封建社会后期,随着中国火药、火器的传入及意大利文艺复兴的影响,外国古代军事思想才有了缓慢发展。

(二)近代军事思想

从 1640 年英国资产阶级革命至俄国十月革命,为世界近代史。此时,以中国为代表的东方社会停滞不前,而西方则走向资本主义并向帝国主义发展,人类历史的重心偏向西方。这一历史时期,西方的军事思想取得了长足的发展。西方军事思想发展的主要原因:一是军事斗争实践的推动。由于西方社会处于封建主义进入资本主义的大跨越时期,封建与反封建的战争、资本主义与反资本主义的战争、帝国主义国家之间的战争、殖民与反殖民的战争,各种不同性质的战争交织在一起,频繁发生,为人们研究军事思想提供了充分的实践依据;二是军事技术革命性发展的推动。从英国工业革命开始,西方社会跨入工业文明,工业文明和科学技术的进步使军队装备发生了较大变化,热兵器得到广泛使用,与之相适应的军事思想必然产生;三是军事思维方法的重大变革。文艺复兴后,西方思想向理性回归,以牛顿方法为代表的科学方法兴起,西方进入科学时代。

1840 年鸦片战争后,中国的清政府逐步意识到武器装备和军事思想对战争胜负的决定作用,开始从西方引进先进技术,开办工厂,制造枪械,并学习西方军事理论,翻译西方重要军事著作,如《大战学理》(克劳塞维茨的《战争论》)等。撰写的主要军事著作有《兵学新书》《军事常识》《兵镜类编》等。主要军事观点有:师夷长技,重整军备;依靠民众,积极备战;避敌之长,求吾之短;以弃为守,诱敌深入等。但由于中国的军事变革是在外敌入侵的情况下被迫进行的,缺乏主动性,认识不够深刻,思想观点落后于西方。

(三)现当代军事思想

俄国十月革命及第一次世界大战后,世界进入现代史。这个时期,科学技术突飞猛进,武器装备发生巨大变化,巨炮、雷达、坦克、飞机、航空母舰、远程导弹、精确制导武器层出不穷,热兵器能量运用从火药到炸药,进而到原子能,武器破坏力大大增加,作战效能成倍增长,对战争进程和结局影响越来越大。基于先进武器装备和科学技术的战争理论获得快速发展，出现了海军制胜论、空军制胜论、坦克制胜论、机械化战争理论、总体战理论、核武器制胜理论、空地一体战理论、非对称作战理论以及信息战理论等作战思想。

俄国十月革命及五四运动后至今，中国经历了半殖民地和社会主义初级阶段两个时期。中国无产阶级在长期的革命战争和国防建设实践中，吸取古今中外军事思想的精髓，逐渐形成了毛泽东军事思想、邓小平新时期军队建设思想、江泽民国防和军队建设思想、胡锦涛国防和军队建设思想，以及习近平强军思想等具有中国特色的军事思想。

三、军事思想的地位作用

军事思想在军事科学中居于重要的地位，对军事实践具有宏观的和根本的指导作用。它具体表现在以下三个方面：

（一）为认识军事问题提供基本观点

人们总是基于一定的思想观念去评判军事问题的是非与价值，进而确定对其采取何种态度和行动。军事思想提供的正是这种思想观念。运用马克思列宁主义的理论去看待战争，就能全面认识战争在人类社会生活中的作用，正确判断正义战争与非正义战争，坚持以正义的、进步的、革命的战争，去反对非正义的、反动的、反革命的战争。如果用否定一切战争暴力的和平主义或“强存弱汰”的社会达尔文主义之类的观点看待战争，就不可能有正确的态度和行动。

（二）为进行军事预测提供思想方法

科学的军事思想揭示了军事领域矛盾运动的规律，为人们正确地认识战争和进行军事预测提供了科学的认识论和方法论工具。恩格斯和列宁关于资本主义列强之间的争夺将导致世界大战的预见，毛泽东关于中国人民革命战争进程与结局的论断，就是科学地进行宏观预测的范例。非科学的军事思想因不能揭示，甚至歪曲了军事领域矛盾运动的规律，必然导致错误的预测结果。

（三）为从事各项军事实践活动提供全局性指导

人们从事军事实践活动，离不开军事思想的指导。军事实践的成败与军事思想的科学与否关系甚大。以科学的军事思想作指导，军事实践就能保持正确的方向，并能达到预期的目的。否则，军事实践的方向就难免会发生全局性的偏差，达不到预期的目的。军事思想之所以能对军事实践起指导作用，就在于它是军事实践的能动反映，是军事实践经验的理论概括，并揭示了军事领域的一般规律。军事思想对军事领域的规律反映得越深刻、越正确，对军事实践的指导作用也就越大。

第二节 外国军事思想

一、外国军事思想的主要内容与特点

(一)古希腊、古罗马军事思想

公元前8世纪至公元5世纪是西方古代的奴隶制社会时期。古希腊、古罗马等奴隶制国家为了扩张领土、建立霸权、掠夺奴隶和财物,频繁发动战争。在长期的战争实践中,涌现出许多著名的将领和统帅,产生了丰富的古希腊和古罗马的军事思想。

古希腊的军事思想概括起来主要有:认识到战争是由根本利害矛盾引起的,战争是为了征服,以谋求城邦、国家利益和霸主地位;战争的胜败取决于政治、军事、经济、精神等条件;作战前必须对双方的军力、财力、人力等方面的长处和短处进行认真的分析对比;注意激励军队的士气,以优势力量建立己方胜利的信心;采取出乎敌人意料的行动使之惊慌失措等。

古罗马军事思想源于古希腊而又有所发展,主要表现在:进一步认识到战争有正义与非正义之分;把军事作为实现政治目的的工具,而政治又是配合军事行动达成军事目的的手段;通过外交广泛联盟,孤立对手,恩威并举,实现自己的目的;主张以进攻为主、防御为辅;在被迫处于防御地位时,也总是通过向敌后等薄弱处进攻,力求改变攻防态势,变防御为进攻;主张建立一支忠于自己的部队,以金钱、土地、建筑、妇女等物质利益保证部队的忠诚;以精神鼓励和严格的纪律保持部队的战斗力等。

(二)资产阶级革命过程中的欧洲军事思想

17世纪,英国发生的资产阶级革命具有世界影响。资产阶级革命打破了封建地主阶级的生产关系,极大地解放了生产力,使经济得到很大发展。资本主义制度建立后,大英帝国实力倍增,开始在北美、亚洲、非洲进行野蛮的掠夺殖民地的战争。欧洲的葡萄牙、西班牙、荷兰甚至法国都成了英国的殖民地。英国经济的发展、科学技术的进步、社会思想的前进,极大地推动了资产阶级军事思想的发展。

17—18世纪,欧美各国资本主义迅猛发展,发达的工场手工业生产出了大量新式火器,文艺复兴和资产阶级革命风暴促进了新的阶级关系和民族关系的形成,促使战争和军队建设从形式到内容发生了巨大变化,欧美军事思想的近代化过程随之达到高潮。18世纪末到19世纪前期,法国爆发了资产阶级革命和拿破仑战争;19世纪中叶,德国、奥地利等国也爆发了资产阶级革命;1861年,俄国废除农奴制。

在资产阶级革命过程中,一批资产阶级的军事思想家和军事思想的变革成果涌现出来,集中体现在拿破仑的战争艺术上,以及克劳塞维茨的《战争论》和若米尼的《战争艺术概论》等军事著作中。

拿破仑·波拿巴(1769—1821)是法国资产阶级杰出的统帅和军事家。从1784年15岁入军校到1799年发动政变建立法兰西第一帝国,再到1815年退位被放逐到圣赫勒拿岛,其一生几乎都是在战争中度过的。拿破仑继承法国资产阶级大革命初期的传统,废除雇佣兵制,代之以征兵制和志愿兵制,广泛地动员和征集农民当兵,建立了一支新型的能征善战的强大的资产阶级军队,兵力最多时达百万之众。拿破仑"唯才是举",不拘一格选拔将帅;平时注意教育训练,积极改善装备,特别注重发展炮兵、骑兵。在世界军事史上,从拿破仑开始才将炮兵正式定为一个兵种,这对世界炮兵发展起了重大的推动作用。这些都对资产阶级军队建设及其作战理论发展产生了深远的影响。

拿破仑的军事思想主要包括:强调要积极采取攻势行动,为了达到消灭敌人的目的,把积极发动进攻作为主要手段;要善于集中兵力,即在必要的时候,在必要的地点,集中比敌人在此时此地更为强大的兵力;强调快速机动和突然性,注重出奇制胜;重视国家军事组织的完善和军队骨干力量的培养,等等。这些使资产阶级作战思想发展到一个顶峰,引起了西方军事界的广泛关注。

(三)第一次世界大战前后的外国军事思想

1917年俄国十月革命的成功,标志着人类文明跨入现代历史时期。这一时期,科学技术突飞猛进,新式武器层出不穷,战争形态和作战样式发生了重大变化,军事理论研究空前活跃,军事思想更加丰富。

随着产业革命后新技术在军事上的运用,比如坦克、火箭、潜艇、航空母舰、核技术等的研制成功并大量使用,作战理论和作战原则出现了重大变革,其军事思想也经历了一个丰富和发展时期。19世纪中叶以后,德国首相俾斯麦宣称,德国的一切重大问题都只能通过"铁与血"的手段解决。日本首相山县有朋宣布,以朝鲜和中国等邻国国土为日本的"利益线"。19世纪末到20世纪初,世界资本主义体系发展到帝国主义阶段,对外扩张的各种军事理论大量出现。英国斯宾塞的"社会达尔文主义""社会有机论"和德国拉采尔的"地理环境决定论""强存弱汰"的国际生活自然法则论,认为一个"健全的国家有机体"有权通过战争扩展自己的"生存空间"。美国马汉的"海权论"则提出,谁控制了海洋谁就能控制世界,为此必须大力发展海上力量。他的理论被美、英、法、日等国奉为国防发展的主导原则。罗斯福执政时期,美国国家安全的指导原则由19世纪前专注控制西半球改变为追求全球扩张。

随着垄断资本主义的进一步发展,帝国主义国家之间重新瓜分世界的争斗愈演愈烈,终于导致了第一次世界大战(1914—1918年)。这场大浩劫刚结束,帝国主义列强在签订各种和平条约和实行军备控制的同时,纷纷抢先发展坦克、飞机、潜水艇、航空母舰等机械化兵器并大量装备军队,种种新的战争理论也应运而生。英国麦金德提出"大陆心肝论",认为谁控制了东欧和中亚,谁就能控制世界。德国纳粹地缘政治学家豪斯霍弗尔把这一学说加以利用和发展,为希特勒的侵略政策制造舆论。鲁登道夫提出"总体战"

理论,强调动员国家一切力量、使用一切手段进行战争。意大利的杜黑、英国的特伦查德、美国的米切尔等人,认为空中力量在现代战争中有决定性作用,主张建立并优先发展独立的空军。英国富勒和利德尔·哈特、法国的戴高乐和德国的古德里安等人,认为现代战争中的决定性制胜手段是高速装甲化机械化的机动突击力量。为此,古德里安提出"闪击战"理论,为希特勒发动第二次世界大战提供了理论基础。这些形形色色的军事思想,对当时世界各国的军队建设、战争准备和作战行动,都起到了重要的指导作用。

(四)第二次世界大战后的外国军事思想

在第二次世界大战中,各种军事思想在实践中经受了检验。法国军事思想因循守旧,看不到飞机、坦克等新式武器的出现给作战方式带来的影响,拘泥于第一次世界大战的阵地战经验,迷信马其诺防线坚不可摧,实行消极防御,结果在德国军队的进攻面前很快失败。德国运用"机械化战争理论",大规模使用集群坦克,创立了"闪击"战法,在战争初期的作战中发挥了奇效。但德国、日本等法西斯单纯依靠先期准备和突然袭击,对战争胜负取决于国家政治、经济、军事等各方面的综合实力缺乏清醒的认识,最终导致彻底失败,暴露了其军事思想的致命缺陷。

第二次世界大战结束后到冷战结束前,美国一举成为西方世界的霸主,它的军事思想带有突出的强权意识,在西方国家的影响非常大,基本上左右着西方资本主义国家军事思想的主要潮流。主要表现在:一是"总体战争"和"联盟战争"思想,二是火箭核战略思想,三是"大战略"思想,四是"核威慑条件下的常规战争"思想。

进入20世纪80年代以来,尤其是东欧剧变和苏联解体,标志着世界冷战结束,以美国为首的西方资产阶级军事思想进行了战略性调整,主要表现在以下四个方面:

一是强调核威慑与常规威慑相结合。军事威慑的基本表现形式是一种潜在的战争状态。它始于战争之前,贯穿于战争之中。美国的威慑理论一直是它制定军事战略的重要指导思想。尤其是它率先制造出原子弹并在广岛、长崎上空爆炸而产生了毁灭性杀伤效果以后,就始终握住这根大棒耀武扬威。冷战结束后,它又先后提出了"多层次威慑""全球威慑"和"地区战略威慑"等理论,强调今后将在继续保持对苏联地区实施威慑的同时,要加强对一些地区性军事强国进行战略威慑,以防止这些国家在本地区称霸而危害到美国的利益。

二是重视部队精减和质量建军。在冷战后的新形势下,西方一些国家都在纷纷调整各自的建军方针,提出了新的建军思想,强调要建设一支质高、量少、合理、足够的常备军,而且要进一步重视和加强后备力量的建设。在军队建设上,大都是朝着削减军费开支、裁减现役员额、缩小部队编制、提高人员素质、改善武器装备等方向发展。

三是提倡多国联盟的作战行动。联盟作战就是指由国家间结成的军事联盟,为反对一国或数国而准备和实施的战争。两次世界大战都是联盟战,第二次世界大战后的许多局部战争也有联盟战的性质,如朝鲜战争、海湾战争、伊拉克战争等。

四是强调应急反应和快速部署。近年来,西方各国对应急和快速部署越来越重视。

20世纪80年代,美国首先使用了远距离奔袭对利比亚卡扎菲营进行偷袭取得成功。2003年伊拉克战争中,美军长驱直入攻陷巴格达,都反映出这一思想。

二、外国军事思想的代表性著作

(一)克劳塞维茨与《战争论》

克劳塞维茨(1780—1831)是19世纪杰出的资产阶级军事理论家和军事历史学家,是举世公认的资产阶级军事理论的奠基人。他是普鲁士将军,多次参加对拿破仑的战争。他通过总结拿破仑战争胜利和失败的经验教训,以前瞻性的战略眼光研究分析战争和战略战术问题,撰写了一系列军事著作,提出了许多具有独创性的见解,最主要的代表作是《战争论》。在《战争论》中,克劳塞维茨提出了"战争无非是政治通过另一种手段的继续"的著名论断,比较系统地探讨了战争的目的、战争的本质、战争与政治的关系、军队建设、战争艺术、消灭敌人和保存自己的关系、民众战争的作用与使用原则、精神和物质的关系、集中兵力和积极防御的思想等。《战争论》反映了新兴资产阶级在战争理论方面的进步倾向和革新精神,对战争本质、战争目的与手段等问题提出了许多精辟的见解,曾在很大程度上促进了战争理论的发展,对世界军事学术的发展也具有重大影响。

(二)若米尼与《战争艺术概论》

若米尼(1779—1869),军事理论家,法国拿破仑时期的将军,俄国步兵上将。他的最大贡献是几部军事理论的鸿篇巨著,对战争的性质和规律、战略战术、军队建设等各方面从理论上进行了探讨,创立了较完善的军事理论体系。他和19世纪另一位大军事思想家克劳塞维茨并列为西方军事思想的两大权威。在《战争艺术概论》中,若米尼论证了军事领域的许多基本原理和规则,同时,又指出不能把这些原理和规则当成绝对化的公式,提出了决定战争胜败的各种因素,指出全民参加的民族战争具有最可怕的力量,等等。

《战争论》和《战争艺术概论》这两部著作均是在总结拿破仑战争经验的基础上产生的,标志着欧洲和世界近代资产阶级军事思想体系的基本确立。在这一时期,世界上其他一些国家的军事思想也有较快的发展。例如,日本通过明治维新,大力引进欧洲的军事制度和军事理论,迅速实现了军事思想的近代化。

(三)马汉与"海权论"

马汉(1840—1914)曾任美国海军学院院长,海权论的创始人。他在1890年出版的《海权对历史的影响》和1892年出版的《海权对法国大革命和帝国的影响》两部著作中确立了海权论。其主要观点包括,建立强大的海权,根本目的是控制海洋;建立和发展强大的海权,能促进国家经济的繁荣和财富的迅速积累;国家建立强大的海权,就能够夺取海洋战区的制海权,并打赢海上战争;强大的海军对于维护国家的国际政治地位至关重要。

此外,马汉还研究了直接影响和制约国家建立和发展强大的海权的基本条件,以及关于海战的一些作战原则。

马汉的“海权论”成为美国海军发展和海上扩张的理论依据。1890 年，美国国会通过了《海军法案》，开始大规模发展海军。19 世纪最后 10 年，美国的海军实力跃升至世界第三，仅次于英、法两国。第一次世界大战后，美国成为世界上最强的海权国家。第二次世界大战结束时，美国完全控制了太平洋。

第三节　中国古代军事思想

中国是一个有着五千年历史的文明古国，中国古代军事思想是中国传统文化的珍贵遗产，在数千年的历史长河中，中国军事思想不断发展完善，形成了独具特色的东方兵学体系。它不但培养了众多驰骋疆场的将领，指导了无数次的战争，而且成为世界军事思想体系的重要组成部分，对世界军事科学的发展产生了积极影响。

一、中国古代军事思想的主要内容

中国古代军事思想博大精深、内容丰富，可以从战争论（战争观）、战备论、治军论、用兵论和将帅论五个方面概括。

（一）战争观

1. 战争本质观

战争本质观是古人对战争究竟是何物，它起源于什么时候，引起战争的动因是什么等问题的总体性认识。关于战争本质的观点主要有：兵者，凶器也，战者危事；兵者，国之大事也；兵者，诡道也；兵者，文武也；兵者，权也；兵者，刑也；兵者，拨乱之神物也；兵者，礼义忠信也。关于战争起源的观点主要有：与民皆生论和太古无兵论。前一种观点认为战争是同人类与时俱来的，有了人类时就有了战争，战争的根源在于人的本性，起源于“生存竞争”，起源于人类的本能；后一种观点认为，战争并不是自有人类以来就有的，战争是人类发展到一定历史阶段的产物。关于战争起因的观点主要有“天命论”“本性论”“人口论”。“天命论”主要是奴隶社会的观点，认为战争是“皇天降灾”“天讨有罪”，发动战争是为了“奉行天之罚”。“本性论”认为，人生而有欲，如果欲望不能得到满足，则必然引起战争。“人口论”认为，古时候人少财物多，所以没有争斗和战争，后来人口不断增多，社会财富相对减少，人们为了争夺生存条件就发动了战争。

2. 战争和平观

即古人关于战争与和平、关于战争性质的认识及其对待战争的态度。关于战争与和平的认识主要有：安不忘战，忘战必危；兵凶战危，好战必亡。关于战争性质的认识：古人很早就已经认识到战争有“义”与“不义”之分。明太祖在《谕将帅》里明确提出，“发兵为诛暴,诛暴为保民”。“诛暴保民”论是以民众大多数利益作为出发点,坚持以民众多数利益作为判断正义与非正义的标准,有普遍性意义。关于对待战争的态度主要有“偃兵废武论”“穷兵黩武论”“义兵慎战论”等。“偃兵废武论”是一种忘战理论,这种观点认为兵是凶器,争是逆德,因而主张“去武行文”“偃武修文”;“穷兵黩武论”是一种“好战”理论,这种理论的奉行者将战争带来的好处推向极端,只见战争的利,而看不见战争的害;“义兵慎战论”认为战争并不是绝对的坏事,对战争要具体分析,明确表明要支持正义战争,反对非正义战争。

3. 战争经济观

即关于战争与经济关系的认识。首先,战争依赖经济。战争无不受经济条件的制约,孙子以形象、直观的语言将其表述为“兴师十万,日费千金”。其次,经济是战争的基础。《孙膑兵法》明确指出:富国是强兵之急,认为富国才是强兵之根本。再次,重视经济斗争。古人揭示了经济对军事的基础作用和战争对经济的依赖关系,因此在战争指导上不仅重视军事实力的较量,而且重视经济斗争,以经济实力的消长,转换敌我态势,最后战胜敌人。这就是古人所谓的“以战养战,战胜而益强”。

4. 战争政治观

即关于战争与政治关系方面的认识,提出了军事从属于政治,文事武备不能偏废,重士爱民是胜利的基础等一系列基本观点。如《淮南子》继承了先秦诸子思想,精辟地指出“兵之胜败,本在于政”。以“政”表述政治,概念更加明确,而且高度概括了中国古代军事思想中关于政治是战争胜负的决定性因素这一根本观点。中国古代把文、武称为左辅右弼,作为治国的两大支柱。如孔子讲“有文事者,必有武备;有武事者,必有文备”,强调搞政治斗争必须有军事作为后盾,搞军事斗争必须以政治为基础。

(二)战备论

1. 战备的内容

从中国古代兵学典籍中可以看出,战备工作主要包括以下几个方面。

(1)政治上备战。古人认为一个国家的战守存亡,政治状况如何具有决定性意义,因此古人主张战备工作首先要从政治开始。

(2)经济上备战。国富才能强兵,国贫必然兵弱,因此兵家都把富国提到战备地位上来考虑,强调国家要大力发展生产,做到国富民殷。

(3)思想上备战。《吴子》指出:“安国之道,先戒为宝”,反映了中国古代兵家历来十分重视思想上的备战工作。

(4)军事上备战。一个国家要在战争中取胜,非建立一支强大的军队,有一个巩固的国防不可,因此军事上搞好战备就成了战备的核心。

(5)外交上备战。外交活动可以说是战争爆发前的政治前哨战,在战争过程中,外交活动也是一种重要的斗争形式和手段。故孙武强调“上兵伐谋,其次伐交”。

2. 战备的基本原则

古代兵家提出的关于战备的基本原则主要有：

(1)超前性原则。强调立足现实，见微知著，能未雨绸缪，防患于未然，超前做好准备。

(2)超盖性原则。中国古代的军事家、政治家认为战备的最高标准和目标就是在政治、经济、军事、技术等各有关决定战争胜负的诸因素方面，相对于敌人来说都要占有绝对优势，全面地超过敌人。

(3)相对性原则。强调战备规模与水平必须同国力相适应。

(4)求己性原则。要取得战争胜利不能靠别人，只能靠自己加强战争准备。

(5)隐蔽性原则。强调要注意备战的隐蔽性，主要形式有“寓兵于政”“寓兵于农”“寓兵于刑”“寓兵于乐”等。

(6)平战结合原则。把战争行动同平时的生产活动相结合，军队一边生产，一边保卫边界安全，既是战斗队、又是生产队，耕战并重，平战结合。

(7)整体性原则。强调战备必须从各个方面同时进行，全面进行备战。

(三)治军论

1. 国以军为辅

自从有国家出现以后，任何一个政权的建立和巩固都要依赖军队，古人很早就认识到，军队是国家政权的主要组成部分，是维护国家统治的工具。因此，古代军事思想中形成了国以军为辅、辅强则国安的传统思想。

2. 军以民为本

军队来自人民群众，群众是军队的力量源泉和靠山，这种认识，无论是古代还是当代都是一脉相承的。如明代提炼出的“有民则有兵，无民而兵不可为也”。

3. 凡兵，制必先定

古人从战争实践过程中，从军队建设实践中认识到，健全军制是治军的一个重要问题。早在春秋末期，孙武就指出：“治众如治寡，分数是也。”即是讲治理军队靠的是组织编制。

4. 凡胜，备必先具

古人从战争实践中认识到，武器是战争的重要物质力量，特别是一些新兵器的出现，对战争往往产生重大的影响，因此古人治军非常强调武器的生产及改进提高。戚继光在《纪效新书》中明确指出：“有精器而无精兵以用之，是谓徒费；有精兵而无精器以助之，是谓徒强。”这是古人对人和武器关系最古朴的认识，已反映出精兵与利器不可偏废的思想。

5. 兵不在众,以治为胜

战争是力量的竞赛,强者战胜弱者,这是不言而喻的。然而力量强弱不完全取决于军队数量的多少,还取决于质量,古人通过强调加强教育训练、加强道德教育、严明法令等手段来达到治军目的。

(四)用兵论

1. 用兵之道,先谋为本

用兵之道,先谋为本。这是一个千古不变的军事规律。几千年来,中国历代兵家将这个原则作为自己的优良思想传统,如《孙子兵法》开篇就强调"庙算",诸葛亮强调"夫用兵之道,先定其谋",岳飞讲"勇不足恃,用兵在先定谋",等等,这些都反映出古人用兵注重先定谋略的特点。

2. 先胜而后求战

古人非常强调在了解彼此双方情况的基础之上,做好充分准备工作,有胜利的把握才去和敌人交战,从而把胜利的可能变成现实。

3. 兵之情主速

进攻速胜是古今中外兵家用兵的共同法则,也是中国古代兵家用兵的一个鲜明特点。孙武指出:"兵贵胜,不贵久。"

4. 致人而不致于人

在战争指导上,古代兵家认识到战争主动权的重要性,强调要能调动和左右敌人,而不被敌人调动和左右。孙武提出"致人而不致于人"的重要原则,把战争主动权看成是最重要最核心的内容。

5. 因机立胜

所谓因机立胜是指要根据战争多变的客观实际,制定和运用主观指导原则,要按照不断变化的情况,适时地捕捉战机,正确使用兵力和灵活地变换战法。孙子强调:"兵形象水,水因地而制流,兵因敌而制胜。"

6. 攻是守之机,守是攻之策

用兵打仗不外乎进攻和防御两种基本类型。古代兵家非常重视进攻,如《尉缭子》认为:"权先加人者,敌不力交;武先加人者,敌无威接。"即认为进攻是兵家之上策。同时,古代兵家也不轻视防御,如《草庐经略》强调:"既以守以待攻,复以战而乘敝。"

7. 激人之心,励士之气

战争胜负,取决于物质因素,同时也取决于精神因素。《太白阴经》指出:"激人之心,励士之气。"即所谓的治心治气。《淮南子》提出:"良将之用卒也,同其心,一其力。"也是讲在战争中要激发军心士气,充分发挥战斗意志、牺牲精神和胜利信心的作用。

（五）将帅论

1. 将帅的地位作用

首先，古人认为“将者，国家安危之主也”，充分肯定了将帅在战争中的重要作用。如古人认为“将者，心也”，在军队这一有机系统中，将帅好比一个人的心，士兵好比人的四肢身体，“心”“体”相连，不能分割，但又相互区别，相互制约。但将帅处于“心”的地位，是军队的大脑和指挥中心，所以在战争中起着决定性作用。其次，古人认为“将者，成败之所系也”，高度强调了将帅的地位。如《孙子兵法》中指出：“知兵之将，民之司命，国家安危之主也。”《吴子兵法》的《论将》中也指出：“夫总文武者，军之将也。兼刚柔者，兵之事也。得之国强，去之国亡，是谓良将。”

2. 将帅应具备的条件

由于战争本身的特殊性，战争的胜负直接关系到国家的生死存亡，而将帅在战争中处于关键位置，因此历代兵家都十分重视研究将帅应具备的条件，从各个不同的角度提出了要求和标准。如《孙子兵法》开篇就提出将帅必须具备的五个条件：“将者，智、信、仁、勇、严也”。后人把它称为“五德”。《吴子》对将帅的条件概括成“总文武”“兼刚柔”，要求将帅应文武全才，智勇足备，并具体地提出将帅必须具备“五慎”——理、备、果、戒、约；“四德”——威、德、仁、勇。

3. 将帅的选拔任用

将帅的选拔任用主要有以下原则：一是全面性原则。司马光等人主张“才者，德之资也；德者，才之帅也”，强调在选将时要德才兼备，以德为先。二是实践性原则。历代兵家在任用将帅上都强调要坚持实践性原则，一定要选拔有实践经验、有实际指挥才能的人担任将帅。《韩非子·显学》指出：“宰相必起于州部，猛将必发于卒伍。”三是优化性原则。坚持人才使用上用其所长，不用其短，量才而用，优化组合。《鬼谷子·权篇》指出：“智者不用其所短，而用愚人之所长；不用其所拙，而用愚人之所工。”四是专任性原则。强调对经过考验确信其忠诚和具备统兵作战能力的人才，要大胆使用，不能轻易地从中过多干预其行使权力。《孙子兵法》强调“将能而君不御者胜”。五是开放性原则。政治家和兵家都提出“不论贵贱，唯才是举”“不论亲疏，唯能是用”，甚至打破国家界限，不拘一格，唯才是用。六是辩证性原则。《吕氏春秋》指出：“以人之小恶，亡人之大美，此人主之所以失天下之士也。”《汉书·陈汤传》中也强调：“论大功者不录小过，举大美者不疵细瑕。”

二、中国古代军事思想的特点

（一）历史悠久，著述丰厚

中国古代军事思想形成早、发展快，著述丰厚，史书注录的有 3000 多部，为世界之最。春秋末期出现的《孙子兵法》,立意高远、思辨深邃、哲理性强,素有“兵家圣典”“世界第一兵书”之称,对古今中外的军事思想产生了极其深远的影响。

(二)舍事言理,思辨深邃

中国古代对战争与军队问题,素有从哲学高度进行观察分析的思维传统,因而具有较强的思辨性和较高的理论概括性。例如,《孙子兵法》把战争的取胜因素归纳为“道、天、地、将、法”五个方面;把将帅的素质概括为“智、信、仁、勇、严”五项指标;提出了“不战而屈人之兵”的“全胜”目标;阐发了“出其不意,攻其不备”“避实击虚”“造形任势”“以逸待劳”“兵贵神速”等战争指导原则;作出了“知己知彼,百战不殆”的战争论断。这些皆成为古今中外兵家的座右铭。

(三)崇尚道义,以和为贵

中国是一个深受孔孟思想影响的国度,中华民族历来爱好和平。受孔孟思想的影响,中国军事思想重道慎战、以战止战的传统,古而有之。孔子一贯强调以德服人,主张言兵议战必须慎重,“临事而惧,好谋而成”。孟子反对“争地以战,杀人盈野;争城以战,杀人盈城”的不义之战,主张对“善战者服上刑”。作为兵家圣典的《孙子兵法》也提出“百战百胜,非善之善者也;不战而屈人之兵,善之善者也”,并把“不战而屈人之兵”作为用兵的至高境界。

(四)注重谋略,以智使力

美国人眼中的孙子兵法

讲究计谋,力求智取,是中国古代军事思想的一个鲜明特征。作为世界第一兵书的《孙子兵法》首篇即明确提出:“兵者,诡道也”,“上兵伐谋”。著作中还提到“全胜”“速胜”“巧胜”“不战而屈人之兵”等军事谋略思想。在中华民族的传统中,多谋善断、胸藏奇谋方略的军事家向来被当作智慧的化身,备受尊崇。这与西方自古希腊以来崇尚技术、重视武器装备的军事传统形成鲜明的对照。

当然,中国古代军事思想也存在“重道轻器”“消极固守”“重政抑商”等缺陷。

三、中国古代军事思想的代表性著作

据不完全统计,中国历代兵书多达 3380 部,23500 卷。目前尚存兵书仍然多达 2308 部,18567 卷,被选入百科全书的有 39 部。其中,《孙子兵法》是古今中外军事学术史上一部出类拔萃的兵书,几千年来一直为人们所尊崇,是一部享有巨大声誉和具有极高科学价值的军事理论名著。

《孙子兵法》产生于奴隶制向封建制过渡的春秋末期,它既是中国现存最早的一部兵书,也是世界上现存最早的一部兵书,是中国古代大军事家孙武所著。

(一)《孙子兵法》的主要军事思想

1. 重战,慎战,备战思想

重战思想:《孙子兵法》开篇就指出:“兵者,国之大事,死生之地,存亡之道,不可不察也。”战争是国家的大事,关系到军民生死,国家存亡,是不可不认真研究的。这段关于战争的精辟概括,是孙武军事思想的基本出发点。春秋末期,诸侯兼并,战乱频繁,战争不仅是各国维持其政治统治、向外扩张发展的主要手段,而且关系到国家的存亡。孙武总结了一些国家强盛而一些国家灭亡的经验和教训,提出“兵者,国之大事”的著名论断,这对于人类认识战争的实质,无疑是一个巨大贡献。

慎战思想:“亡国不可以复存,死者不可以复生,故明君慎之,良将警之。”国家灭亡了就不能再存在,人死了就不能再活,所以,对待战争问题,明智的国君要慎重,贤良的将帅要警惕。从这点出发,孙武主张“非利不动,非得不用,非危不战”,不是对国家有利的就不要采取军事行动,没有取胜的把握就不能随便用兵,不处在危急紧迫情况下,就不能轻易开战。

备战思想:“用兵之法无恃其不来,恃吾有以待之;无恃其不攻,恃吾有所不可攻也。”用兵的原则,不要寄希望于敌人不会来,而要依靠自己有充分的准备;不要寄希望于敌人不会来攻,而要依靠自己有使敌人无法攻破的条件。战争立足点要放在事先做好充分准备,严阵以待,使敌人不敢轻易发动进攻的基点上。

2.“不战而屈人之兵”的“全胜”思想

《孙子兵法》中的“全”,如同孔子哲学的核心“仁”、老子哲学的核心“道”一样,是研究孙武军事思想的一条基本线索。13 篇中,提到“全”的地方有 10 处之多。“故善用兵者,屈人之兵而非战也,拔人之城而非攻也,毁人之国而非久也,必以全争于天下,故兵不顿而利可全,此谋攻之法也”,“百战百胜,非善之善者也;不战而屈人之兵,善之善者也”,“不战”“非战”不是放弃武装,反对战争,而是不经过直接交战使敌人屈服的“全胜”战略思想,是孙武对战争所希望达到的最高理想境界。

“全胜”的内容包括政治战略和军事战略两个部分。政治战略上,“全国为上”——使敌国完整地降服为上策,实现的方法就是“伐谋”“伐交”。“伐谋”就是打破敌人的战略企图,“伐交”就是在外交斗争上战胜敌人。军事战略上,“全军为上,破军次之;全旅为上,破旅次之;全卒为上,破卒次之;全伍为上,破伍次之”。这里的“全”,意为使敌人完全降服。正因为孙武把他的“全胜”思想一直贯穿到战场斗争中,所以他提出了一个重要命题:“是故百战百胜,非善之善者也;不战而屈人之兵,善之善者也。”

3.“知彼知己,百战不殆”的战争指导思想

“知彼知己,百战不殆;不知彼而知己,一胜一负;不知彼不知己,每战必殆。”既了解敌人,又了解自己,则百战不败;不了解敌人而了解自己,可能胜也可能败;既不了解敌人,也不了解自己,那就会每战必败。

孙武用简明扼要的语言,指明了战争指导者了解敌我双方情况与战争胜负的关系,从而提示了指导战争的普遍规律,这一思想是极富科学价值的,自有战争以来,古今中外的战争指导者,都不能违背这一规律。

另外,还有以谋略制胜为核心的用兵思想、“文武兼施,恩威并用”的治军思想等。

(二)《孙子兵法》的影响

《孙子兵法》现存仅为13篇(“计篇”“作战篇”“谋攻篇”“形篇”“势篇”“虚实篇”“军争篇”“九变篇”“行军篇”“地形篇”“九地篇”“火攻篇”“用间篇”)约计6000字,是中国奴隶制向封建制过渡的社会大变革时代的产物,是现存古书中最有价值最有影响的兵书,被誉为“兵学圣典”“世界第一兵家名书”、世界兵书“鼻祖”等。

中国历代兵家名将无不重视对其的研究与应用。中国革命的先驱者孙中山对《孙子兵法》评价极高,认为就中国历史来考究,2000多年的兵书有13篇,那13篇兵书,便成为中国的军事哲学。中国老一辈革命家毛泽东、朱德、刘伯承和叶剑英等都十分重视对《孙子兵法》的学习和研究。

《孙子兵法》在国外久负盛名。在唐朝初期,《孙子兵法》传入日本,18世纪下半叶传入欧美等地,成为近代资产阶级军事理论的一个重要思想来源,现已翻译成30多种文字,在世界各地广为流传。他们把孙武推崇为“百世兵家之师”“东方兵学的鼻祖”,称《孙子兵法》为“兵学圣典”和“世界古代第一兵书”。叱咤风云的军事家拿破仑,在戎马倥偬的作战间隙,手不释卷地批阅《孙子兵法》。德皇威廉二世发动第一次世界大战失败后,在没落的侨居中,不禁兴叹:“早二十年读《孙子兵法》,就不至于遭受亡国之痛苦了”。著名的资产阶级军事理论家克劳塞维茨也受到了《孙子兵法》的影响。

《孙子兵法》在其他社会领域也有着广泛的影响。在哲学界,《孙子兵法》被公认为是一部有价值的著作,全书充满了朴素的唯物主义和辩证法的色彩,是一部有深刻含义的战争哲学。《孙子兵法》在文学界也达到了很高的水平,结构严谨,逻辑严密,语言生动、准确、简练,修辞方式丰富多彩,文意精辟,是一部难得的优秀文学作品。

第四节　当代中国军事思想

当代中国军事思想是中国共产党领导中国人民在当代军事实践活动中形成的关于战争、军队和国防的基本问题的经验总结和理性认识,主要包括毛泽东军事思想、邓小平新时期军队建设思想、江泽民国防和军队建设思想、胡锦涛国防和军队建设思想,以及习近平强军思想等,是马克思主义军事思想中国化的成果。

四渡赤水反映了毛泽东军事思想的精华

一、毛泽东军事思想

伟大的无产阶级革命家、战略家、理论家和军事家毛泽东，在长达半个世纪的军事实践活动中，不断探索中国革命战争的规律，全面总结军队建设和作战的经验，并运用马克思主义的原理将其系统化、理论化，形成了一个完整的军事思想体系。

（一）毛泽东军事思想的科学含义

毛泽东军事思想是毛泽东关于中国革命战争、人民军队和国防建设以及军事领域一般规律问题的科学理论体系。毛泽东军事思想作为毛泽东思想的重要组成部分，是马列主义普遍原理与中国革命战争和国防建设实践相结合的产物，是中国共产党领导中国人民及其军队对长期军事实践经验的科学总结，是以毛泽东为首的中国共产党人集体智慧的结晶，同时也吸取了古今中外军事思想的精华，是中国共产党领导中国革命战争、军队建设、国防建设和反侵略战争的指导思想。

（二）毛泽东军事思想的形成与发展

1. 毛泽东军事思想在土地革命时期产生和形成

从 1921 年中国共产党成立到 1935 年党的遵义会议，是毛泽东军事思想的产生和形成时期。在这一期间毛泽东撰写了《中国的红色政权为什么能够存在》《井冈山的斗争》《关于纠正党内的错误思想》和《星星之火可以燎原》等著作，提出了以游击战争“十六字诀”为主要内容的红军作战原则、人民军队的基本建军原则，以及进行人民战争的初步思想，从中国的实际情况出发，不断探索、总结武装斗争和军队建设的经验。

2. 毛泽东军事思想科学体系在抗日战争时期建立

从 1935 年 1 月的遵义会议到抗日战争的胜利，是毛泽东思想大发展并建立完整的科学体系的时期。遵义会议纠正了王明“左”倾冒险主义在军事领导上的错误，重新肯定了以毛泽东为代表的正确军事路线，确立了毛泽东在红军和中共中央的领导地位。

毛泽东总结了红军创建以来正反两方面的经验和教训，写出了《中国革命战争的战略问题》。毛泽东精辟地分析了中国革命战争的特点和规律，系统地阐述了中国革命战争中战略问题的各个方面，如无产阶级的战争观和方法论；中国革命战争的特点、规律及其战略指导问题，特别是积极防御战略的基本原理；同时还论述了战争的起源和本质、战争的性质及应采取的态度；消灭战争的途径和方法；战争中认识发展的辩证过程；战争规律的客观性和辩证法及其科学的研究方法等，为指导中国革命战争走向胜利奠定了坚实的理论基础。

1937 年 7 月 7 日，抗日战争全面爆发，为解决抗日战争中的战略战术问题，毛泽东于 1938 年相继发表了《抗日战争的战略战术问题》《论持久战》《战争和战略问题》等著作，全面分析了抗日战争的特点和规律,批判了"亡国论"和"速胜论",丰富和发展了研究战争和指导战争的理论。

1945 年在党的第七次代表大会上,毛泽东在《论联合政府》的报告中,全面阐述了人民军队、人民战争和人民战争的战略战术。至此,毛泽东军事思想所阐明的无产阶级战争观和方法论、人民军队、人民战争、人民战争的战略战术等方面内容,都已发展成为系统的理论,形成了比较完整的军事科学体系。

3. 毛泽东军事思想在解放战争时期达到了全面成熟

抗战胜利后,国内阶级矛盾上升为主要矛盾。毛泽东同朱德、周恩来等组织指挥了一系列大规模战役。这样,毛泽东军事思想不但有了战略防御的系统理论,而且有了关于战略进攻、战略决战和战略追击的系统理论,标志着毛泽东军事思想有了重大发展,进入了全面成熟时期。

4. 毛泽东军事思想在社会主义革命时期有了新发展

夺取全国政权后,毛泽东根据新的历史条件,及时提出了建设现代国防、抵御外国入侵的战略任务,并领导军队进行正规化、现代化建设,进入了建军的高级阶段。1949 年 9 月 21 日,毛泽东指出:"我们将不但有一个强大的陆军,而且有一个强大的空军和一个强大的海军。"在国防现代化建设的问题上,毛泽东强调指出,我们的陆军、空军和海军都必须有充分的机械化装备和设备。要在大力发展国民经济、增强国家经济实力的基础上,建立完整的国防工业体系,发展现代化的技术装备,独立自主地建设强大的国防。在加强军队现代化、正规化建设的同时,毛泽东领导并制定了积极防御的战略方针;强调后备力量建设;强调现代条件下的人民战争;强调帝国主义是现代战争的主要根源;提出了三个世界划分的理论和建立反帝统一战线的策略;要求平战结合,加强三线建设,做好长期反侵略战争的准备等。

(三)毛泽东军事思想的主要内容

毛泽东军事思想博大精深,是一个完整的科学体系,主要内容包括无产阶级的战争观和方法论、人民军队建设理论、人民战争思想、人民战争的战略战术和国防建设理论五个部分。

毛泽东军事思想这五个方面是一个相互联系相互作用的统一体。无产阶级的战争观和方法论是毛泽东研究和指导战争的基本立场、观点和方法,它揭示了中国革命战争的指导规律,是毛泽东军事思想的理论基础;人民军队建设理论是建设人民军队的指南,人民军队是实行人民战争的骨干力量;人民战争思想是共产党从事革命战争的根本指导思想,是毛泽东军事思想的核心;人民战争的战略战术是适应人民战争需要的战略原则和作战方法,是人民战争取得胜利的保证;国防建设理论是毛泽东军事思想在新中国成立后的历史条件下开拓性的发展,是实现国防现代化的指南。

1. 无产阶级的战争观和方法论

毛泽东在指导中国革命战争的实践中,始终坚持无产阶级的战争观,精辟地阐述了战争的起源和根源。毛泽东给战争作了一个科学、精辟的定义,即"战争——从私有财产和有阶级就开始了的,用以解决阶级和阶级、民族和民族、国家和国家、政治集团和政治集团之间,在一定发展阶段上的矛盾的一种最高的斗争形式。"由此可见,私有制是战争的起源,而私有制又导致剥削阶级的出现,剥削者阶级为了贪图更多的私有财产,经常挑起以掠夺、奴役为目的的战争。因此,剥削者阶级的存在是人类战争的根源。而现代战争的主要根源是帝国主义和霸权主义。此外,毛泽东军事思想还科学完整地阐述了战争与政治的关系,准确地说明了战争与经济的关系,指出了人与武器的关系,科学划分了战争的性质,指明了战争的最终目标与消灭战争的途径等。

战争问题的方法论,就是怎样认识和运用战争规律,正确指导战争,使主观指导符合客观实际的要求。毛泽东创造性地运用马克思主义辩证唯物论和历史唯物论的立场、观点和方法,对战争问题的方法论进行了系统阐述。毛泽东指出:研究和指导战争必须认识和把握战争规律;认识和把握战争规律又必须遵循一些基本的方法。

2. 人民军队建设理论

毛泽东把创建人民军队作为进行武装斗争的首要问题和实现革命理想的最主要手段,强调"没有一个人民的军队,便没有人民的一切"。毛泽东在领导中国革命战争实践中,运用马克思列宁主义原理,系统地解决了把一支以农民为主要成分的队伍,建设成无产阶级性质的,同人民群众保持密切联系的,具有严格组织纪律和高度军事素养的新型人民军队的理论、方针和原则问题。主要包括,坚持党对军队的绝对领导,确保人民军队的性质;全心全意为人民服务是人民军队唯一宗旨;政治工作是人民军队的生命线,必须坚持"三大原则"等内容。

3. 人民战争思想

人民战争思想是毛泽东军事思想的核心。在长期的革命斗争实践中,毛泽东及其战友们运用辩证唯物论和历史唯物论,正确分析中国革命的实际情况,建立了独具特色的人民战争思想。其基本精神是:在中国共产党领导下,以人民军队为骨干,坚决依靠广大人民群众,实行主力兵团与地方兵团相结合,正规军、游击队、民兵相结合,武装斗争与非武装斗争相结合的人民战争。

4. 人民战争的战略战术

人民战争的战略战术,体现了毛泽东人民战争思想的战略指导原则和作战方法,是毛泽东高超的战争指导艺术的总结,是毛泽东军事思想中十分精彩的部分。毛泽东用通俗易懂、简明扼要的语言给予了概括,其基本精神是:一切从敌我双方的实际出发,你打你的,我打我的,有什么枪打什么仗,对什么敌人打什么仗,在什么时间地点打什么时间地点的仗;灵活机动,不拘一格,扬长避短,力争主动,利用矛盾,各个击破;进攻时反对冒险主义,防御时反对保守主义,退却时反对逃跑主义,有效地达到保存自己,消灭敌人的目的。

5. 国防建设理论

新中国成立前,在毛泽东军事思想的形成过程中就有关于国防建设的论述。新中国成立后,毛泽东从实际情况出发,适应新形势和任务的需要,在总结国防建设和国防斗争的实践经验基础上,创立了国防建设理论。具体表现在:提出要建设现代化、正规化的国防军;确立了向国防科技尖端发展的战略;积极防御战略思想有了新发展。

二、邓小平新时期军队建设思想

邓小平新时期军队建设思想是一个完整的科学体系,系统回答了新的历史条件下军队建设的一系列重大理论和实践问题,反映了新时期军队建设和军事斗争的基本规律,内容极为丰富。主要包括当代战争与和平理论、新时期军事战略理论、新时期军队建设理论和新时期国防建设理论。

(一)当代战争与和平理论

邓小平在继承经毛泽东发展的马克思主义战争观的基础上,从世界全局出发,深刻地阐述了现代战争的一系列重大理论和实践问题。

1. 和平与发展是当代世界的主题

20 世纪 80 年代以后,邓小平通过对国际形势的长期观察和世界主要矛盾的辩证分析,系统地提出了判断国际形势、认识现代战争与和平问题的科学方法。这一方法的实质就是从政治、经济和军事相统一的原则出发,全面考察时代特征。邓小平通过对国际形势进行历史的和现实的综合考察,作出了“和平与发展”是当代世界两大主题的科学论断。邓小平指出:“现在世界上真正大的问题,带全球性的战略问题,一个是和平问题,一个是经济问题或者说发展问题。和平问题是东西问题,发展问题是南北问题。概括起来,就是东西南北四个字。南北问题是核心问题。”

2. 世界大战可以避免,但战争危险依然存在

世界大战与各个国家、民族乃至人类的命运休戚相关,因此,研究战争与和平问题,普遍关注的重心是世界大战能否避免。邓小平关于世界大战可以避免的论断,是他长期研究世界形势和战略格局的发展变化,全面分析当今世界经济、政治、军事的新特点和战争与和平因素的消长趋势后得出的科学结论。他说:“世界战争的危险还是存在的。但是世界和平力量的增长超过战争力量的增长。这个和平力量,首先是第三世界,我们中国也属于第三世界。第三世界的人口占世界的四分之三,是不希望战争的。……世界很大,复杂得很,但一分析,真正支持战争的没有多少,人民是要求和平、反对战争的。……由此得出结论,在较长时间内不发生大规模世界战争是有可能的,维护世界和平是有希望的。”

3. 霸权主义是当代战争的主要根源

邓小平在分析现代战争产生的机制时,在重视战争的阶级属性和社会制度的同时,还透过当代日益复杂的战争现象,发现现代战争的发生更多地直接取决于各国的对外政策。邓小平明确指出:“当今世界不安宁来源于霸权主义的争夺”,“战争是同霸权主义联系在一起的”。霸权主义和强权政治的存在,始终是解决世界和平发展问题的主要障碍,霸权主义是现代战争的根源。

(二)新时期军事战略理论

在新的历史时期,邓小平根据国际政治和战略格局的变化,战争与和平形势的发展,以及党和国家路线、方针、政策的调整,坚持从新的历史条件出发,明确提出了新时期军事战略理论。主要包括:继承和发展积极防御的战略思想;坚持积极防御的战略方针;现代条件下仍然要坚持人民战争。

(三)新时期军队建设理论

1. 建设一支现代化、正规化的革命军队

建设有中国特色的强大的现代化、正规化革命军队是新时期军队建设的总目标。1981 年 9 月,邓小平明确提出“必须把我军建设成为一支强大的现代化、正规化的革命军队”的伟大目标。现代化、正规化、革命化是互相联系、互相促进,缺一不可的。革命化体现人民军队的本质、军队的政治素质和传统作风;正规化体现军队组织、管理和军制水平;现代化体现军队的武器装备、指挥、作战和协同等方面适应现代高技术战争的能力。

2. 注重质量建设,走精兵之路

注重质量建设,走精兵之路,是邓小平思考军队建设的出发点和落脚点,是他的基本思想。邓小平强调:“质量问题是影响战争胜败的问题。只讲数量,不讲质量,会耽误大事,要正确处理数量和质量的关系,要把质量建设作为军队建设的根本方针,长期坚持下去。”

3. 加强和改进新时期政治工作

邓小平指出:“对军队来说,由长期的战争环境转入和平环境,这是最大的不同。我们政治工作的根本的任务、根本的内容没有变,我们的优良传统也还是那一些,但是,时间不同了,条件不同了,对象不同了,因此解决问题的方法也不同。”

(四)新时期国防建设理论

1. 国防和军队建设指导思想实行战略性转变

邓小平对国际形势和中国安全环境进行科学分析,作出正确判断后,告诫全党、全军抓住机遇,以经济建设为中心进行四化建设,果断地决定国防和军队建设指导思想实行战略性转变。其实质是：军队和国防建设从过去立足于早打、大打、打核战争的临战总任务状态，转向和平时期加强军队质量建设的正确轨道上来，充分利用今后一个较长时间里大仗打不起来的和平环境，在服从国家经济建设大局的前提下，有计划、有步骤地加强军队与国防现代化建设。并提出了“冷静观察，稳住阵脚，沉着应付，韬光养晦，善于藏拙，决不当头，有所为有所不为的战略方针”。

2. 国防建设必须服从国家经济建设大局

邓小平以战略家的眼光和胆略，通过对战争与和平的分析后，明确指出：战争的危险仍然存在，但和平力量的发展超过了战争力量的发展，世界大战至少在本世纪末打不起来，我们有可能争取到一个较长时期的和平环境。我们要充分利用大仗一时打不起来的这段和平时期，放心大胆地一心一意搞现代化建设。为此，邓小平多次号召全军要服从国家经济建设这个大局。

3. 军民兼容、平战结合，发展国防工业

邓小平指出：“国防工业设备好，技术力量雄厚，要充分利用起来，加入到整个国家建设中去，大力发展民用生产。”1979年，中央军委、国务院制定了“军民结合、平战结合、以军为主、以民养军”的发展国防科技和国防工业的方针。1982年，邓小平将其中的“以军为主”改为“军品优先”，从而使这一方针更加具体化。在这一方针的指引下，国防科技和国防工业改革产品结构，发挥军事工业设备和技术上的优势，积极为民用工业的技术改革做贡献，挖掘军事工业的生产潜力，生产民用工业品，为城乡人民服务，成为促进经济建设和科学技术发展的一支重要力量。

4. 引进技术与自力更生相结合，发展国防科技

邓小平强调，“过去也好，今天也好，将来也好，中国都必须发展自己的高科技，在世界高科技领域占有一席之地”。他主张“在国民经济不断发展的基础上，改善武器装备，加速国防现代化”，并提出了一系列新时期发展国防科学技术的方针原则。邓小平指出：“关起门来搞建设是不能成功的，中国的发展离不开世界。当然，像中国这样大的国家搞建设，不靠自己不行，主要靠自己，这叫作自力更生。但是，在坚持自力更生的基础上，还需要对外开放，吸收外国的资金和技术来帮助我们发展。”独立自主、自力更生，是从中国的实际出发依靠群众进行革命和建设的必然结论。

三、江泽民国防和军队建设思想

江泽民国防和军队建设思想主要回答了在世界多极化曲折发展，世界新军事变革不断深入，国内推进改革开放和发展社会主义市场经济的历史条件下，如何积极推进中国特色军事变革，解决好“打得赢、不变质”两个历史性课题。其主要内容包括以下四个方面。

（一）解决好“打得赢、不变质”两个历史性课题

江泽民鲜明提出“打得赢、不变质”是新的历史条件下军队建设必须着力解决好的两个历史性课题。“打得赢”就是要把军队建设成为一支具有强大实战能力和威慑能力的现代化军队，能够打赢现代条件特别是高技术条件下的局部战争。“不变质”就是军队始终坚持党对军队的绝对领导，永远保持人民军队的性质、本色和作风，经得起任何政治风浪的考验。坚持“打得赢”与“不变质”相统一，反映了人民军队建设的本质要求，是人民军队存在和发展的全部意义与价值所在。

（二）按照“五句话”总要求全面加强军队建设

江泽民提出军队建设的总要求是“政治合格、军事过硬、作风优良、纪律严明、保障有力”。强调党对军队的绝对领导是人民军队永远不变的军魂，要把思想政治建设摆在全军各项建设的首位，确保党从思想上、政治上、组织上牢牢掌握军队；要具有牢固的战斗思想，精湛的军事技术，良好的军事素养和快速高效的反应能力；要有良好的思想作风、工作作风、战斗作风和生活作风；要严格遵守法律法规和条令条例，一切行动听指挥；要及时、准确、高效地保障军队建设和作战需要，建立和完善三军一体、军民兼容、平战结合的联勤保障体制。

（三）用新时期军事战略方针统揽军队建设全局

适应时代发展和中国安全环境的新形势，江泽民主持制定了新时期军事战略方针，把军事斗争准备的基点，从应对一般条件下的战争转变到打赢现代技术特别是高技术条件下的局部战争上。江泽民强调，必须紧紧抓住军队的现代化水平与打赢高技术战争的要求不相适应的矛盾，着力解决增强高技术条件下防卫作战能力的关键性问题，要以军事斗争准备为龙头，牵引和带动国防和军队现代化建设的整体推进，按照“整体谋求适度发展，局部争取大幅跃进”的原则，处理好军事斗争准备与现代化建设的关系，主要战略方向与其他战略方向的关系，重点项目建设与体系建设的关系，把军事斗争准备融入军队改革和现代化建设的全局中去。

（四）积极推进中国特色的军事变革

江泽民强调，要按照“三步走”的战略构想，争取在 21 世纪前 50 年逐步实现国防和军队的信息化。要积极推进中国特色的军事变革，以信息化带动机械化，以机械化促进信息化的跨越式发展道路，通过深化改革，实现军队建设的整体转型。要实施科技强军战略，把依靠科学进步提高战斗力摆在国防和军队建设的战略位置，增强国家的军事科技实力，全面提高军队建设的科技含量，调整改革体制编制，抓好人才战略工程，加快军队武器装备现代化建设步伐，实现军队由数量规模型向质量效能型、由人力密集型向科技密集型的转变。

四、胡锦涛国防和军队建设思想

胡锦涛从治党治国治军的战略高度，在科学把握当前世界军事发展的总体趋势和客观规律的基础上，对国防与军队建设倾注了大量心血，发表了许多重要论述，指出"军队现代化建设水平与打赢信息化条件下局部战争的要求还不相适应"，"军事能力与履行新世纪新阶段我军历史使命的要求还不相适应"，进而提出了一系列加强国防与军队建设的新思想、新观点。

（一）国防和军队建设必须贯彻落实科学发展观

科学发展观，第一要义是发展，核心是以人为本，基本要求是全面协调可持续，根本方法是统筹兼顾。胡锦涛指出，新世纪新阶段国防和军队现代化建设的发展，必须是融入国家现代化战略全局、与国家安全和发展利益相适应的发展，是注重全面建设、革命化现代化正规化相统一的发展，是坚持以人为本、推动军队建设与促进官兵素质全面发展相一致的发展，是走中国特色精兵之路、速度质量效益相协调的发展。一句话，必须努力实现国防和军队现代化建设又好又快发展。这一重要论述表明，国防和军队现代化建设，关键是做到好中求快。又好又快发展是全面落实科学发展观的本质要求，是军队贯彻落实科学发展观的根本着眼点。

（二）履行历史使命，牢牢把握新世纪新阶段的建军方向

进入21世纪，中国的发展跨入了一个重要的战略机遇期，中国国防和军队建设也进入了一个重要的战略机遇期。胡锦涛指出：军队要为党巩固执政地位提供重要的力量保证，为维护国家发展的重要战略机遇期提供坚强的安全保障，为维护国家利益提供有力的战略支撑，为维护世界和平和促进共同发展发挥重要作用。"三个提供、一个发挥"的历史使命，是胡锦涛科学分析国际战略形势、中国安全环境以及军队建设状况，着眼中国综合国力增强、国际地位提升、国家发展战略变化的新需要，对新世纪新阶段人民军队地位作用和职能任务做出的新概括，体现了党对军队的新要求，为军队建设发展指明了方向。

（三）加快中国特色军事变革

胡锦涛多次强调，要密切关注、主动适应世界军事变革发展趋势，坚定不移、奋发有为地推进中国特色军事变革；要审时度势、锐意进取，采取措施、积极应对，加速推进、不断深化中国特色军事变革；要只争朝夕、埋头苦干，以强烈的事业心和责任感推动中国特色军事变革。这些重要论述突出地表明了中国共产党人对世界军事变革发展规律的深刻认识，对国家安全形势深切的忧患意识和对加快中国特色军事变革的重大责任意识，对不断提高中国的战略能力特别是军事能力，努力夺取国际军事竞争的战略主动、进而夺取政治主动和外交主动，具有重大的理论和实践意义。

（四）继续加强军队的思想政治建设

胡锦涛指出，“思想政治建设是革命化建设的核心，是我军的根本性建设”，“从思想上、政治上、组织上确保我军始终成为党绝对领导下的人民军队，确保国防和军队建设科学发展，确保有效履行新世纪新阶段我军历史使命”，“党对军队的绝对领导，是我军建军的根本原则和永远不变的军魂，是我国的基本军事制度和中国特色社会主义政治制度的重要组成部分，是党和国家的重要政治优势”，倡导培育“忠诚于党，热爱人民，报效国家，献身使命，崇尚荣誉”的当代革命军人核心价值观，加强和改进军队党的建设，把人才建设作为军队建设的根本大计，摆在优先发展的战略位置，坚持发展先进的军事文化，坚持紧贴时代发展、紧贴使命任务、紧贴官兵实际，切实改进创新思想政治工作。

（五）富国和强军是加强国防和军队建设的必由之路

胡锦涛在党的十七大报告中提出“统筹经济建设和国防建设，在全面建设小康社会进程中实现富国和强军的统一”，在参加十一届人大会议时提出，富国和强军都是中国现代化建设的战略任务，是发展中国特色社会主义、实现中华民族伟大复兴的重要基石。要进一步探索统筹经济建设和国防建设的内在规律，坚持经济建设和国防建设协调发展方针，走出一条中国特色军民融合式发展路子。这一重要战略思想对于发展中国特色社会主义、实现中华民族伟大复兴，具有重大而深远的意义。既充分利用经济社会发展成果推进国防和军队现代化建设，又积极发挥国防和军队现代化建设对经济社会发展的重要拉动作用，使富国和强军统一于全面建设小康社会的伟大实践。

五、习近平强军思想

习近平指出，实现中华民族伟大复兴，是中华民族近代以来最伟大的梦想。强国梦，对军队来说，也是强军梦。习近平总书记在领导强军兴军的伟大实践中，着眼于实现中华民族伟大复兴的中国梦，围绕新时期建设一支什么样的强大人民军队、怎样建设强大人民军队，深入进行理论探索和实践创造，创立了习近平强军思想。党的十九大明确要求，确立习近平强军思想在国防和军队建设中的指导地位，标志着党的军事指导理论的与时俱进。

（一）习近平强军思想的精神实质和丰富内涵

习近平强军思想内涵丰富、思想深邃，涵盖新时代国防和军队建设方方面面，构成一个系统完整、逻辑严密，相互贯通的科学军事理论体系。习近平强军思想的核心要义可以概括为“十个明确”。

明确强国必须强军，巩固国防和强大人民军队是新时代坚持和发展中国特色社会主义，实现中华民族伟大复兴的战略支撑。

明确党在新时代的强军目标是建设一支听党指挥、能打胜仗、作风优良的人民军队，必须同国家现代化进程相统一,力争到2035年基本实现国防和军队现代化,到本世纪中叶把人民军队全面建成世界一流军队。

明确党对军队绝对领导是人民军队建军之本、强军之魂,必须全面贯彻党领导军队的一系列根本原则和制度,确保部队绝对忠诚、绝对纯洁、绝对可靠。

明确军队是要准备打仗的,必须聚焦能打仗、打胜仗,创新发展军事战略指导,构建中国特色现代作战体系,全面提高新时代备战打仗能力,有效塑造态势、管控危机,遏制战争、打赢战争。

明确作风优良是人民军队的鲜明特色和政治优势,必须加强作风建设、纪律建设,坚定不移正风肃纪、反腐惩恶,大力弘扬党和军队的光荣传统与优良作风,永葆人民军队性质、宗旨、本色。

明确推进强军事业必须坚持政治建军、改革强军、科技兴军、依法治军,更加注重聚焦实战、更加注重创新驱动、更加注重体系建设、更加注重集约高效,更加注重军民融合,全面提高革命化现代化正规化水平。

明确改革是强军的必由之路,必须推进军队组织形态现代化,构建中国特色现代军事力量体系,完善中国特色社会主义军事制度。

明确创新是引领发展的第一动力,必须坚持向科技创新要战斗力,统筹推进军事理论、技术、组织、管理、文化等各方面创新,建设创新型人民军队。

明确现代化军队必须构建中国特色军事法治体系,推动治军方式根本转变,提高国防和军队建设法治化水平。

明确军民融合发展是兴国之举、强军之策,必须坚持发展和安全兼顾、富国和强军统一,形成全要素、多领域、高效益军民融合深度发展格局,构建一体化的国家战略体系和能力。

(二)习近平强军思想的重大里程碑意义

习近平强军思想,植根强国复兴新时代,指引强军兴军新征程,在马克思主义军事理论中国化进程中,在党的军事指导理论创新发展中,在我们党治国理政实践中,具有重大政治意义、理论意义和实践意义。

1. 立起了新时代维护核心、听党指挥的看齐基准

维护核心,听党指挥,最内在最根本的是自觉向党中央看齐,向习近平总书记看齐,向党的基本理论、基本路线、基本方略看齐。习近平强军思想作为中国特色社会主义思想的军事篇,集中体现了党的意志主张,反映了党和人民对军队的时代要求,指明了军队建设坚定正确的政治方向;从新时代坚持和发展中国特色社会主义基本方略的高度突出强调坚持党对人民军队的绝对领导,要求军队坚决维护党中央权威和集中统一领导,坚决维护和贯彻军委主席负责制,揭示了人民军队从胜利走向胜利的根本力量所在。

2. 实现了马克思主义军事理论中国化时代化新飞跃

面对世情国情军情的深刻变化,面对强国强军的时代要求,习近平强军思想作出了

一系列新的重大判断、新的理论概括、新的战略安排。这些理论上的重大突破、重大创新、重大发展为丰富和发展马克思主义军事理论作出了原创性贡献，开拓了当代中国马克思主义军事理论和军事实践发展新境界。

3. 提供了大踏步走中国特色强军之路的根本遵循

党的十八大以来强军事业取得历史性成就、发生历史性变革，根本在于习近平总书记的坚强领导，在于习近平强军思想的科学指引。全面贯彻习近平强军思想，军队才能跟上全面建设社会主义现代化强国进程，在世界新军事革命浪潮中勇立潮头、赢得战略主动，朝着世界一流军队扎实迈进。

4. 丰富了培养"四有"新时代革命军人的精神滋养

拥抱新时代，践行新思想，实现新作为，必须有一代新人来担当。习近平强军思想蕴含着巨大真理力量和人格力量，与官兵有着天然的亲和力，是武装人、培养人、提高人的最好"教科书"。

（三）坚持把习近平强军思想贯彻到国防和军队建设各领域全过程

在强国复兴的新征程中，要把党的十九大描绘的强军蓝图化为现实，把人民军队全面建成世界一流军队，必须深入学习贯彻习近平强军思想，使这一最新军事指导理论在官兵头脑中深深扎根，在部队各项建设中全面落地。

1. 坚持不懈用习近平强军思想武装全军

每一次党的指导思想的与时俱进，都伴随一场持续深入的理论武装。新时代的大学习首先是新思想的大武装。要按照习近平"走在前列""关键要实"的要求，把学习贯彻习近平新时代中国特色社会主义思想作为重大政治任务，突出学好习近平强军思想，在体系学习、举旗铸魂、知行合一、转化运用上下功夫见成效，切实学懂弄通做实。贯彻党中央开展"不忘初心、牢记使命"主题教育的部署，在全军开展"传承红色基因、担当强军重任"主题教育，引导官兵更加坚定自觉地维护核心，坚决听习近平总书记指挥、对习近平总书记负责、让习近平总书记放心。坚持把改造学习、整顿学风贯穿学习教育全过程，纠治空泛表态、表面文章、学用脱节、严下不严上的问题，立起真学实做的好学风，学出坚定信仰，学出绝对忠诚，学出使命担当。

2. 始终聚焦备战打仗这个主责主业

习近平总书记指出，军队讲新气象新作为，归根到底要看练兵备战这一条。学理论要联系实际、务求实效，最大的实际、最大的实效就是要落到备战打仗上。要强化练兵备战鲜明导向，摆正工作重心，坚持战斗力标准，增强忧患意识、底线思维、敌情观念，做到一切工作向能打仗、打胜仗聚焦。坚定不移把军事训练摆在战略位置，作为中心工作，大抓实战化军事训练，端正训风演风，开展群众性练兵比武活动，牢牢掌握能打仗、打胜仗的过硬本领，对"和平积习"来一个大起底、大扫除，下决心把那些背离打仗要求的繁文缛节、惯性做法清除掉，推动全军回归战斗队本真。

3. 着力在解决问题，推动工作上下功夫

思想利箭不是用来欣赏和赞美的，而是为了射入靶心，学懂弄通是为了干好工作。要从回答“统帅之问”入手，以习近平总书记点的问题为突破口，用好习近平强军思想的锐利武器，在解决一个个实际问题中推动工作落实。保持创新活力，解决国防科技创新基础研究不够厚实、核心关键技术受制于人、创新成果转化运用不够等突出问题，提高科技创新对军队建设和战斗力发展的贡献率。保持严明纪律，解决思想不严、管理不严、纪律不严、工作不严等问题，把从严贯穿部队建设各领域全过程。

4. 领导干部坚持以上率下、真学实做

领导干部信念过硬、政治过硬、责任过硬、能力过硬、作风过硬是最有力的动员。要带头加强学习，加强实践锻炼，提高做好各项工作的本领；带头真抓实干，弘扬勤政务实作风，深入开展调查研究，同形式主义、官僚主义坚决斗争，把工作抓紧抓实、抓出成效；带头从严要求，做到心有所畏、言有所戒、行有所止，要求部队做的，自己首先做好，要求部队不做的，自己坚决不做；带头廉洁自律，把洁身自好作为第一关，从小事小节做起，坚决反对特权思想、特权现象，习惯在受监督和约束的环境中工作生活，时时处处做好表率，发挥“头雁效应”，带领部队把新时代强军事业推向前进，坚决完成党和人民赋予的新时代使命任务。

思考题：

1. 简述军事思想的含义及特征。
2. 简述中国古代军事思想的主要内容。
3. 简述毛泽东军事思想的主要内容。
4. 简述邓小平新时期军队建设思想的主要内容。
5. 简述习近平强军思想的主要内容。

第四章　现代战争

第一节　战争概述

中国古籍称战争为争、战、征、伐、兵等。战国时期的兵书《吴子》中已有"战争"一词。战争是敌对双方为了达到一定的政治、经济、领土的完整性等目的而进行的武装战斗。战争是统治者意志的体现。阶级社会的战争，是用以解决阶级和阶级、民族和民族、国家和国家、政治集团和政治集团之间矛盾的最高的斗争形式。它是政治通过暴力手段的继续，是流血的政治。

一、概念

据考古资料显示，最早的战争出现于中石器时代初期，即原始社会后期。据统计，在地球上出现文明以来的5000多年中，先后发生了15000多次战争。战争始终对人类社会的发展产生着重大影响。一方面，促进了民族的融合和国家的形成，促成了民族的独立、新生国家的诞生和国家内部政权的更迭；另一方面，战争也制约着人类社会的发展和进步。

（一）战争的定义

按照中国人民解放军《军语》的解释：战争是敌对双方为了一定的政治、经济目的，有组织有计划地使用武力进行的激烈的军事对抗活动。是解决阶级、民族、政治集团、国家之间矛盾冲突的最高斗争形式。其本质是政治通过暴力手段的继续。正像克劳塞维茨所说："战争无非是政治通过另一种手段的继续。"

（二）战争形态的划分

战争形态是指以主战兵器技术属性为主要标志的战争历史阶段性的表现形式和状态。对于战争形态的划分，人们探讨和研究得比较多，也一直没有停止过对这一问题的辩论。主要有三代说、四代说、六代说、九代说、十代说，还有二十代说等。当前采用较多的主要是三代说、四代说。

三代说是美国的托夫提出的。他认为人类社会先后出现过三种战争形态：第一种是农业革命引起的第一次浪潮战争，即冷兵器战争；第二种是工业革命引起的第二次浪潮战争，即机械化战争；第三种是工业社会向信息化社会过渡时期正在发生的第三次浪潮战争,即我们现在所说的信息化战争。这种三次浪潮理论,在 20 世纪 80 年代一度非常流行。

四代说是我国的军事学者梁必清提出来的。他认为人类社会经历了四种战争形态:第一种是金属化战争,即冷兵器战争,也称使用金属兵器的战争;第二种是火器化战争,即热兵器战争,也称火药产生后的战争;第三种是机械化战争,即火力和机动力结合之后的战争;第四种就是信息化战争。

六代说是俄罗斯少将斯利普琴科提出的。他认为,到目前为止,战争经历了六代:第一代是步兵和骑兵出现后接触式的徒手战争;第二代是火药和滑枪出现后的接触性沟式战争;第三代是线膛炮和来复枪出现后的战壕和散兵壕式战争;第四代是坦克、飞机出现后的陆地战壕式接触战争;第五代是核武器出现后战略规模的非接触式核战争;第六代是信息化武器出现后的,可以在任何距离上以非接触方式推毁任何国家经济潜力的战争。其中,他认为,前四代是接触性的战争,后两代是非接触性战争。当时,斯利普琴科曾预言,2010 年后第六代战争将全面登台亮相。

九代说是中国学者董子风提出的。他认为,人类典型战争形态有徒手式战争、木制化战争、金属化战争、火药化战争、机械化战争、核战争、信息化战争、智能化战争和结构化战争九种。

(三)研究战争的目的

当今世界,虽然和平与发展是时代的主流,但是,更应看到霸权主义和强权政治依然存在,局部冲突和热点问题此起彼伏,全球经济失衡加剧,南北差距拉大,传统安全威胁和非传统安全威胁相互交织,世界和平与发展面临诸多难题和战。继海湾战争、科索沃战争、阿富汗战争、伊拉克战争之后,北非和中东地区持续动荡加剧,由于境外势力的干预,埃及和利比亚政权更迭。现在的叙利亚局势正处在持续动荡之中。也就是说,当今世界并不太平。

当前,美国战略重心东移,以美国为首的西方国家企图从战略上对我国进行封锁。印度、越南、菲律宾和日本等邻国与我国还有领海领土的争议。在我国东部地区,韩朝两国摩擦不断。西南边境,印度多次大量增兵(近年来约增兵 10 万人)于争议地区附近。在中国南海,从 20 世纪 80 年代开始,不少周边国家都陆续提出主权要求,尤其是一些东南亚国家,甚至开始出兵抢占南沙群岛的岛屿。

"国无防不立",我们研究战争的目的,就是培养忧患意识和国防意识。探讨战争、研究战争,就是要在和平年代不断用新的战争观念、新的战争手段,来应对未来可能爆发的战争,建设和巩固我们的国防,保证我们的祖国和人民不受丧权辱国的屈辱,为中华民族伟大复兴的中国梦保驾护航。

二、战争的分类

战争可分为正义战争和非正义战争。基于自卫、保卫和平、保卫国家主权和领土完整、为了自由和尊严进行的战争,是正义战争。侵略战争、征服战争、出自压迫掠夺目的的战争,是非正义战争。还可分为传统战争和现代战争;局部战争和世界战争等多种类型。

军队在战争中行动的自由权。行动自由是军队的命脉,失掉了这种自由,军队就有被打败或被消灭的危险。主动权与力量的优势、有利的地理、民情等条件分不开,而主观指导的正确是取得主动权的主要因素。历来的军事家都主张在战争中争取主动权。早在两千多年前,孙武提出的"善战者,致人而不致于人"(《孙子·虚实篇》),就有力争主动、力避被动的意思。F.恩格斯曾指出,能掌握主动权,就证明军队或者在数量上,或者在质量上,或者在指挥艺术上具有优势。毛泽东在指导中国革命战争中,非常重视如何从劣势和被动中,逐步夺取和保持主动权。中国共产党所领导的历次革命战争,都是在敌强我弱、力量对比悬殊的情况下,发挥了指挥员的主观能动性和高超的指挥艺术,夺得战争中的主动权而取得最后胜利的。现代条件下的战争,由于军队的作战行动空间广阔,机动性大,战斗激烈,情况瞬息万变,夺取和保持主动权的斗争,将比过去变得更为重要,也更为复杂困难。夺取和保持战争中的主动权,主要取决于:强大的适应现代战争的国防力量;充分做好随时对付敌人突然袭击的准备;熟悉敌对双方各方面的情况,科学地预测战争的发生和发展趋势,正确制定战略方针和作战计划,并根据情况的变化,指导计划的实施,力求使主观指导符合客观实际;善于审时度势,灵活地运用兵力和战法,积极争取在局部或全局上造成对敌的优势和主动;充分发挥自己的长处,抓住和利用敌人的弱点,设法造成敌人的错觉,给予出其不意的打击,迫敌处于被动挨打的地位。

三、战争的起因

历史上对战争及其产生根源有各种不同观点。自然主义战争学者认为,战争的根源在于自然环境和人类的生物本性,并认为战争是自然的和永恒的现象。宗教战争论者则认为战争是上帝对人的惩罚,并用超自然力量解释战争起因。种族主义者则认为,战争的起因是优劣民族之间差别。近现代地缘主义政治学者则认为战争是基于地理环境,即为争夺一定的生存空间和自然资源引起的。马尔萨斯主义者则认为,人口过剩和饥饿是战争的真正原因。历史唯物主义认为,战争既非从来就有,也不是永恒的,战争是社会生产力和生产关系发展到一定阶段的产物,是在私有制产生以后,随着阶级和国家的形成,出现压迫和被压迫时才出现的。

在"二战"之前(包括"二战"),战争是由于参战各国经济、政治发展不平衡所导致的。在战后,直至21世纪初,大多是由于多极化与单极化的矛盾激化而导致的,但以后因宗教文化民族冲突升华引发的战争将是主要原因(如:巴以冲突)。战争的根源有政治、经济、社会、文化等多种因素。对战争状态的描述也有多种方式,现代国家主要从法律角度对战争进行描述。认为战争是交战国之间的一种特殊法律关系。这种战争状态通常经过一定的法律程序,并伴随着一系列的法律后果。战争状态是法律状态,它往往是交战双方或一方宣战,但彼此之间并不一定有实际的战争冲突。通常由国家最高权力机关宣布战争状态。交战国家一旦进入战争状态,它们之间就由和平关系转变为战争关系,战争法也同时开始适用。对战争的描述除从法律角度外,还可以从军事角度、政治角度等方面进行论述。

战争是在原始社会后期出现的。据考古资料证明,最早的战争出现于公元前 21 世纪初中石器时代的初期。这说明,人类从原始人群到公元前 21 世纪初,在大约二三百万年的历史长河中,有战争的历史还不到一万年(另一说法年数上万)。原始社会的战争是由氏族部落之间或部落联盟之间,为了争夺赖以生存的土地、河流、山林等天然财富,甚至为了抢婚、种族复仇而发生冲突,进而演变成原始状态的战争。这种战争,同阶级社会的战争有着本质的区别。它不具有政治目的和阶级压迫、奴役的性质,战争中的俘虏,不是杀掉,就是吃掉。

后来,随着生产力和畜牧业的发展,父权制取代母权制,农业、手工业、商品生产有了发展,生产物品有了剩余,有了私有财产,出现了主人和奴隶,盟发了私有制、阶级,使“古代部落对部落的战争,已经开始蜕变为在陆上和海上掠夺家畜、奴隶和财宝而不断进行的抢劫,变为一种正常的营生”。(《马克思恩格斯军事文集》第二卷第 413 页)日益频繁的战争,驱使原始公社制解体,人类进入了奴隶社会。从此以后,战争变成了政治的工具、阶级斗争的最高手段。私有制、阶级压迫和经济利益的冲突,成为发生战争的基本根源。掠夺和反掠夺、压迫和反压迫、侵略和反侵略、争霸和反争霸、扩张和反扩张的战争,便成为阶级社会的特殊的、必然的现象。到 20 世纪 80 年代,在有文字记载的 3500 多年的时间里,世界上共发生过 14531 次战争。帝国主义、霸权主义是现代战争的根源。在当今和未来,引发战争的因素是多种多样的,其中主要的有争夺势力范围、领土争端、边界纠纷、掠夺战略资源、争夺市场、意识形态斗争、宗教矛盾、民族矛盾等,这些因素是现代战争的直接动因。

四、战争的目的

战争所要达到的预期结果。任何战争都是为了达到既定目的而进行的,具体表现为战争的军事目的、政治目的和经济目的。一般情况下,战争的一方达到预定目的后战争即终止;特殊情况下,也可能任何一方都达不成战争的目的,通过妥协双方议和协商以停止战争。

战争政治目的:进行战争的阶级、民族和国家在政治上所要达到的根本目标。

战争的经济目的:为了追求一定的经济利益,或其他物质利益,也是绝大部分战争的主要目的。

战争的军事目的:通常为前两者的前提,只有军事目的达成,才有可能实现政治和经济目的。

三者关系:战争的军事目的、政治目的、经济目的相互关联,融为一体。战争目的集中地表现为战争的政治目的,但达成战争的军事目的是达成政治目的的前提。政治是经济的集中表现。战争的经济目的往往潜在于战争的政治目的之中。不同战争的政治目的和经济目的可能是各异的,但军事目的都是相同的。一场战争,只有达成军事目的,才能实现政治目的和经济目的。不同类型的战争具有不同的目的。被压迫民族和被剥削阶级进行正义战争的目的是反抗阶级压迫和民族压迫,谋求阶级解放和民族解放,保卫国家的独立和领土完整。帝国主义、霸权主义进行的非正义战争是为了实行阶级压迫和民族压迫,维护反动统治,为了侵略扩张和争夺霸权。

战争目的制约战争规模、时间、投入战争的力量和结局。战争双方为了实现各自的目的,往往投入尽可能多的兵力兵器,力求在战争过程中转换力量对比,战争规模就可能扩大;如果战争一方迅速达成战争目的,战争时间就缩短。战争目的是主观的,但它必须建立在客观物质条件的基础之上。达成战争目的与政治、经济、军事力量、地理条件、国际环境、指挥员的素质等因素密切相关,主观指导必须符合客观实际。

五、战争的危害

战争给人类带来了巨大的灾难和破坏,重大战争尤其如此,特别是进入20世纪以后,随着科学技术的进步,战争手段不断丰富,战争对人类造成的破坏愈加巨大:

据不完全统计,第一次世界大战持续了4年3个月,参战国家33个,卷入战争的人口达15亿以上。战争双方动员军队6540万人,军民伤亡3000多万人,直接战争费用1863亿美元,财产损失3300亿美元。

第二次世界大战历时6年之久,先后有60多个国家和地区参战,波及20亿人口。战争双方动员军队1.1亿人,军民死亡7000多万人,财产损失高达4万亿美元,直接战争费用13520亿美元。尤其是苏联,其在战争中损失的2800万人口绝大部分是精壮的男性,导致了国内人口性别的严重不平衡,直到如今都未能恢复。

越南战争历时14年,是第二次世界大战以后持续时间最长、最激烈的大规模局部战争。战争中,越南有160万人死亡,1000多万人成为难民;美国有5.7万人丧生、30多万人受伤;战争耗资2000多亿美元。

两伊战争历时近8年。伊朗死伤60多万人,伊拉克死伤40多万人。两国无家可归的难民超过300万。两国石油收入锐减和生产设施遭受破坏的损失超过5400亿美元。两国在这场战争中损失总额达9000亿美元。战争使两国的经济发展计划至少推迟20至30年。

海湾战争历时42天。美军死亡286人、伤3636人、被俘或失踪55人,其他国家军队亦有轻微损失。伊拉克方面则伤亡近10万人,被俘8.6万人。科威特直接战争损失600亿美元,伊拉克损失约2000亿美元,美国则为战争耗资600亿美元。

科索沃战争历时78天。以美国为首的北约共出动飞机2万架次,投下了2.1万吨炸弹,发射了1300枚巡航导弹,造成南联盟境内大部分地区的军事、民用、工业设施和居民区的严重破坏。空袭还造成南联盟1000多名无辜平民死亡,数十万阿尔巴尼亚族人沦为难民。战争中使用的贫铀弹和日内瓦公约禁用的集束炸弹导致新生儿白血病和各种畸形病态。持续的轰炸还严重恶化了南联盟及其周边国家和地区的生态环境。

叙利亚战争2011年爆发至今,叙利亚死于战争人数超过35万,至少一半民众背井离乡,国家形同废墟。战前,叙利亚人口共有2300万,将近一半人口在战争爆发以来被迫离弃家园。法国非政府组织国际反地雷组织周一表示,至少300万叙利亚人在战争中受伤,在受伤人口中,一百万人带着终身的残疾生活,其中又有86000人被迫截肢。

第二节　新军事革命

1979年,以苏军总参谋长H.B.奥加尔科夫为代表的一批苏联军事理论家提出,以电子计算机为核心的信息技术在军事领域的广泛应用,以及精确制导武器的出现,将导致战争形态和军事理论的根本变革,从而引发一场"军事技术革命"。

一、新军事革命的概念

新军事革命,是特指在工业社会走向信息社会的时代,以信息技术为核心并得以广泛应用,从而引起军事领域武器装备、军事理论和组织体制等一系列的根本变革,导致彻底改变战争形态和军队建设模式的一场革命。

新军事革命包含4个要素:新军事技术、新武器装备、新军事理论、新组织体制。

二、新军事革命产生的背景

当前,国际形势正在发生复杂深刻的变化,国际体系进入加速演变和深度调整期,各种国际力量加快分化组合。为适应新的国际安全形势,各国正在大力推进新军事革命,以增强自身实力和国际竞争力。

(一)基本态势

世界军事安全形势的基本态势是:国际安全环境总体稳定,抑制战争的因素不断增多,爆发大规模局部战争的可能性不大,但局部地区战乱不止,一些热点持续升温甚至接近战争边缘;主要国家积极进行战略调整,推进军事转型,加强核心军事能力建设,争夺有利战略位势,国际军事斗争更趋复杂,世界军事力量对比发生新的变化;中国周边军事形势尚属平稳,总体可控,但美国推行"亚太再平衡"战略,企图打破地区原有平衡,联手日本、怂恿菲律宾等国制造事端,引发地区局势不安。

(二)基本特征

世界军事安全形势的基本特征:

1.结构性变化。"一超多强"的世界战略格局仍未打破,美国等西方国家仍占据强势地位,但新兴经济体快速兴起,世界战略力量对比正在悄然发生变化。

2.复杂性变化:矛盾交织,叠加联动。当今世界基本矛盾依然是东西南北矛盾,但由于世界政治经济发展不平衡,南北矛盾已成为主要矛盾。西方大国为了控制战略资源,制造和插手地区动乱,引发危机和冲突。

3.急剧性变化:危机突发,变化急剧。一些国家在内部积弊、外部插手的情况下,突然爆发民众街头运动,局势失控,引发国内武装冲突,甚至爆发全面内战,引起地区局势动荡。

4.深远性变化:影响地区,关乎全球。美国“亚太再平衡”战略打破亚太地区平静,牵动一些国家调整战略,引发地区紧张局势。中东地区战乱和动荡也影响到全球安全。

(三)新的挑战

世界军事安全面临的新挑战,主要体现在以下四个方面:

1.世界军事力量对比此消彼长,全球战略格局发生悄然变化;

2.西亚、北非变局持续发酵,全球战略枢纽争夺激烈;

3.亚洲地区热点升温,战略风险增大;

4.非传统安全形势严峻。

三、新军事革命的主要内容

当前,世界新军事革命已进入深入发展阶段。主要国家一方面积极消化前期军事改革和转型所取得的成果,军队建设进入相对稳定期和调整适应期;另一方面,不断总结反思,调整纠偏,整合资源,准备推动新一轮军事改革。

(一)主要标志

世界新军事革命深入发展的主要标志:主要国家纷纷提出军队建设新的发展目标。美军提出了“二次转型”目标,要求建设更精干、更灵敏、更先进、战备程度更高的新型联合部队。俄军“新面貌”改革进入调整完善阶段,力求实现“精干高效、机动灵活、装备精良、训练有素”的建军方针。日本提出了“机动防卫力量”构想,力求建设快反、机动、灵活、持续的多能型自卫队。欧盟主要国家提出了“建立一支规模小、装备精、轻型化、机动灵活、快速反应能力较强的实战型军队”的建军方针。

(二)基本内涵

世界新军事革命深入发展的基本内涵:

1.体制编制的联合化、小型化、自主化趋势更加明显;

2.武器装备呈现出向数字化、精确化、隐形化、无人化的发展趋势;

3.联合作战形态向“四非”(非接触、非线性、非对称和非正规)和“三无”(无形、无声、无人)作战方向发展;

4.军队指挥形态更加扁平化、自动化、网络化、无缝化,一体化联合作战指挥体系逐步形成;现代国防管理体制不断完善。

(三)特点

世界新军事革命深入发展的突出特点:

1.深刻性。主要国家军事改革正在从军事技术层面、军事组织层面、作战理论层面,深入到军事文化层面,提出了军事转型文化、联合文化和理论创新文化等。

2.全面性。世界主要国家军事改革和军事转型不仅涉及信息化军事技术形态、联合化组织形态和高效化管理形态，而且包括了军事理论形态、作战形态、保障形态、教育形态等各个领域。

3.务实性。美军着力提升指挥控制能力、情报能力、火力打击能力、机动能力、防护能力、保障能力、信息能力、国际交流能力。俄军着眼于提高应对各种安全威胁的能力，尤其是提高应对大规模空天袭击和地区战争的能力。

4.不平衡性。美国始终处于领先地位；英、法等其他发达国家紧随其后，积极跟进，加快推进军事转型；俄罗斯开展“新面貌”军事改革，现已完成军事组织形态的转型；印度、巴西等新兴国家以改善武器装备为重点，正在进行有选择的军事改革。

当前，世界新军事革命加速发展，各主要国家加紧推进军事转型、重塑军事力量体系，这将对国际政治军事格局产生重大影响。

四、新军事革命的发展趋势

（一）技术方面

军事技术形态正在向智能化、网络化、微型化、高超声速的方向发展。主要国家着力发展各种新型武器装备。美军计划到 2030 年左右全面完成 C4KISR 系统建设。俄军计划到 2020 年前建成全军统一的自动化数字通信网络系统。美国、英国、法国、俄罗斯等国都在研制人工智能作战系统，包括无人飞行器、地面机器人、水面和水下机器人作战系统。一些国家已正式把网络空间作为继陆海空天电之后的第六维作战空间。美国正在研发各种网络侦察、网络防御和网络进攻等武器系统。俄罗斯网络攻防武器研制取得了突破性进展。目前，全球有 100 多个国家具有开发网络武器的能力。美国已成功进行 50 多次导弹拦截试验和数次电磁轨道炮试射，正在研制可攻击敌方卫星的 XSS-11 微型卫星。俄罗斯加紧研制空天飞行器。英法等国均有空天飞行器研制计划。日本和韩国加紧部署导弹防御系统。

（二）组织方面

军事组织形态正在向优化结构、减员增效、模块组合、“去重型化”的方向发展。一是优化结构，完善联合作战效能。美国将联合作战层级由旅战斗队下沉至营战斗队；俄罗斯建立了 4 个联合战略司令部；日本成立了联合参谋部，形成了联合作战指挥体制；印度成立了联合国防参谋部和三军联合的战区司令部。二是压缩规模，增加基本作战单位数量。主要国家军队在减少员额的同时增加基本作战单位数量。美陆军基本战术行动单位从 33 个增加到 73 个作战旅。俄陆军基本战术兵团从 36 个增加到 113 个常备旅。三是“去重型化”，提升作战部队的机动能力。美军斯特赖克旅成为其陆军数字化程度最高、机动性最强、可遂行多种任务的主要作战部队。俄军实行新编制，按照不同任务分类建设轻型、中型和重型常备旅。英军和德军裁减了陆军重型装甲部队，组建了更加机动、灵活、轻便的，可遂行多种任务的新型作战旅。

（三）武装力量

武装力量正在向一体化、无人化、网络化、太空化的方向发展。美俄等国军队正在大力发展新型武装力量，并在实战中运用和检验新的作战方式和方法。一是无人化作战部队应运而生。目前，世界主要国家十分重视发展无人武器系统，正在积极着手建设无人武装力量。2013年底，全球在机器人方面的防务开支超过134亿美元。美国国会明确要求到2015年战场无人化作战系统达到50%。俄军预测，到2025年左右，人工智能机器人武器装备将成为未来战场上的主战武器装备，将彻底改变传统作战方式，带来军事领域的真正革命。二是网络攻防部队成为重要作战力量。美国防部宣布组建40支网络部队，其中13支用来攻击对手。俄罗斯也建立了网络作战部队，其破网技术取得了突破性进展。目前，全球网络军备竞赛掀起高潮，超过40个国家组建了网络战力量。三是新型特种作战行动作用增大。新型特种作战部队在规模数量、职能任务、作战方式和行动样式上发生了很大变化，成为可达成战略目的的新型作战力量。四是空天作战部队正在酝酿建立。美国正在研制可攻击敌方卫星的微型卫星和空天飞机，到2020年前将可实施反导反卫星等太空攻防作战行动。俄罗斯拥有相当规模的太空武器，并明确将空天战略性战役作为在未来战争中首先实施的战略性战役之一。其他一些国家纷纷建立太空兵和太空司令部，积极准备实施空天作战行动。世界50多个国家拥有空间飞行器。主要大国基于时代前沿战略技术形成了特定战略能力。空间已经成为国际战略竞争的制高点。

（四）国防管理

国防管理正在向注重战略规划、提高军费使用效益、增强科研创新能力、提高军队职业化水平的方向发展。主要国家十分重视国防改革，积极转变国防管理方式。一是提高战略规划水平。美国不断推动战略管理制度化、标准化和程序化建设，提高国防管理运行效率和国防投入效益。俄罗斯制定了《2020年前俄联邦武器装备发展纲要》等一系列战略规划文件。法国国防部制定了“六年军事规划法”和军队发展中期和长期计划。二是提高国防投入效益。美国更加强调优化军费投向投量，对关键地区、关键领域和关键力量的投入不减反增。俄罗斯近五年军费预算平均增长率为20%左右，装备采购费比重不断加大。三是提高科技创新能力。美国不断加强对军事前沿技术、高技术装备和高风险项目进行总体规划及跟踪研究。俄联邦积极调整优化国防科技布局和军工体系，提升国防科技竞争力。四是提高军队职业化水平。法军暂停义务兵役制，实行全面职业化。德国从混合兵役制转向全志愿兵役制。俄军始终把职业化作为军队建设的发展方向，其合同兵比例不断提升。

第三节 机械化战争

1915年9月15日在第一次世界大战的索姆河战役中,英国军队首次投入了新式兵器——坦克(共49辆坦克,实际参战仅18辆),配合步兵进攻,推进了4~5公里。这是战争史上第一次使用坦克,对守备方的德国步兵产生了极大的心理震撼,使他们放弃阵地不战自退。但由于坦克的技术与装备尚未完善,加上战线宽广(10公里18辆坦克),仍然没有达成打开突破口的作战目标。但是这场战役却拉开了机械化战争的序幕。

一、机械化战争的概念

"机械化战争"理论的定义:一种主张陆军实行机械化和依靠机械化军队取胜的军事理论,同时以飞机轰炸其交通枢纽和补给系统,步兵降为辅助兵种;亦称"坦克制胜论"。

"机械化战争"理论提出者:富勒;自从坦克在第一次世界大战中使用以后,显示出很强的突击力。英国坦克军参谋长J.F.C.富勒首先总结了在这次战争中使用坦克的经验。他在1918年5月拟制的《1919年计划》中,提出了建立和使用机械化军队的新观点;之后,又在《世界大战中的坦克》(1920)、《论未来战争》(1928,中译本名为《机械化战争论》)等著作中进一步作了阐述,创立了机械化战争理论;继富勒之后,德国的H.W.古德里安、法国的C.戴高乐、奥地利的L.von艾曼斯贝格尔等人,也从不同角度提倡机械化战争论。这种理论还为德国法西斯头子阿道夫·希特勒及其统帅部所接受,并应用于第二次世界大战初期闪击波兰、法国和进攻苏联的作战行动中。

二、机械化战争的产生

早在1878年7月,布拉肯布里(C.B.Brackenbury)上校在《十九世纪评论》杂志上发表了一篇撰稿的文章《装甲的野战炮兵》,他基于普拉弗里会战的经验,认为当炮兵处于近距离最大杀伤效力时,其自身也处于步兵火力的射程内。因此布拉肯布里提议用轻薄的装甲保护炮手,使步兵的轻火力失效,而炮兵则能达到最大杀伤效果且不需为安全担心。后来被称作坦克的现代战车是防护、火力、运动三位一体的结合,布拉肯布里的建议缺少运动这一因素,但已将防护和火力合二为一,标志着现代战车观念的最初萌动。

第一次世界大战初,堑壕和铁丝网加上步枪和机枪便可组成难以突破的防线。火炮密集轰击固然可使防线出现缺口,但向纵深发展突破、扩张最初的战果几乎不可能。面对这一战场僵局,大战刚开始不久,英国的斯温顿(F.D.Suinton)上校,法国的埃蒂安纳将军认为:虽然个别的士兵是无法装甲的,但他可以像水手一样,用装甲车辆来运载。这种车辆须作越野行动,所以应使用履带,而不是车轮(其中最具远见卓识的,要算对使用履带的强调,几十年后,德军在莫斯科会战的失败,根据利德尔·哈特的看法,德国装甲部队严重缺乏履带式坦克是个重要原因)。这种战车使士兵在动态中得到保护,并能在静态中战斗,实际上是把海军装甲战舰作战原理移植到了陆地上。由于加入了运动这一重要因素,他们的思考遂成为现代战车观念诞生的标志。

1914 年 10 月 20 日,斯温顿上校从法国前线回到伦敦,向帝国防御委员会的汉基上校汇报了战场僵持的特点后建议,以美国人霍尔特发明的履带式拖拉机为参考,制造一种能够避弹和越过堑壕的战车,车上装有能毁灭机枪的小型速射炮。汉基大为欣赏,两人作了进一步讨论之后,分别向英国远征军司令部和陆军部提出这项建议,均被拒绝考虑。

时任英国海军大臣的丘吉尔却非常赞同这一建议,便在自己的海军部设立一个部门,专门拨款进行战车研制,他被迫去职后仍利用自己的影响来继续这项实验。也许是战场久陷僵持的缘故,英国远征军司令部接受了斯温顿的建议,国内新成立的陆海两军联合委员会对此项试验也很投入。是年 7 月,斯温顿被授权协调战车试验工作。1916 年 2 月 2 日,在英国的哈特费尔德进行了世界上第一次现代战车的试验。为保密起见,将新战车命名为坦克(tank,我国将这一命名沿用至今。)

三、机械化战争的发展

机械化战争从 1916 年 9 月 15 日坦克首次投入实战拉开序幕,到今天已经历了百年的历史。从其诞生到今天的华丽转身为信息化战争,机械化是信息化的基础,机械化装备仍是现代战争中的主要装备。陆军机械化的形成与发展,是与特定的历史条件相联系的。比如,在科技革命的推动下,19 世纪末 20 世纪初,速射机枪、坦克、飞机、潜艇、航空母舰、无线电等一大批自动化、机械化武器装备相继问世,不仅使战场面貌发生了彻底变化,也使军事领域开始了一次新的革命,人类真正进入了机械化战争时代。

(一)萌芽阶段(1916—1940)

陆军机械化萌芽、形成时期是在第一次世界大战时期。最早、最基本的陆军机械化装备是坦克,坦克的问世和运用是开创陆军机械化新时代的里程碑,对其他装甲装备的发展、装甲兵的运用及机械化战争理论的提出均起到积极的促进作用。但当时主要问题是规模小、处于配属步兵的地位,装甲兵也未成为独立战术单位,只是配合步兵作战的辅助兵种,作战运用的局限性较为明显,仅能担负战术突破任务。以世界上第一辆坦克为例:马克Ⅰ型坦克外廓呈菱形,刚性悬挂,车体两侧履带架上有突出的炮座,两条履带从顶上绕过车体,车后伸出一对转向轮。该坦克乘员 8 人,有“雄性”和“雌性”两种。“雄性”装有 2 门 57 毫米霍奇基斯 6 磅快速炮和 4 挺哈齐开斯机枪,“雌性”仅装 6 挺维克斯机枪,装甲厚度只有 6 毫米,车重 28 吨,速度为每小时 5 公里。

(二)快速发展时期

机械化战争快速发展期是第一次世界大战结束至第二次世界大战结束时期。在这一时期,机械化军事形态快速发展,并不断得以完善。主要标志是:军队的机械化程度迅速提高,机械化作战理论空前繁荣,始于机械化战争的军事结构得以确立,大规模机械化战争得到实践。特别是第二次世界大战期间,各主要军事强国将现代化的陆海空军及其具有高度机动力、突击力的机械化作战平台大量运用于战争，推动了机械化战争的高速发展，使战争进入了真正的机械化时代。坦克突击兵器的地位得到确认，战争形态由平面战发展为大纵深立体战。

在武器装备发展变革上，陆军新型坦克、装甲战车、自动火炮及其他机械化装备不断涌现，并大量装备部队，使装甲兵成为陆军的主要突击力量，步兵也发展为机械化（摩托化）部队，并组建了强大的战役机械化军团。这一时期，欧、美、德等军事强国的陆、海、空军作战装备多数实现了机械化和摩托化，古老的步兵、骑兵和其他兵种正在悄然隐退。

在战争形态上，由于现代化的陆、海、空三军武器装备大量涌现于战场，使过去仅限于陆地、海上的平面战争，发展为陆海空一体、陆空一体、海空一体的大纵深战争，在作战方式上，也实现了由线性作战向纵深作战发展。以德国的“虎王”坦克为例：该坦克乘员5人，车重69.8吨，，前装甲180mm/9°，侧装甲和后装甲80mm，顶部装甲42mm。武器1×88mm主炮——型号：88cm KwK 43 L/71（72－84 rounds），2×MG 34 kal. 7.92mm机关枪（5850发），最大时速：56公里/小时（理论时速）。它的性能已经与现代坦克没有什么太大的区别了。

（三）成熟时期

在这一阶段，机械化战争走向成熟，并由于核武器的出现而发展到一个新阶段。原子弹、导弹的大量涌现，使机械化军事又发展到了一个新的阶段。这一时期的战争形态沿着机械化战争和核战争两个方向急速演进。

在作战样式下，由于冷战期间世界各国均受到核武器巨大杀伤力和破坏力的制约，始终没有爆发核大战。所以，其基本类型是常规条件下的局部战争和武装冲突，其中影响较大的有朝鲜战争、越南战争和第4次中东战争等。20世纪80年代初美军提出了“空地一体作战”理论，要求诸兵种协同进行立体作战。苏联又进一步推出了“大纵深立体战役”理论，强调既高度重视核条件下的战役作战，又不忽视非核条件下的战役作战，并形成战区战略性战役样式、战役机动集群理论和战役的大纵深立体性质等三个方向思想。这一时期作战理论的更新发展，标志着机械化战争的发展已经进入成熟阶段。

在这一阶段，世界各国在常规力量的组织结构沿着增强突击力的方向发展，装备威力强大的战役战术导弹，各种火炮性能也大为提高，部队全部实现了机械化。它不仅使得陆军机械化装备发展达到了最高峰，也为信息化装备的发展奠定了坚实的基础。以美军现役主战坦克M1A2SEP为代表的坦克是现代坦克技术的发展巅峰：主要武器120毫米滑膛炮，并列武器7.62毫米机枪，车长武器12.7毫米机枪，最大速度68公里/小时，战斗全重66吨，正面主装甲约800mm。

四、机械化战争的特点

机械化战争的特点与之前的冷兵器时代的作战模式差距不大：

1.主力会战，尤其是优势一方寻求主力决战这一点一直不变。如冷兵器时代的赤壁之战、机械化时代的阿拉曼战役、信息化战争的伊拉克战争等；

2.游击战,从罗宾汉到铁道游击队到阿富汗游击队,这一作战形式始终不变;

3.阵地防御,冷兵器时代通常是占据城寨射箭,机械化时代则是占据高地,信息化战争也类似,只不过可以调动的资源更多;

4.城市治安战,从亚历山大的征服到日本对中国的占领到美军在伊拉克的后期行动,这一作战形式始终存在;

5.穿插迂回,利用小股部队插到敌人的关键位置,摧毁敌人的指挥部或者占领战略要地。

归纳起来,有如下特点:

(一)机械化战争的主导要素是物质力量

机械化战争中,杀伤破坏方式主要是武器的射程、速度和杀伤力等化学能和机械能,决定战争胜负的是军队人力以及坦克、飞机、大炮和军舰等武器装备的品种和数量。从两次世界大战到朝鲜战争、越南战争、中东战争等,打的无一不是物质和能源。“二战”期间,交战国生产的军用飞机多达70余万架,其中,苏联就达到148000架,欧洲主要国家和美、日的作战飞机也都达到了几千到上万架;航空母舰多达140余艘;潜艇达到了1500余艘,耗费物资和能源之巨大是空前的。

(二)机械化战争的指挥控制,是横向连接的树状结构

这种指挥控制网络就像大工业生产按行业、按流水线建立的控制体系一样,其特征是金字塔状,下面大上面小,所有来自前线的敌我双方的情报信息,必须逐级按照官职大小向上汇报,上级的指示精神和命令也按照这样的树状模式逐级下达到前线或基层。这样,只要增加作战部队的数量,就必须扩大指挥机关的规模和层次。

(三)机械化战争中,作战是武器系统之间的对抗

战斗力是靠装备数量的累加来形成和保持的,“数量越多作战效能越高”;战争的胜利是靠一个个独立战斗和战役的集合来实现的。装备数量的累加就构成了武器系统,武器系统的构成越全面,作战效能越高。如1944年5月到9月的滇西松山战役,我国军队仅凭借为数不多的火炮攻坚,在付出了惨重的代价之后,历时4个月才攻克松山。而如果让武器系统构成最全面的美国军队来进攻松山的话,付出的代价毫无疑问要小得多。

第四节 信息化战争

一、信息化战争的概念

爆发于1991年的海湾战争,是第二次世界大战以来参战国最多、规模最大的战争,也是投入新式武器装备最多的一次战争。这场战争与以往战争相比,呈现出了许多新的

变化，让人们耳目一新，也让人们深切地感受到战争面貌正在发生着深刻的变化。这场战争结束后不久，国内外就新军事变革及战争的发展走向等问题展开了广泛的研讨，并相继出现了有关信息战、信息战争和新军事革命的研究热潮。1995 年国防科工委首届科技学学术交流大会上我国科学巨擘钱学森指出："现阶段和即将到来的战争形式为核威慑下的信息化战争"。

（一）信息化战争的定义

信息化战争作为一种全新的战争形态，众说纷纭，尚无准确的定义和规范的解释。关于其定义，学术界做过多种描述。

美国国防大学校长塞尔姜中将说：信息化战争是以夺取决定性军事优势为目的、以实施信息管理和使用为中心而进行的武装斗争。

《信息化作战理论学习指南》给出的定义是：信息化战争是人类进入信息化时代后以信息化军队为主要作战力量、以信息化武器装备为主要作战手段而进行的战争行为。

国防大学出版社出版《普通高等学校军事理论教程》的明确的定义是：信息化战争是信息时代的基本战争形态，是信息化军队在陆、海、空、天、信息、心理、认知等空间，运用信息、信息系统和信息化武器装备进行的，战争破坏性和附带性伤亡降到最低限度的战争。

中国人民解放军《军语》的解释为："信息化战争是依托网络化信息系统，使用信息化武器装备及相应作战方法，在陆、海、空、天和网路电磁等空间及认知领域进行的以体系对抗为主要形式的战争。

（二）信息化战争的本质

信息时代，战争的本质开始泛化，特别是它的政治性开始淡化。

1.信息化战争仍然是政治的继续

人类战争发展史证明，战争的本质就是政治，政治目的始终对战争具有决定性作用和影响。战争形态转型为信息化战争，并没有也不可能改变战争的政治本质。仍然是"用以解决阶级和阶级、民族和民族、国家和国家、政治集团和政治集团之间矛盾的最高的斗争形式，是政治通过暴力手段的继续"。

首先，从社会条件看。信息时代，阶级、民族、国家、政治集团的社会政治形态依然存在，它们之间的矛盾和冲突不可避免，当这种矛盾与冲突不可调和时，必然导致战争的发生。因此，信息化战争依然是达成一定的阶级、民族、国家和政治集团的政治目的的一种工具和手段。其次，从战争指导看。信息化手段使得战争样式和作战方式更加多样化，导致战争在战略、战役、战术之间的界限相对模糊，以至于国家最高领导层和决策层对战争的准备、实施，进程和结束更为关注和审慎，也就更加凸显出战争与政治之间的密切关系。政治始终居于支配地位，军事服从政治，战略服从政略，并贯穿于战争的全过程。最后，从战争实践看。近期发生的具有信息化性质或信息化水平较高的几场局部战争，究其根本都是双方国家利益较量的结果，都是双方国家政治发展的产物。因此，信息化战争的本质仍然是政治，仍然是政治经济利益矛盾斗争的必然产物。

2.信息化战争仍然是暴力行为

在信息化战争理论研究中，有人认为，信息时代的战争与以往战争相比将日趋“干净”和“文明”。信息化战争主要是通过信息领域的对抗来攻击敌人的认识和信仰，使敌人放弃抵抗，实现不战而屈人之兵的目的；战争可以以不流血的方式进行，暴力性将不再是战争的突出特征；战争将是一种脑力思维战，将由硬打击转为软毁伤，由血与火的战场博弈转为精神、意志和智慧的角逐，将变得“慈化”“软化”“非暴力化”。其实，这是对信息化战争的一种误解。如果按照这种判断准备战争，一切硬杀伤手段都将退出战争舞台。没有制信息权纵然无法打赢战争，但如果认为有了制信息权就一定能全面控制战场、一定能打赢信息化战争，就会违背战争的制胜规律。

的确，随着信息技术的飞速发展，武器装备的信息化程度越来越高，命中精度也随之空前提高，战争的附带毁伤趋于减小，以往那种大规模的流血战争可能不再出现，但流血少并不是不流血，流血的多和少与是否流血是两个截然不同的概念。战争是以武装斗争为基本标志的社会活动，暴力性是战争区别于其他斗争形式的突出特征。这种情况在信息化战争中并不会发生根本变化，信息对抗必然伴随武力的对抗，武力仍是达成战争目的必不可少的方式。攻击敌人的信仰、认识和信念，也需要一定的手段来支持和实现，而武力仍然是其中的首要手段。暴力的本质是强制力，如果说信息化战争中暴力特征有所变化，那只能说使用暴力的方式发生了变化、暴力手段更加精确和可控，但它并不因为信息技术的广泛使用而消失。发生在20世纪90年代之后的几场局部战争，没有哪一场战争是没有流血的暴力。信息化战争中，暴力仍然是主导战争进程、实现战争目的的首要选择和基本手段。

21世纪的战争将是信息主导、综合制胜的战争。信息是战争的组成部分，但不是全部，信息不能完全替代物质资源的作用，信息优势也不可能完全撩开“战争迷雾”，信息、物质与能量的结合，是战争制胜的永恒主题。

（三）信息化战争作战原则

作战原则是指组织和实施作战必须遵循的基本准则。信息化战争作战原则是制定信息化战争作战行动计划、方针策略、措施方法、活动方式与指导思想的主要依据。主要有信息优势原则、一体对抗原则、实时行动原则、积极进攻原则、精确作战原则、威慑制胜原则等。

1.信息优势原则

信息优势，就是在信息的质量、数量和传输、使用等方面超过敌方而拥有的优势。信息化战争中，（信息、信息处理和通信网络已成为军事活动的核心，成为实施正确而有效指挥的重要依据和夺取作战胜利的重要条件。谁取得信息优势。谁就掌握了主动权、掌握了先机之利，就会为制定正确的决策和取得战争的胜利奠定基础。信息优势原则是信息化战争的首要原则。

2.一体对抗原则

一体对抗,就是信息化战场上系统对系统、体系对体系、整体对整体对抗的总称。信息化战争参战力量多元、战场空间广阔、作战领域多维、攻防交织一体。作战样式和作战手段多样,指挥对象众多、协同关系复杂,必须坚持一体对抗的原则,搞好各个领域、各种作战力量、作战室间、作战行动和作战手段上的协调配合,以整体合力制胜。

3.实时行动原则

实时行动,就是部队在战场上反应敏捷,行动迅速,能根据战场态势的最新变化,在极短的时间内做出决策、制订计划,以最快的速度采取行动。

4.积极进攻原则

积极进攻,就是无论是进攻行动,还是防御行动,都要以积极的攻势作战争得主动地位,进而争取作战的胜利。

5.精确作战原则

精确作战,就是在信息的支持下,运用精确制导武器和装备,实施精确的探测与定位、精确的打击与评估、精确的指挥与控制、精确的后勤保障。其实质是以最小的付出获取最大的收益。通过精确作战,摧毁敌要害目标,既可对敌造成强烈的心理震撼,达到征服其意志的目的,又可在政治、外交上争得主动,减弱敌对国家人民强烈反对的情绪,在经济上还表现为很高的战争效费比。

6.威慑制胜原则

威摄制胜,就是使用能够对敌产生强烈震撼的作战力量、手段和方式,给予敌方以心理和意志的震慑,使其感受到实实在在不可承受的压力而放弃敌对行为,从而达到不战或小战而胜的目的。

(四) 信息化战争作战力量

作战力量是指用于遂行作战任务的各种组织、人员及武器装备等的统称。包括参加作战的诸军兵种部队,含预备役部队、武警部队、民兵等。信息化战争作战力量构成有多种区分方法,按照军种、兵种结构区分是基本方法,通常主要包括:陆上作战力量、海上作战力量、空中作战力量、导弹作战力量、空间作战力量、信息作战力量等。

(1)陆上作战力量。它是指以步兵、炮兵为主体,在陆地作战的军兵种部队,通称为陆军作战力量。其一般构成主要包括:步兵、炮兵、装甲兵、空降兵、陆军航空兵、工程兵、通信兵、防化兵等兵种部队。主要装备是步兵武器、坦克、装甲车、火炮、战术导弹、直升机等。

(2)海上作战力量。它是指以舰载部队为主体,在海洋作战的军兵种,通称为海军作战力量。它的一般构成主要包括水面舰艇部队、潜艇部队、航空兵部队、岸防兵队和陆战队等兵种以及各种保障部队等。

(3)空中作战力量。它是指以航空兵为主体,在空中作战的军种,通称为空军作战力量。它的一般构成主要包括各种航空兵、地空导弹兵、高射炮兵、空降兵、雷达兵、通信兵和其他专业兵等。

(4)导弹作战力量。它是指以弹道导弹和巡航导弹为主要装备,遂行远距离核、常规火力突击任务的作战力量,主要包括核导弹和常规导弹作战力量。导弹作战力量一般由导弹基地、弹头基地、院校、训练基地、工程技术部队、研究中心和作战、后勤、装备技术保障部队等组成。

(5)空间作战力量。它又称为太空作战力量或空间力量。空间力量包括民用空间力量、商用空间力量和军用空间力量。其中,军用空间力量是以航天部队为主体,以航天装备为主要装备,主要在空间进行军事活动的军事力量。空间力量按照作战任务可划分为空间信息支援力量、空间进攻力量、空间防御力量和空间勤务保障力量。空间力量的主要组成部分是航天部队,航天部队就是所谓的"天军",是以空间为战场,利用航天装备遂行军事任务的部队。航天部队主要包括航天发射部队、航天测控部队、航天监视部队、空间攻防部队、管理部队、支援部队等。

(6)信息作战力量。它是对信息化战争中遂行各种信息作战任务的力量的总称。信息作战力量,平时隶属于不同建制的军兵种部队,战时依据信息作战任务需要,编组成各种信息作战集团(群、队),遂行不同的信息作战任务。按照军兵种可以区分为陆、海、空军和导弹部队信息作战力量;按照损伤形式可区分为"软打击"力量与"硬推毁"力量;按照专业类型可区分为专业信息作战力量与非专业信息作战力量;按照作战任务可区分为信息侦察力量、信息进攻力量和信息防御力量;按照信息作战形式,可以区分为电子战力量、网络战力量、心理战力量、情报战力量、实体摧毁战力量等。

二、信息化战争的产生

人类战争发展历史告诉我们,战争形态的变革,都是在社会生产力进步、社会环境变化和战争实践推动下,不断产生和发展的。信息化战争的产生,是人类社会政治、经济科学技术和战争实践发展到一定阶段的必然产物。

(一)社会形态发展必然导致战争形态的演变

人们从事战争的工具和手段,是由特定时代的社会经济形态所提供和决定的。战争形态是人类社会经济形态的产物。恩格斯曾明确指出:"武器的生产是以整个生产为基础,因而是以经济力量,以经济情况,以暴力所拥有的物质资料为基础的。"人类社会和战争历史的发展表明,社会的经济形态是战争形态的母体,有什么样的经济形态,就会孕育出什么样的战争形态。这是不以人的意志为转移的客观规律。

(二)科学技术革命推动了战争形态的演变

战争的重大变革,通常发生在技术革命之后,而技术革命又往往是在科学技术水平迅速发展并发生质跃情况下出现的。新技术革命的原动力首先表现为促使军队主要制式装备的更新换代,进而引发作战方式的一系列变革,从而奠定促使战争形态变化的物质基础。在工业革命的推动下,军队的武器装备实现了机械化,坦克、装甲车、飞机、牵引或自行火炮、军舰等一大批机械化武器系统取代了以往简单的火器,军队作战第一次由平面发展到了立体,以"闪击战"理论为代表的机械化合成军队作战方式,取代了以往机枪、铁丝网加堑壕的阵地战方式,最终导致机械化战争形态的全面到来。

(三)相对和平的国际环境孕育了战争形态的演变

人类社会形态的变化和高技术群特别是信息技术的发展,是信息化战争产生的内在动因。而冷战及冷战后相对和平的国际环境则是信息化战争产生的温床。

首先,冷战期间美苏两国竞争促进了军事演练的不断变革。美国和苏联是冷战期间世界上最具影响力的两个超级大国。以美国为首的北约和以苏联为首的华约两大军事集团互为仇敌,剑拔弩张,使战争的阴云遍布全球。冷战所造成的美苏之间长期而激烈的军备竞赛,对信息化战争的产生起到了促进作用。在长达40多年的冷战期间,为了在军备竞赛中占据优势,美苏从各自称霸世界的需要出发,均倾其全力,加大军费投入,发展尖端军事科技,不但使机械化战争中所使用的各种武器装备的性能指标几乎达到了物理极限,而且强烈地刺激着信息技术、航空航天技术、新有材料技术、生物技术等高技术群的飞速发展,从而为信息化战争的产生奠定了技术基础。

其次,冷战结束后出现的相对和平的国际环境,为信息化战争的产生提供了良好的社会环境。历史上的军事变革,无论是局部军事变革,还是全面军事变革,大多发生在相对和平的历史时期。美国军事理论家菲茨西蒙茨曾指出:"军事上的革命性变革通常不是在战时发生的。尽管变革的事实可能在实战中表现得最明显,但历史上最深刻的军事变革都是发生在和平时期,只有原子弹可能是个例外。"这是因为,第一,和平稳定时期的出现,为信息化战争的产生与发展提供了历史机遇。

(四)近年来局部战争检验了战争形态的演变

20世纪90年代以来先后发生的海湾战争、科索沃战争、阿富汗战争和伊拉克战争,是人类战争史上具有划时代意义、起到承前启后作用的战争,使人们深刻感悟到新的战争形态所具有的深刻内涵,战争实践成为推动信息化战争形成和发展的催化剂。

海湾战争闪现了新军事革命的影子,世界从此进入了一个新的战争时代。信息攻击、远程精确打击、陆海空天电一体化作战,成为主要作战行动,"零死亡率"的战争已经成为人们追求的目标。这次战争中,多国部队使用的新型高技术武器达100多种,战场几乎成了新装备的试验场。在科索沃战争中,北约军队完全靠空战达成了战争目的。美军首次使用了B-2隐形轰炸机、联合直接攻击弹药等多种新型武器。在阿富汗战争中,美军又使用了新型C4ISR系统,全球鹰无人机、捕食者无人侦察攻击机、新型联合直接攻击弹药、用于攻击洞穴BLU-118B温压炸弹和风力修正集束炸弹等。

三、信息化战争的发展

从旧的战争形态向新的战争形态过渡，需要有一个量的积累过程，即逐渐转变的过程。战争形态由机械化向信息化转变也是一个渐变的过程。据有关资料分析，信息化战争形态的出现，可以说是从 20 世纪 60 年代初开始的。目前，其发展经历了孕育期、萌芽期和初步发展期 3 个阶段。

（一）孕育阶段（20 世纪 60—80 年代）

20 世纪 60 年代以来，集成电路、电子计算机、激光等大批高新技术的迅猛发展及在军事领域的逐渐运用，为军事技术的发展与应用开辟了广阔的前景，孕育着战争形态演变的种子。

20 世纪 60—70 年代，美军在越南战争中先后投放了 2.5 万余枚激光制导炸弹和电视制导炸弹，命中率达 60%以上，圆概率误差提高到了 5 米，作战效能比普通炸弹提高了上百倍。

高新技术的发展，推动了世界范围内的军事变革。1976 年，美国提出了高技术局部战争的理念：第一，核武器威力巨大，仍然具有不可替代的威慑效能，但难以用于实战，武器装备发展重点应逐渐转向精确制导武器。第二，机械化武器装备的技术潜力基本发展到了物理极限，应尽快将以信息技术为核心的军事高技术物化为武器装备，要侧重发展侦察卫星、通信卫星、导航卫星、预警机、侦察机、C4I 系统、电子战装备和隐身飞机等。第三，在核威胁和东西方冷战的阴影下，要尽量避免诱发大规模战争，注重利用高技术武器装备进行一些能够控制的小型战争，来实现既定的战略目标。因此美国“发现—打击—摧毁”“技术融合”“低强度冲突”等新的军事理论应运而生。

（二）萌芽阶段（20 世纪 90 年代）

20 世纪 90 年代初的海湾战争，在人类战争历史上具有划时代的意义。有的军事观察家称之为“第 5 次世界大战”，也有人把它列为人类“第三次浪潮时期”的开篇之作。目前，普遍认为，从海湾战争到 20 世纪 90 年代末是信息化战争的萌芽期。

一是以电子战为表现形式的战场信息领域对抗，成为战争中与物质摧毁和反摧毁同等重要的较量内容。为确保夺取战场主动权，多国部队在“沙漠风暴”行动前 5 个小时，动用了 EF-111A、EC-130 等各型号电子战飞机及其他电子对抗设备，在电磁空间开始了代号为“白雪”行动的战场信息对抗，大面积、长时间地干扰伊方的通信系统和车队 C3I 系统。致使伊军指挥控制系统完全瘫痪，通信失灵，雷达屏幕一片雪花，广播信号也一度完全失常。

二是具有战场信息处理功能的精确制导武器，成为战场火力的主要手段。战争中，多国部队和伊方都大量使用了精确制导弹药，极大地提高了火力摧毁的效果。伊方被摧毁的大型目标，80%以上为精确制导弹药所为。

三是军队 C3I 系统充分展示了其核心作用，有效地将陆、海、空、天、电等空间的作战行动凝聚为一体,开创了多空间力量一体化联合作战的成功先例。在空袭阶段,多国部队平均每天出动飞机 2600 多架次,分别从不同的基地起飞,沿不同的空中层次和航线,袭击不同的目标,在 C3I 系统的协调控制下,无一例自毁或误伤的情况出现。

四是验证了新作战理论和作战样式。美年“空地一体战”理论,远距离精确打击、非线式作战、空地一体联合作战、大规模电子战、全球战略机动等一系列新作战理论和战法得到了实战检验。同时,还实现了火力毁伤与电子信息对抗的有机结合。

海湾战争结束后,美军便确定了以国家信息基础设施为核心的军队信息化建设和打信息化战争的战略目标。

一是结合未来战争需要,创立新的军事理论。提出了信息战争、联合作战、非接触作战、非线式作战,精确作战、网络中心战、系统集成、横向一体等许多创新军事理论和观点。

二是以未来作战为牵引,大力加强信息化武器装备建设。美军投资 4000 亿美元建设国家信息高速公路,各军种全面启动自动化指挥系统建设。同时,通力打造互通性和互操作性良好的“勇士 C4I”系统。

三是着眼未来,夯实军事发展技术基础。在武器装备发展战略上,首次确立了信息技术的主导地位,提出了全球监视与通信,精确打击,空中优势和防御、水面控制和水下优势、先进的地面战、模拟环境、降低费用等七大军事需求技术。

(三)发展阶段(21 世纪初至今)

1999 年发的科索沃战争、2001 年爆发的阿富汗战争、2003 年爆发的伊拉克战争,战争的信息化特征更加明显。在这一时期,战争的信息化程度又有了进一步的发展。

1999 年爆发的科索沃战争信息化特征更加明显,也有人说这场战争标志着信息化战争的形成。在这场战争中,夺取信息优势、控制机动、精确打击成为战争的主导。美军信息化建设成果得到了综合运用,C4ISR 系统更加完善,实现各军种间信息传输的无缝隙连接,最高指挥官可通过 C4ISR 对单兵实施时、远程控制。同时,北约还首次使用了微波炸弹、计算机病毒、石墨炸弹等信息战装备和手段;综合验证了大规模信息战和联合作战理论,创新了全纵深精确打击理论和不对称作战理论等。精确制导弹药使用占全部弹药的比例达到 35%。

阿富汗战争中,首次使用了无人侦察攻击机、单兵数字化装备等新型信息化武器装备;验证了网络中心战理论;创新了无人作战、特种作战等新战法;试验了传感器引爆武器、风力修正弹药等一批新型信息化武器装备。

伊拉克战争,是美军建设初步完成信息化转型后发动的第一场具有鲜明信息化特征的战争。战争中,美国成功地验证了“先发制人”战略和“震慑”理论,创新了夺取信息优势、实施全频谱控制、联合对地攻击、网络中心战、精确闪击作战和快速决定性作战等新的作战理论。创新了接触与非接触相结合、空地一体与地面快速推进相结合等战法,为信息化战争发展奠定了坚实的理论和实践基础。

可以看出,这三场局部战争中,大量新型信息化装备投入战场使用,具有信息化特征的战法和作战理论应运而生,为信息化战争进一步发展和形成奠定了坚实的理论和实践基础。

四、信息化战争的发展趋势

不了解未来,势必生活在过去,也就必将陷入因循守旧、保守落后的旋涡。信息技术的迅猛发展和在军事领域的广泛应用,为军队大量利用信息提供了前所未有的条件,并已经引发一场涉及整个军事领域的变革。从世界范围看,虽然战争形态正处在从机械化战争向信息化战争过渡的转型期,要准确地预测信息化战争的发展趋势还比较困难,但是,历史的发展自有其本身的逻辑轨迹,运用历史唯物主义的方法,仍然可以大致勾画出信息化战争的未来发展趋势。

(一)信息化作战平台将成为战场支撑

信息化作战平台是指信息化弹药所依托的作战平台。电子信息技术广泛渗透到武器系统的各个领域,为作战平台的信息化提供了空前的机遇。未来的作战飞机、舰艇、坦克,甚至外层空间的卫星等,都将成为装备大量先进的电子信息系统与电子战系统的信息化作战平台,而且每一个信息化作战平台都成为 C4ISR 系统的一个节点,并向隐形化、遥控化、小型化和全智能化方向发展,使作战平台的纵深突防能力、攻击能力和生存能力大大增强。特别是隐形飞行器、隐形船和无人机等将成为未来信息化战场上新型的信息化作战平台。这些新型的信息化作战平台将与经信息化改造的传统有人驾驶飞机和船相辅相成,形成一支互为依存的强大的太空、空中、海上和陆地打击力量,从而成为信息化战场的主要支撑。

(二)智能化武器装备将大量涌现

智能化武器装备是指不用人直接操作和控制,采用人工智能技术,可自行按照人的意志完成侦察、搜索、瞄准、攻击,以及情报收集、处理、综合等多种军事任务的高技术武器装备。智能化武器装备给未来信息化战争注入了新的活力,从而使军队的编制更精干,传统的作战方式也将被改变。

智能化武器装备主要有智能机器人、智能坦克与车辆、智能导弹、智能地雷等。智能机器人是智能化武器装备的集中代表,它具有一定程度的感觉及分析、判断、推理与决策能力,能模仿人的行为执行多种军事任务;智能坦克、车辆是一种由计算机控制中心、信息接收和处理系统、指令执行系统及各种功能组件组成的能自主完成不同军事任务的新型坦克和车辆;人工智能弹药是一种采用了现代信息技术和子母弹技术,从而具有人的某些智能的弹药。这种弹药不仅能自动寻找和判定攻击目标,而且能自动发现和攻击目标的薄弱部位,命中精度比普通弹药高几十倍。智能导弹是一种能自动搜索、识别和攻击目标,具有思准、判断和决策能力的新型导弹。在作战中,它由飞机远距离发射后,会自动跃升至几千米高空,然后自行对目标进行攻击,具有发射后不用管的特点。智能地雷是一种能自动识别目标、自动控制起爆,并在最有利时机主动毁伤目标的新型地雷。

（三）军队将向小型化、一体化和智能化方向发展

1.规模将加速小型化

未来信息化战争中，先进的信息化系统和远距离的投送能力为军队规模小型化奠定了基础。由于军队的作战能力将成指数增长，小规模的高度一体化和智能化的军队，即可达成战略目的。因此，随着军队信息化程度和作战能力的不断提升，缩减军队规模将是必然趋势。作战部队的建制规模将更加小型灵巧，旅、营或更低级别的战术单位将成为主要的作战建制，并可能出现按照作战职能编成的小型作战群或能够同时在陆、海、空等多维空间作战的一体化小型联合体。一些技术密集、小巧精干的新型兵种作战单元也将相继出现并逐步增多。

2.系统集成将高度一体化

未来信息化战争是高度一体化作战，军队编成的一体化，将主要表现为按照系统集成的观点，建立"超联合"的一体化作战部队。为此，未来军队信息系统的构成，将按照侦察、指挥控制、精确打击和支援保障四大作战职能，建成四个子系统。侦察监视子系统将所有天基、空基、陆基和海基侦察监视平台和系统联为一体，完成对作战空间全天候、全方位的实时感知；指挥控制子系统把所有战略级、战役级和战术级指挥控制和通信系联为一体，将对作战空间的感知信息直接转变为作战决和控制；精确打击子系统把海空天的信息和火力系统构成一体化精确打击平台；支援保障子系统为作战行动提供实时精确的保障。这四个子系统的功能紧密衔接、有机联系，构成一体化作战信息系统。

3.指挥与作战手段将高度智能化

信息化发展的高级阶段是智能化。因此，信息化战争的发展趋势之一就是实现指挥平台与作战手段的高度智能化。随着纳米技术的发展，军用微型机器人将大量地投放于战场，执行侦察探测、信息传递、破袭敌电子设备和武器系统以及杀伤敌作战人员等任务。

一是指挥控制手段高度自动化和智能化。其标志是C4ISR系统的高度成熟与发展。未来的C4ISR系统将真正实现侦察监视，情报搜集、通信联络、火力打击和指挥控制的无缝连接，成为作战指挥与控制的信息高速公路，可以高度自动化地确保指挥员近实时地感知战场，定下决心，协调、控制部队和武器平台的作战与打击行动。

二是大量智能化武器系统和平台将装备军队，投入作战。在未来信息化战争中，精确制导武器系统、对空防御系统、后勤支援系统、物流分配保障系统和具有发射后不用管及自动寻的功能的智能化弹药将得到更加广泛的运用；无人驾驶的智能化坦克、飞机和舰船也将规模化投入战场。无人机在阿富汗战争中已经发挥了重要的作用。尤其值得关注的是众多类型不同、功能各异的纳米机器人，可能在战争中大规模地投放战场，执行侦察探测、信息传递、破袭敌电子设备和武器系统以及杀伤敌作战人员等任务。

三是许多作战行动将发生在智能化领域。在传统的机械化战争中，虽然在智能化领域也存在着敌我对抗活动，如敌我之间的谋略对抗就是一种思维对抗，但这种对抗是间

接的,需要用部队通过真实的作战行动才能表现出来。然而,在未来信息化战争中,由于信息战的广泛运用,智能化领域将会发生激烈的对抗。认知、信息和心理这些智能化的范筹,既有可能是作战所使用的手段,也有可能是作战所要打击的目标。因此,在智能化领域将会发生大量直接对抗的作战行动。为了阻止敌方及时定下正确的作战决心,不仅要采用谋略行动欺骗对方,而且更需要采取信息攻击手段,直接打击敌方的 C4ISR 系统,破坏敌方的决策程序。

(四)作战思想将出现重大调整

作战思想,是关于作战基本问题的理性认识。通常表现为作战组织与实施的指导思想和基本原则等。在千百年来的战争中,孙武"不战而屈人之兵"的战略思想,虽然受到政治家、军事家们的推崇,却由于武器装备的落后而不易真正实现。在信息化社会中,各种经济活动和社会活动高度计算机化、信息化和网络化,社会经济生活和政治生活更多地依赖于各种信息系统。信息化战争中,信息和信息系统既是武器,也是交战双方攻击的主要目标。通过刚络攻击、黑客入侵和利用新闻媒介实施大规模信息心理战等"软"打击方式,破坏敌方计算机信息网络,瘫痪敌方指挥系统,瘫痪敌国经济,制造敌方社会动乱,就可以把战争意志强加给对方,以不流血的形式换取最大的政治和经济利益。传统战争的暴力行动、将被非暴力的"软"打击行动所替代。随着侦察能力的增强和远程打击能力的提高,距离将不再是战争的障碍,"战争迷雾"将被驱散。在使用各种"硬"手段的作战中由于火器的命中精度将极大提高,进攻一方不再以剥夺敌国生存权或完全侵占敌方领土等作为最终目标,而是注重影响对手意志,尽可能地减少战争伤亡,力争以最小的伤亡换取最大的胜利。

(五)主要作战样式将出现重大改变

随着信息技术的发展,武器装备的精度、杀伤力、机动性、生存力、隐蔽性、反应速度和捕捉目标能力将大大提高,进而引起作战形式的重大调整。

一是电子战将贯穿始终。未来信息化战争中的电子装备种类将更加繁多,部署密度更大,电磁信号更加密集,电子战频谱更加宽泛,信号特征更复杂,为夺取制电磁权而展开的电子战将渗透到各个作战领域,贯穿于战争始终。

二是机动战将广泛实施。未来信息化战争中的机动战不仅包括兵力、兵器机动,而且包括火力机动和软杀伤力机动,尤其是软杀伤力机动将成为兵力机动和火力机动的前提而大量运用。

三是计算机病毒战将普遍展开。计算机病毒是一种价格低廉、使用方便的软杀伤性武器,它将随着计算机的广泛使用而普遍展开。

四是非接触作战将成为主要作战方式。随着武器装备远程打击能力的提高和信息化侦察控制系统的完善,非接触作战将越来越多地成为未来信息化战争的主要作战方式。

五是隐形战将充满战场空间。隐形技术的飞速发展,为隐形战的运用提供了机遇。

未来信息化战争中，隐形卫星、飞机、导弹、舰船、战车将在战场上大量出现，在看不见的战场上进行隐形较量将是未来信息化战争的一个突出特征。

六是太空战将获得巨大进展。随着航天技术的发展和军用卫星、航天飞机、载人飞船、太空站的增多，将把众多的军用航天器部署在太空，从而将促进“天军”的组建和太空战的展开。

七是虚拟战场欺骗战将悄然兴起。虚拟现实技术的发展使虚拟战场成为可能。战争中，通过运用信息化战场上的某一网络节点，将虚拟现实技术植入敌方指挥控制系统，向敌方传送假命令、假计划，从而使其军事行动陷入混乱。

五、现代战争典型战例分析

现代战争实践表明，信息是影响战争进程和解决的重要因素之一。要想掌握战争主动权的关键是要拥有可靠、及时的信息。

（一）海湾战争

1.海湾战争简介

1991 年 1 月 17 日~2 月 28 日，以美国为首的多国联盟在联合国安理会授权下，为恢复科威特领土完整而对伊拉克进行的局部战争。1990 年 8 月 2 日，伊拉克军队入侵科威特，推翻科威特政府并宣布吞并科威特。巴格达时间 1991 年 1 月 17 日凌晨 2 时 40 分，以美国为首的多国部队在取得联合国授权后，停泊在海湾地区的美国军舰首先向伊拉克防空阵地、雷达基地发射了 100 多枚“战斧”式巡航导弹。接着，从沙特、巴林和美国航空母舰上起飞的数百架飞机，对伊拉克和科威特的重要军事目标进行了轮番轰炸，海湾战争正式打响。

为了尽量减少人员伤亡，多国部队充分利用高技术优势，首先进行长时间、大规模的空袭，力争用空中战争解决问题。按照“沙漠风暴”作战计划，多国部队从 1 月 17 日到 2 月 24 日进行了持续 38 天的空中袭击。整个空袭分战略性空中战局、夺取科威特战区制空权和战场准备三个阶段。第一阶段从 1 月 17 日到 23 日，多国部队共出动各型飞机 1.2 万余架次，重点打击伊战略目标，包括伊军指挥设施、发电设施、防空系统、电信和 C3I 枢纽、核生化设施以及伊空军和机场等。此外还对伊“飞毛腿”导弹发射架进行了专门空袭，伊精锐部队共和国卫队也遭到了全方位的轰炸。从第 2 周起，多国部队将空袭重点移到夺取科威特战区制空权上来，主要打击伊空军和防空武器系统，空袭进入第二阶段。在这一阶段多国部队共出动飞机 1.8 万余架次。从第三周开始，空袭进入第三阶段，多国部队集中攻击共和国卫队科战区的伊军。三个阶段历时 42 天的空袭多国部队共出动飞机 10 余万架次，日出动量平均保持 3400 架次，共发射了 289 枚“战斧”式巡航导弹和 35 枚空射巡航导弹，投掷了 8 万余吨炸弹。

当地时间 24 日凌晨 4 时，多国部队向伊军发起了陆海空联合行动历时 100 小时的地面攻击，重创伊拉克军队。伊拉克最终接受联合国 660 号决议，并从科威特撤军，多国部队以较小的代价取得决定性胜利。

2.战争评析

海湾战争是第二次世界大战后世界上发生的最大的一场局部战争。这场战争是特定时代的产物。它深刻地反映了80年代末期世界的基本矛盾，是这些矛盾局部激化的必然结果；它体现了人类社会生产力特别是科学技术的发展所引起的战争特征的革命性变化；它展示了新的作战手段和作战思想运用于战争的新特点。

（1）海湾战争标志着战争的高技术时代已经到来

电子战。在海湾战争之前的几场局部战争中，高技术战争的特征已初露端倪，其最为突出的标志是高技术兵器的使用。但是，就使用的广泛程度来说，那几场战争都无法同海湾战争相提并论。在海湾战争中，多国部队尤其是美军使用的高技术兵器几乎包括陆海空的各个方面，其中主要有军用卫星、全球定位系统、精确制导弹药、夜视器材、新型坦克、隐形飞机、巡航导弹、防空导弹系统、电子战武器、军用计算机、C3I系统等。电子战对战争进程和结果产生重要影响，以美国为首的多国部队的电磁优势成为战争中的新制高点，预警、指挥、控制、通信和情报是现代战争赖以进行的重要手段。在海湾战争中，电子战由于可剥夺敌军在此方面的能力，夺取战场制电磁权，而成为实施“硬杀伤”所不可缺少的一种作战方式。在战争开始前，美军即使用电子作战飞机对伊军电子设备实施强烈干扰，压制伊军的通信和预警雷达系统，保证了空袭行动的突然性。在战争全过程中，美军又针对伊军的指挥、控制、通信和情报系统实施强大的电子战，对伊军电子设备、防空雷达和通信网络等进行“软压制”。结果，使伊军指挥失灵，通信中断，空中搜索与反击能力丧失，处于被动挨打的地位。

远程火力战。打击方式基本已不再是过去战争所追求的那种大规模毁伤，而是在破坏力相对降低的基础上突出打击的精确性；在越南战争中，美军飞机投掷炸弹或发射导弹落在150米以内的只有50%，而在海湾战争中，这一范围已精确到5米左右。就战争最基本的特征而论，海湾战争同以往战争相比最突出的不同是：武器装备建立在高度密集的技术基础之上；以美军为首的多国部队，充分发挥高技术兵器远距离精确打击的性能，主要进行远距离火力战。例如，“阿帕奇”武装直升机通常都是在伊军地面防空火力有效射程之外发射反坦克导弹，摧毁伊军坦克装甲车；M1A1坦克也是在敌方火力射程之外开火，摧毁伊军坦克和阵地设施。远程火力战使技术装备优势一方能够先敌发现、先敌开火，同时也大大减少了己方人员的伤亡。

空中作战。在海湾战争中，空中作战已经作为一种独立的作战样式而出现。在历时43天的空中作战中，以美军为首的多国部队出动了各种用途的飞机，分别执行空袭、侦察、电子战、护航、加油、运输、观察等任务，对伊军的指挥中心、防空体系、重兵集团等进行了全方位、全天候的空袭，完成了战略空袭、夺取战区制空权、削弱伊军地面部队和支援地面作战等4个阶段的任务，对战争进程起到了决定性作用。

机动作战。在海湾战争中，以美军为首的多国部队首先从地面和空中对敌实施双重包围,通过地面部队的高速推进和空中兵力投送,在敌后方形成积极活动的正面,直接攻击敌主力部队。这种以机动作战为主的战法,目标明确,行动坚决,更快地推动了战役进程的发展。

夜战。高技术兵器的使用,使战争出现了许多前所未有的情况。在以往的战争中,美军的坦克必须先找到隐蔽物,停车瞄准后才能开火,而且夜间在2000米以外击中目标的机会几乎等于零。在这次战争中,美军飞机、坦克、步兵战斗车乃至单兵武器都装备有红外夜视装置、激光夜视仪和红外热成像设备等夜视夜瞄器材,这使美军的武器装备在夜间可以发挥同在白天一样的作战效能,使美军能昼夜不停地连续作战,更有效地打击伊军,更快地推进战役战斗的进程,大大提高了作战能力,使作战行动向高速度、全天候、全时域发展。

高技术武器大大提高了作战能力,整个战争作战空域空前扩大,战场向大纵深、高度立体化方向发展,不存在明显的前方和后方;整个战争的范围与过程被视为一个完整的系统,战争的协同性和时间性空前突出。

(2)作战理论的变化

海湾战争不仅大大影响了世界的政治局势,也对整个世界军事界造成了非常大的影响,直接影响了整个军事技术和军事思想领域的发展,导致的一系列变革性影响,后来被统称为"新军事变革"。其中,在作战思想方面最具代表性的理念,便是被称为"三非"的三种军事作战理念:非接触作战、非对称作战和非线性作战。

非接触作战。所谓非接触作战,主要被定义为交战双方兵力在不直接接触条件下的作战,在战争中强调使用高技术远程火力对敌方军队的间接打击作用,在脱离和避免与敌军直接短兵相接的情况下杀伤敌方有生力量的作战思路。

在海湾战争当中,美军利用空中战机和"战斧"巡航导弹的远距离超视距打击,以及大量进行电子战的行为,均是这一作战策略的主要表现。即使是双方陆军坦克部队的交火,美军也最大限度发挥己方M1A1主战坦克的火炮射程优势,始终在伊军T-72坦克的火炮射程之外开火射击,使得伊军坦克部队只能被动挨打。作战中使用非对称作战策略的一方,一般拥有在远程火力投送方面的绝对或者相对的优势。而采取这一策略,可以在作战中杀伤敌方的同时,最大限度地减少己方的兵力伤亡与损失。

非对称作战,主要表现为双方使用不同类型部队(美军定义)或不同作战力量(我军定义)的作战行动,以区别于同一兵种或者同一作战力量之间交手的"对称作战"。如果说对称作战中,决定制胜的因素主要是指挥的水平、兵力的多寡和兵器技术的优劣的话;在非对称作战当中,则更加强调运用军种和兵种的技术优势以及不同兵种之间"相生相克"的特点。

在海湾战争中,美军大量应用了这一作战样式,如以作战飞机和武装直升机打击伊军地面部队,以巡航导弹打击伊军军队集结地区,以海军航空兵打击伊军反舰导弹阵地,以特种部队和电子战对付伊军常规军事力量等。通过非对称作战方式,能够尽可能发挥己方的长处，在作战当中扬长避短，取得军事优势。

而非线性作战，则区别于以前作战双方战线分明（典型代表便是阵地战中的战壕）的特点，交战双方将不再具有明显的战线划分。战争甚至连明显的前线和后方界限都将模糊，成为真正的立体化战争。在非线性作战当中，一城一地的得失将不如以前重要，采用这一策略的军队将最大限度发挥己方在机动方面的优势（非线性作战对军队的机动能力要求相当突出），以最快速度直插对方的作战中枢地区，以全力争取速战速决为目标。

而在海湾战争中，美军在代号“沙漠军刀”的地面作战行动当中，采用了代号“左勾拳”的非线性作战策略。以少数兵力和航空兵牵制吸引住科威特的伊军主力，而美军主力地面部队取道沙特，绕到伊军力量薄弱的右翼一方，从敌后直插伊军后方发起强烈攻势，从而起到了“避实击虚”的理想效果，在地面作战一开始便把持主动（后来的伊拉克战争当中，美军高速的兵力突击，快速占领巴格达也是这一策略的应用表现），并取得了地面作战的胜利。

1991 年海湾战争结束后，有很多分析都认为这场战争喻示着信息化作战正式登场、是机械化战争向信息化战争的历史转折点、对世界军事具有重大现实意义和深远历史意义。海湾战争虽称不上是一场真正意义的信息战，但信息战武器在其中功勋卓著。多国部队取得了绝对意义上的“制信息权”，通过计算机病毒武器攻击伊拉克的指挥控制网络系统，使其完全失效，整个伊军就像一盘散沙，只能任人宰割。

（二）科索沃战争

1.科索沃战争简介

科索沃战争是由科索沃危机引发的，而科索沃危机则根源于南斯拉夫社会主义联邦共和国的解体。后由黑山和塞尔维亚组成的南联盟共和国，反对科索沃独立。致使双方矛盾加剧。1999 年 3 月 24 日以美国为首的北约绕过联合国安理会，以南斯拉夫联盟军队屠杀科索沃地区的阿尔及利亚人为借口，对南斯拉夫进行狂轰滥炸，造成南联盟重大人员伤亡和物质损失。并袭击中国大使馆，造成三名记者牺牲。在北约空袭的巨大压力下，经过俄罗斯、芬兰等国的斡旋调停，南联盟最终软化了立场，6 月 2 日，南联盟总统米洛舍维奇接受了由俄罗斯特使切尔诺梅尔金、芬兰总统阿赫蒂萨里、美国副国务卿塔尔博特共同制定的和平协议，该协议在坚持原朗布依埃方案基本内容的同时，强调了通过联合国机制解决问题的必要性，并对此作了具体规定。根据这个协议，进驻科索沃的多国部队将按照联合国宪章精神建立，科索沃未来自治地位的确切性质将由联合国安理会决定，难民返回家园的安排也将在联合国难民事务高级专员的监督下实施。6 月 3 日，南联盟塞尔维亚共和国议会通过了接受上述协议的决议。6 月 9 日，北约代表和塞尔维亚代表在马其顿签署了关于南联盟军队撤出科索沃的具体安排协议，南联盟军队随即开始撤离科索沃。6 月 10 日，北约正式宣布暂停对南联盟的空袭。同一天，联合国安理会以 14 票赞成、1 票（中国）弃权通过了关于政治解决科索沃问题的决议。历时 78 天的科索沃战争至此落下帷幕。

科索沃战争是一场以远程和高空精确打击为主的“非接触性战争”。这场战争自始至终表现为一场大规模空袭与反空袭战役,以完全独立的空中战役达成了战略目的,充分展现了高技术局部战争的新特点,标志着空中作战的地位空前上升。

2.战争分析

如果说海湾战争是最后一次工业时代的战争,而科索沃战争可称得上是第一次真正意义上的信息时代的战争。北约部队对南联盟发动空袭的同时,也利用信息战技术破坏无线电传输、电话设施、雷达传输系统等,以瓦解南联盟的电信基础设施。幸亏南联盟政府不具备太多的因特网基础,其军事信息似乎也并不利用互联网进行传输,从而其军事力量未遭受空前的削弱。

在太空力量上,此次以美国为首的北约部队使用航天武器的规模达到了空前的程度。北约用 50 多颗卫星直接参加了针对南联盟的军事行动,为其战斗行动提供保障。属于美国中央情报局的 2 颗雷达成像军事侦察卫星、3 颗传送图像和数据的卫星和另外 3 颗轻型卫星也加入了情报保障行列。除侦察卫星外,北约还动用了大量的气象卫星,包括美国空军军事气象卫星、4 颗观测海洋和大气的气象卫星和 2 颗欧洲气象卫星。美国全球卫星系统的 24 个航天器以及各种通信和数据卫星也在为打击南联盟的军事行动提供信息支援,具有全天候、全天时、快节奏、机动灵活的优势,作战速度之快,远程攻击与近程打击手段运用之灵活,是地面部队难以比拟的,可对目标实施命中精度达 10 米级甚至米级的精确打击,一定程度上可以取代地面近距炮火的作用。事实上,南联盟上空已经被北约大批军事卫星密织起一张太空数据网。

从空中力量看,北约在空袭一开始就集中了 460 架先进作战飞机对付南联盟空军的 170 架老旧作战飞机,后来更是增加到 1200 架,无论数量还是质量都有绝对的优势,是所谓“第四代”航空兵器与“第二代”航空兵器的较量。美国空军中最先进的 B-2 隐形战略轰炸机、B-1B 远程战略轰炸机以及 F-117 隐形战斗轰炸机全部投入战场。特别是价值 22 亿美元的 B-2 隐形轰炸机首次投入实战,格外引人注目。据美国军方透露,这种世界上最昂贵的隐形战略轰炸机是从美国本土的怀特明空军基地起飞,经过 4 次空中加油到达作战区域的。

北约的大规模空中作战之所以能够顺利进行,正是因为它完全掌握着制天权、基本上掌握着制空权和战场制信息权,充分利用空、地、海、天四维空间优势,并且形成了信息与火力一体化的作战系统。北约多次增调 EA-6B 电子干扰收音机和装有能发射“哈姆”反辐射导弹的收音机,就是为了夺取制信息权。而精确制导武器,靠的是预侦察获取的目标信息和投射过程中以实时信息进行导航、定位和主动寻向的。

在此次对南军事打击行动中,美军高技术兵器的应用则更加广泛,作用也更加突出。南斯拉夫成了种种高技术武器装备的试验场,美军动用了其已正式列装的全部高技术兵器。迄今,精确制导武器占北约全部打击兵器的 90%以上。除卫星精确制导武器外,还使用了破坏力极强的激光制导穿地弹、集束弹，和破坏供电系统的石墨、碳纤维炸弹，以及破坏通信指挥系统的电磁脉冲弹。从所使用的高技术装备和现代武器技术发展趋向来看，未来高新技术武器装备的主要发展方向将更加精确化、远程化、智能化和系统化。未来战争将达到“发射了就不管”的高级水平，使战争成为真正意义上的“打窗户式的战争”，进攻方如神兵天降，防御方晕头转向。以现代信息技术为依托的高技术武器在对硬目标打击能力方面，已在一定程度上达到过去只有热核武器才能达到的效果。高技术武器装备的巨大作用昭示着，它将成为 21 世纪各国军队竞相争夺的制高点。

毫无疑问，科索沃战争是现代战争的最新版本。它告诉我们，现代战争不再是传统的陆、海、空三位一体的战争，而是陆、海、空、天、电一体的多元空间的战争。随着科学技术水平的迅猛发展，这种全方位、多层次、立体化的战争将成为未来战争的主导形式。

（三）2001 年阿富汗战争

1.2001 年阿富汗战争简介

2001 年阿富汗战争是以美国为首的联军在 2001 年 10 月 7 日起对基地组织和塔利班的一场战争，该战争是美国对 9・11 事件的报复，同时也标志着反恐战争的开始。联军官方指出这场战争的目的是逮捕本・拉登等基地组织成员并惩罚塔利班对恐怖分子支援。从 10 月 7 日美、英发动对塔利班的军事打击到 11 月上旬的一个多月间，美英等国向塔利班控制的重要军事目标和前沿阵地发射了数不清的导弹和成千上万吨的炸弹，但塔利班政权仍未倒塌。尽管如此，美军凭借自身的信息技术优势，大力营造信息化战场环境，对塔利班政权带来了很大冲击。2014 年 12 月 29 日，美国总统奥巴马正式宣布阿富汗战争结束。

2.战争分析

2001 年 10 月，美国进行的阿富汗战争则全面展示了信息化战争的强大威力，是一场典型的“不对称作战”。在这场战争中，美军充分发挥各种作战手段的系统效应，使信息系统与作战系统实现了高度一体化。这场战争充分展示了高技术条件下现代战争的基本特点和发展趋势。

（1）大量运用高新技术武器装备，作战方式方法上发生深刻变化

在新技术革命的推动下，发达国家军队竞相发展高新技术兵器、加快武器装备升级换代，并在局部战争这个“试验场”上不断进行实战检验，引起作战方式、方法的重大变化。其中最为明显的表现在：

一是以巡航导弹等防区外发射武器和带卫星导航系统的航空兵器为主导的精确制导武器成为高技术局部战争的基本打击手段和主攻武器，使得防区外远程精确打击成为主要作战方式。在阿富汗战争中，美军共投掷各类弹药 2.2 万余枚，其中精确制导弹药 1.3万多枚，使用比例由海湾战争的 9%、科索沃战争的 35%大幅上升到此次战争的 60%，并创造了一次打击任务在 20 分钟内投掷 100 枚联合直接攻击弹药的历史纪录。2008 年

8 月底~9 月初，英国陆军的 M27081 多管火箭炮在阿富汗赫尔曼德省一次为期 4 天的作战任务中发射了 30 多发配用双模(着发，延迟)引信的 XM31 整体战斗部式制导火箭弹，用于精确压制威胁联军车队的敌方阵地。

二是指挥手段的不断完善大大提高了作战效能。在阿富汗战争中，由于信息系统与作战系统的高度一体化，从发现一个机动目标到发动袭击仅需要 10 分钟的时间。

(2)战争要素信息化，战争形态信息化

现代高技术战争围绕信息的搜集、处理、分发、防护而展开，信息化战争成为高技术战争的基本形态，夺取和保持制信息权成为作战的中心和焦点。在阿富汗战场上，"捕食者"无人机曾多次对所发现的机动目标进行即时攻击。

(3)交战双方军事力量和装备技术水平发展不平衡，非对称作战成为高技术条件下局部战争的基本模式

随着战争技术含量特别是高技术含量日益提高，各国经济技术发展水平的不平衡使各国军事技术发展差距日益拉大，甚至出现技术上的"代差"。强的一方更加重视发展自己的技术优势，弱的一方也力争从技术外寻找出路。

因而，非对称作战日益成为作战双方的选择。美国对阿富汗实施的军事打击也是一场典型的非对称作战。美军事实力为当今世界之最，拥有人员和军事技术、武器装备的全面优势。截至 2002 年 3 月 8 日，美军共出动各型飞机 2.4 万架次，平均每天出动 200 架次，共投放炸弹 1.767 万枚，投放巡航导弹 74 枚。在阿富汗崎岖山地的作战中，第 82 空降师和第 10 山地师所属的炮兵部队共发射了 7000 多发炮弹以支援美军和联军作战。其中第 10 山地师的 2 门 155 毫米榴弹炮在 2006 年 3 月至 9 月共发射了 3000 多发炮弹，用于支援进入深山清剿隐藏的塔利班和基地武装人员的行动。在 2008 年 5~6 月，美国海军陆战队第 24 远征部队经常使用建制内的 M777A2 型 155 毫米轻型榴弹炮打击塔利班在贾墓斯尔区及其周边搭建的由泥砖混合墙体组成的作战阵地网。此外，美军还投入了包括"全球鹰"和"捕食者"无人机、联合直接攻击弹药、B L U-118 B 热压炸弹、风力修正弹药撒布器、"联合空战中心"等新式武器装备。而阿富汗塔利班和"基地"组织只是由一些伊斯兰激进分子在简单的单兵武器系统的基础上组织起来的群体，其实力根本无法与拥有绝对优势的美军对抗。

(4)战争的直接交战空间不断缩小，战争的相关空间逐步扩大

高技术条件下局部战争与以往战争相比，战争的直接交战空间不断缩小，而战争的相关空间在逐步扩大；战争的战役空间在缩小，而战略空间在扩大。在战争中，美军的打击目标都集中于特定范围的一个国家或地区。对预定目标的打击，美军也改变了以往那种"全盘覆盖""地毯式轰炸"的做法，而是精选部分要害部位实施精确打击，交战空间大大缩小，甚至在阿富汗战争中基本实现了"非接触作战"。与此同时，高技术条件下局部战争的相关空间又在不断扩大。在阿富汗战争中，B-2 隐形远程重型轰炸机从美国本土直接飞往阿富汗进行远程奔袭，空袭后再降落在距阿富汗约 4200 公里的迪戈加西亚岛，

中途不着陆飞行长达 44 个小时。此外,随着大量先进武器装备在战场上的综合运用,陆、海、空、天、电磁等各种复杂的战场空间相互联结、照应、重叠,形成了全方位、高立体、全领域、多层次的战场空间,军事行动扩展到整个地面、海洋战场乃至外层空间。

(5)现代战争是体系对体系的较量,战争胜负取决于作战系统的整体对抗能力

海湾战争、科索沃战争、阿富汗战争的经验教训证明,只有多种力量综合使用、各军兵种密切协同、各种武器系统优势互补,才能发挥整体威力、取得“1+1>2”的系统效应。美军在阿富汗战争中,由多种侦察、预警手段构成的立体感知系统和由各军兵种、各作战单位的各种作战平台组成的火力打击系统,经信息处理网络和数据链系统相连接,高度融合、相辅相成,形成了全程近实时感知与远程精确打击有机结合的战场系统,基本做到三军作战联合化、武器装备系统化、信息处理网络化、战场察打一体化。例如,由“捕食者”和“全球鹰”无人侦察机所获得的有关情报可经过联合空战中心实时地传送给在阿富汗战场上空的 A C-130 特种作战飞机的飞行员,A C-130 可立即对目标进行攻击。

阿富汗战争的启示。当今社会,各国都在进行信息化军队建设,美国在高科技武器装备方面占了绝对优势。尽管高科技武器易受地理及气候环境的影响,但信息化战场环境已经越来越显示出它的重要性。在阿富汗战争中,尽管阿富汗地理环境复杂多变,气候炎热,水源匮乏,不适合地面机械化部队作战,塔利班武装也充分利用了这方面优势,给美军带来很大反击。但美军积极备战,为战争营造各种优势,进行电子战,网络战,情报战等信息化环境下的新战法,取得了很好效果。在联合作战时,陆海空天战场环境固然重要,但信息化环境必然逐渐成为又一大不可或缺的新战场。

(四)伊拉克战争

1.伊拉克战争简介

伊拉克战争是以英美军队为主的联合部队在 2003 年 3 月 20 日对伊拉克发动的军事行动,美国以伊拉克藏有大规模杀伤性武器并暗中支持恐怖分子为由,绕开联合国安理会,单方面对伊拉克实施军事打击。实质上是借反恐时机,以伊拉克拒绝交出子虚乌有的生化武器为借口,趁机清除反美政权的一场战争。

美国在伊拉克战争中动用了多种卫星严密监视伊拉克的一些特定设施。美国目前部署的军用卫星系统覆盖了对伊作战所需要的各个信息领域,动用的卫星种类包括侦察卫星、通信卫星、导航定位卫星、资源卫星和气象卫星等多种类型。美国在其本土有 21 处、本土之外有 15 处基地上共有 33600 人在对伊拉克战争进行天基支持。美国伊拉克战争中先后动用了 50 多颗军用卫星;70 多颗商业卫星。

2.战争分析

从伊拉克战争大规模作战阶段及其后的维稳作战可以看出,信息化战争有许多显著特点,如态势感知网络化、指挥控制一体化、武器平台信息化、火力打击精确化、陆海空天作战联合化、战场保障精确化、综合防护全维化等。但这些具体特点可以高度概括为:情

报信息是主导，火力打击是关键，精确制导武器是主角。

(1)情报信息是主导

伊拉克战争是美军21世纪进行的第一场真正意义上的信息化战争，数十万美军部队陆海空立体协同作战的同时，自始至终以情报和信息为主导。美军充分发挥一体化的信息保障优势，空中、地面多种侦察手段综合运用，实现了实时、高效的战场监控。美军认为，高科技在这次战争中的优势并不主要体现在具体主战兵器的使用上，而是主要体现在整个指挥控制通信和情报信息的有效整合和发挥的最大功能上。在战争中，美军无人侦察机、间谍飞机和侦察通信卫星能够24小时不间断地向后方指挥部发送实时的战场态势图像和情报信息。美军每次轰炸，尤其是两次"斩首行动"，都进行了精心的情报准备，从而大大提高了空袭的针对性和精度。美国陆军炮兵部队还使用AN/TPQ-36、AN/TPQ-37炮位侦察雷达及AN/TPQ-48轻型反迫击炮雷达等获取目标信息。此外，美军还派出"灰狐"情报收集小组，中央情报局特工和特种部队"三角洲突击队"收集情报，定位目标、引导火力攻击，并对打击效果进行评估等。美英联军还通过一系列特殊形式的信息攻势，达到了造"势"、造"假"、造"谣"和煽"情"的目的，淡化了战争带来的负面影响，鼓舞了己方士气，以确定和不确定的"新闻"施以强烈的刺激和影响，造成敌军心理哗变的态势，将战役的主动权牢牢掌握在己方手里，给伊军造成强烈的心理震慑。

所有这些对美军提高火力打击精度和迅速取得战争胜利发挥了独特作用，充分体现了信息主导信息化战争的特点。

战后维稳作战中，无人机在情报保障方面发挥了重要作用。到2007年3月底，部署在伊拉克的美国陆军无人机已经飞行了288130个小时，约占陆军航空兵总飞行时间的18%。

"影子200"是美国陆军部署在伊拉克的主力无人机，到2007年第三季度已经飞行了20万个小时。以美国为首的多国部队目前在阿富汗和伊拉克战场共部署了大约570架无人机，用于侦察、监视和情报搜集，以及校正火炮和近距离空中支援。美军认为，当前的无人机提高了陆军指挥官实时侦察目标和关注更大范围战况的能力；为部队提供了更高的态势感知和理解能力，以及更强的对敌意图的早期预警和部队保护能力，是部队战斗力的"倍增器"。

(2)火力打击是关键

只有情报信息是不可能消灭敌人的，克敌制胜最终还得靠火力打击。在伊拉克战争中，以网络化态势感知和一体化指挥控制为基础，陆海空联合火力打击贯穿战争始终。

总体火力打击概述

2003年3月20日，伊拉克战争在"战斧"巡航导弹和F-117A隐身战斗轰炸机的空中火力打击中正式拉开序幕。在开战之日的轰炸中，为消除伊拉克防空炮火对美英作战飞机的威胁，美军使用"捕食者"无人机发射"海尔法"导弹摧毁了伊拉克在阿马拉城外的高炮阵地，确保了联军空袭飞机和巡航导弹的安全。从开战直至4月15日攻占萨达姆的家乡提克里特,空袭行动贯穿始终。联军海军参与空袭的主要是舰载“战斧”巡航导弹、F/A-18C“大黄蜂”战斗机和“鹞”式垂直起降战斗机;空军参与空袭的主要是B-52、B-1战略轰炸机,B-2隐身战略轰炸机、F-117A隐身战斗轰炸机,F-15、F-16、“旋风”战斗机、A-10攻击机;陆军参与空袭的是AH-64D“长弓·阿帕奇”和AH-1“超级眼镜蛇”武装直升机。美国陆军第3机步师3月24日在巴格达外围与伊军交战中,曾动用32架“阿帕奇”武装直升机对伊军的共和国卫队进行火力打击。

炮兵火力发挥重要作用

陆军炮兵火力在伊拉克战争中发挥了重要作用。地面战正式打响前,驻扎在伊科边境的美陆军第3机步师就使用M109A6“帕拉丁”155毫米自行榴弹炮和M270 227毫米多管火箭炮对位于巴士拉的伊军阵地进行猛烈炮击,为随后的陆军挺进伊拉克开路。在美英联军和伊军的交锋中,双方多次利用炮兵火力进行压制和反压制、阻击和反阻击。2003年3月23日,美陆军第3机步师在位于幼发拉底河下游的塞马沃同伊军展开激战,并夺取了河上的两座桥梁。但伊军用炮火阻击美军,密集的火力曾令美军一度从桥上后撤,为此,美军调集炮兵对伊军火力进行反压制,其后,美陆军才得以从桥上通过。3月24日,第3机步师在巴格达外围与伊共和国卫队交战中使用M270多管火箭炮向伊军发射了30枚陆军战术导弹。上述战例说明,炮兵仍然是地面作战不可或缺的火力和“摧城拔点”的中坚力量,是联合火力打击的重要组成部分。美陆军第3机步师在塞马沃受到伊军炮火压制后,之所以能够迅速调集炮兵火力进行反压制并取得成功,是因为美陆军炮兵武器装备信息化程度高、机动性强、火力猛,这些恰恰是目前广大发展中国家炮兵武器装备所欠缺和应该尽快加以解决的。

美国《武装部队杂志》2007年第10期一篇有关野战炮兵在伊拉克战争和阿富汗战争中发挥重大作用的文章总结道,野战炮兵几乎在伊拉克战争的所有作战阶段都得到了使用。在大规模作战阶段,野战炮兵为快速向巴格达推进的作战部队提供了最为可靠的火力支援,担负主攻任务的第3机步师炮兵的战后总结报告说,该师身管火炮摧毁了敌人526辆车辆、67处设施,并击毙2754名伊军人员,而自身士兵无一伤亡,装备无一损毁。在战争初期,身管火炮不同种类的弹药为机动部队指挥官提供了极大的灵活性,对联军向巴格达的快速挺进起了关键性作用。在通向巴格达的道路上,第3机步师综合运用烟雾弹和装有不同定时引信的榴弹“掩护渡河行动,清除楼顶和公路立交桥上的敌人”。由于使用了各种定时引信,炮弹能在目标上空20米的地方自动爆炸,使指挥官能够在不损坏道路、桥梁和其他基础设施(以便后续的己方部队快速向巴格达推进使用)的情况下消灭重要据点里的敌军,保证了进攻部队快速安全地通过敌方地域,这种能力是其他任何火力支援方式都不具备的。

在2004年11月为期10天的费卢杰战斗中,美军共发射了6000多发炮弹支援美军士兵和反美武装分子展开巷战,其中M109A6“帕拉丁”向距友军不到600米,甚至经常只有100~200米的地方发射了925发炮弹。一支参战部队的总结报告认为:“费卢杰战斗的一条重要经验就是,当需要快速火力支援时,即使是近距离空中支援也不能取代炮兵和迫击炮的作用。尽管空中支援非常有效,但是无法像炮兵和迫击炮那样反应迅速。”美军最近的很多作战总结报告都认为,身管火炮对伊拉克武装分子产生了威慑,并多次挫败他们对美军和联军在大城市附近的基地和作战哨所的袭击。例如,第 320 野战炮兵团第 1 营的反炮兵排在 2006 年摧毁了袭击马哈茂迪耶前方作战基地的半数以上的迫击炮。

防空反导系统是信息化战争火力战的重要组成部分

在伊拉克战争大规模作战阶段,伊拉克共发射导弹 28 枚,其中包括 23 枚战术弹道导弹和 5 枚 CSS-3 巡航导弹。“爱国者”制导增强型导弹和 PAC-3 导弹对它们实施了拦截,共成功地拦截了其中颇具威胁性的 9 枚(成功率约为 32%),制导增强型导弹拦截了 7 枚,PAC-3 导弹两战皆捷,拦截了 2 枚,对保护美英联军地面部队免遭伊导弹袭击发挥了重要作用。被成功拦截的都是战术弹道导弹,5 枚巡航导弹则无一被拦截。虽然还有 19 枚导弹没有被拦截,但基本没有造成伤亡。美军战后披露,这主要是因为“爱国者”防空反导部队通过对这些导弹的飞行轨道进行评估,确定它们根本不会构成任何威胁,从而主动放弃拦截。但美军承认至少有 1 枚“泡泡纱”反舰巡航导弹低空飞行逃过了“爱国者”雷达的侦测而突防成功,造成几人轻伤。这说明“爱国者”在对付巡航导弹方面尚有欠缺。

(3)精确制导武器是主角

为了提高空袭精度,并最大程度地减少伊拉克平民的伤亡以免在国际上造成被动,美英联军在空袭中大量使用了精确制导武器。伊拉克战争中使用的精确制导武器占 68%(在战争初期的“斩首行动”中使用的全部是精确制导武器),而海湾战争、科索沃战争和阿富汗战争则分别占 8%、30%、60%。在伊拉克战争中,美军所有战斗机都能够发射精确制导武器,而海湾战争中只有 20%的战斗机具有这种能力。为了加强空中打击和地面作战的高度协同一致,美军战机除对预先侦察确定的目标实施有计划的攻击外,还以约 1/3 的兵力在空中待命,随时听从地面部队的召唤进行实时精确打击,美军理论界把这种战法称为“精确闪击战”。精确制导武器的大量使用迅速而准确地摧毁了伊拉克的指挥控制系统、防空设施和精锐的共和国卫队,为地面部队迅速攻占巴格达奠定了良好基础。

在战后和伊拉克武装分子的作战中,美国陆军野战炮兵刚刚列装的“神剑”精确制导炮弹和制导火箭弹更是发挥了不可替代的作用。2007 年 5 月 5 日,驻伊美军第 82 野战炮兵团第 1 营使用 M109A6 首次发射了 2 枚精度在 10 米以内的“神剑”精确制导炮弹,这两发炮弹相继直接命中并击穿位于巴格达北部地区被怀疑隐藏有伊拉克武装分子的一个单个房间的房顶。

精度在 10 米以内的 XM31 整体战斗部式制导火箭弹曾于 2005 年 8 月成功摧毁了 50 千米外的伊拉克反美武装分子的目标。其精度完全可以胜任危险距离(600 米)内的火力支援任务，甚至能够在距友军部队 200 米内的地方安全爆炸，因而非常适合城区作战和复杂地形作战。从 2005 年 7 月装备驻伊美军到 2007 年 7 月，美国陆军已在作战中使用了 180 发整体战斗部式制导火箭弹，其中 98%的制导火箭弹都精确地命中并摧毁了目标，只有 3 发火箭弹虽然精确命中了预定目标，但却发生了明显的战斗部故障。

美国陆军公布的数字表明，截至 2008 年 9 月 30 日，共有 942 发各种类型的制导火箭弹用于作战和试验，美国陆军用了 637 发(其他为英国陆军和美国海军陆战队使用)。其中，454 发用于对付预先计划目标，183 发用于根据火力呼唤随时支援前线接敌作战部队，多数(608 发)是在城区作战和平叛行动中使用。

在以伊拉克战争为典型的信息化战争中，信息和火力相辅相成，建立在情报信息基础上的网络化态势感知，一体化指挥控制和精确化目标定位使火力打击精确高效，而自身就大量采用信息技术的炮兵信息化作战平台和精确制导弹药对目标精确高效的毁伤则使网络化态势感知，一体化指挥控制和精确化目标定位具有了实质性意义。广大发展中国家在进行陆军信息化建设的进程中，应多借鉴美军的实战经验，在重视一体化 C4ISR 系统建设的同时，还应进一步加大火力打击手段，尤其是炮兵信息化作战平台和精确化弹药的发展力度。

思考题：

1.战争形态是如何划分的？

2.简述西方近代军事思想？

3.新军事革命的发展趋势是什么？

4.机械化战争的特点是什么？

5.什么是信息化战争

6.信息化战争有哪些基本特征？

7.信息化战争的发展趋势是什么？

第五章　信息化装备

第一节　信息化装备概述

信息化装备，是指利用信息技术和计算机技术，使武器装备在预警探测、情报侦察、精确制导、火力打击、指挥控制、通信联络、战场管理等方面实现信息采集、融合、处理、传输、显示的网络化、自动化和实时化。主要包括军队的 C4ISR 系统、信息化作战平台、智能化弹药、智能机器人、数字化单兵系统等。

一、C4ISR 系统

（一）系统简介

C4ISR 系统，C 代表指挥，控制，通信，计算机，四个字的英文开头字母均为“C”，所以称“C4”。“I”代表情报；“S”代表电子监视；“R”代表侦察。C4ISR 是军事术语，意为自动化指挥系统。它是现代军事指挥系统中，7 个子系统的英语单词的第一个字母的缩写，即指挥 Command、控制 Control、通信 Communication、计算机 computer、情报 Intelligence、监视 Surveillance、侦察 Reconnaissance。C4ISR，就是美国人开发的一个通信联络系统。

（二）系统组成

一个完整的指挥自动化系统应包括以下几个分系统：

“神经中枢”——指挥系统。指挥系统综合运用现代科学和军事理论，实现作战信息收集、传递、处理的自动化和决策方法的科学化，以保障对部队的高效指挥，其技术设备主要有处理平台、通信设备、应用软件和数据库等。

“手脚”——控制系统。控制系统是用来搜集与显示情报、资料，发出命令、指示的工具，主要有提供作战指挥用的直观图形、图像的显示设备、控制键钮、通信器材及其他附属设备等。

“神经脉络”——通信系统。通信系统通常包括由专用电子计算机控制的若干自动化交换中心以及若干固定或机动的野战通信枢纽。手段包括有线载波、海底电缆、光纤以及长波、短波、微波、散射和卫星通信等。

“大脑”——电子计算机系统。电子计算机是构成指挥自动化系统的技术基础，是指挥系统中各种设备的核心。指挥自动化系统的计算机要求容量大、功能多、速度快，特别要有好的软件,并形成计算机网络。

“耳目”——情报、监视、侦察系统。情报系统包括情报搜集、处理、传递和显示。主要设备有光学、电子、红外侦察器材、侦察飞机、侦察卫星以及雷达等。监视与侦察系统的作用是全面了解战区的地理环境、地形特点、气象情况,实时掌握敌友兵力部署及武器装备配置及其动向。

军队指挥自动化系统以其突出的情报获取能力、信息传输能力、分析判断能力、决策处置能力和组织协调能力,在军队现代化建设和高技术战争中的地位和作用日益突出。可以预见,随着科学技术的发展,军队指挥自动化系统将越来越完善。

(三)系统作用

战争离不开指挥。一部战争史从某种意义上来说就是一部指挥手段不断改进的历史。农业时代,军队作战指挥靠的是令旗、号角、锣鼓、烟火等。工业时代的战争,特别是两次世界大战广泛使用了无线、有线电报、电话等工具以及侦察机、雷达、无线电侦听器、光学观测器等设备。随着科学技术的飞速发展,人类开始跨入信息社会,军队由机械化迈向智能化、信息化,指挥自动化系统便应运而生,也就是通常所说的 C4ISR 系统,即指挥、控制、通信、计算机与情报、监视、侦察等英语单词首个字母的组合。

指挥自动化系统是指在军事指挥体系中采用以电子计算机为核心的技术与指挥人员相结合、对部队和武器实施指挥与控制的人机系统。20 世纪 50 年代指挥自动化被称为 C2(指挥与控制)系统。20 世纪 60 年代,随着通信技术的发展,在系统中加上通信,形成 C3(指挥、控制与通信)系统。1977 年,美国首次把“情报”作为指挥自动化不可缺少的因素,并与 C3 系统相结合,形成 C3I(指挥、控制、通信与情报)系统。后来,由于计算机在系统中的地位和作用日益增强,指挥自动化又加上“计算机”,变成 C4I(指挥、控制、通信、计算机和情报)系统。近年来不断发生的局部战争使人们进一步认识到掌握战场态势的重要性,提出“战场感知”的概念,因此 C4I 系统又进一步演变为包括监视与侦察的 C4ISR(指挥、控制、通信、计算机与情报、监视、侦察)系统。

以美国为例:指挥中心是战略 C4ISR 系统的大脑。在指挥中心,美国总统兼武装部队总司令利用指挥链逐级向第一线作战部队下达命令,最快只需 3~6 分钟;若越级向核部队下达命令,最快只需要 1~3 分钟;只需 40 秒钟便可实现与主要司令部的电话会议。

二、智能化弹药

智能化弹药的技术基础是精确制导技术。精确制导技术是指按照一定规律控制武器的飞行方向、姿态、高度和速度,引导武器的战斗部准确攻击目标的技术。它以微电子技术、计算机技术和光电转换技术为核心,以自动控制技术为基础而发展起来的高新技术。根据控制导引的方式精确制导可分为自主式制导、寻的式制导、波束式制导、指令式制导、图像匹配式制导和复合式制导等。与普通弹药相比,信息化弹药的最大的优点就是飞行距离远、命中精度高、作战效费比高。

（一）智能化弹药的发展现状

1.末敏弹发展现状

末敏弹，全称末端敏感弹药，又称“敏感器引爆弹药”或“现代末敏弹”，是一种能够在弹道末段探测出目标的存在，并使战斗部朝着目标方向爆炸的现代弹药，主要用于自主攻击装甲车辆的顶装甲。在21世纪信息化战场上具有作战距离远、命中概率高、毁伤效果好、效费比高和发射后不管等优点。

末敏弹最大的特点，是把先进的敏感器技术和爆炸成形战斗部技术应用到子母弹领域内，它将子母弹的面杀伤特点扩展到攻击点目标，它利用常规火炮射击精度高的优点把装有敏感器引爆子弹的母弹发射到目标区上空，然后靠弹上装定的时间引信点燃抛射药，利用抛射装置从母弹后端抛出敏感引爆子弹。子弹被抛出后，靠弹上的减速旋转装置稳定其下降速度，并终止其由母弹稳定旋转而引起的自转。在子弹稳定下降过程中，子弹轴线与下降垂线成一夹角并绕其下降垂线旋转。这样，子弹边下降边旋转，从而使装在子弹药上的敏感器在地面形成一个螺旋形扫描线搜索目标，当敏感器探测到目标时，信号处理器就会发出一个起爆信号使战斗部爆炸形成一个高速飞行的弹丸去攻击装甲目标的顶部。另外，作为末敏弹的载体除炮弹外，还常用于布散器和导弹，以打击远距离的目标。比较知名的末敏弹有美国“SADARM”末敏弹、德国“SMART”155mm末敏弹、瑞典和法国合研的“BONUS”末敏弹。

2.智能雷发展现状

长久以来在几乎所有大规模地面作战对抗中，小小地雷均凸显出灵活作战的独特优势，造成敌方大量人员伤亡和装备毁坏。据统计，第二次世界大战中，盟军在各个战场被地雷毁坏的坦克占损失坦克总数的20.7%，德军仅被地雷炸毁的坦克就近万辆。朝鲜战争和越南战争中，美军被地雷毁伤的坦克和战斗车辆达到损失总数的70%

近些年来，世界各军事强国均把地雷战装备作为工程兵主战装备重点加以发展，尤其强调在技术上与主战装备体系发展相协调，着力提高其智能化和信息化作战水平。智能雷装备广泛应用计算机、人工智能和自动化、激光、红外、微波等高新技术，注重综合效能的运用，其整体水平可谓今非昔比。地雷已经从传统被动攻击目标的武器，发展成为能够自主探测识别、定位和主动攻击敌坦克、装甲车辆目标，甚至是起降中的飞机目标及低空飞行的武装直升机等多种目标的智能化武器系统和作战平台。

随着新型扫雷技术的发展，传统的雷场很容易被扫雷车清扫出5~12m的安全宽度，而智能地雷场则需要被清扫出200m左右的安全宽度。清扫智能雷场的扫雷车很容易受到智能雷场的威胁，这就大大增加了扫雷作业的难度，扩大了雷场的障碍范围，提高了雷场的战场生存能力。常见的智能地雷主要包括反坦克智能地雷和反直升机智能地雷等。比较知名的反坦克智能地雷有美国的M93式广域地雷，法国的“玛扎克（MAZAC）”声控反装甲地雷，德国ADW智能地雷；比较知名的反直升机智能雷有俄罗斯的TEMP20型等。

3.智能子弹药发展现状

智能子弹药是具有一定自主功能的弹药。它将信息融入到弹药的整个作战过程中，可提高弹药的作战灵活性、适应性、命中精度和作战效能。其中具有代表性的有两种，分别是美国的机载子弹药“毒蛇”和火箭炮子弹药“蝙蝠”。

(二)智能化弹药的发展趋势

多模复合探测是末敏弹的发展趋势之一。法国研制的 SMART155 加榴炮末敏弹采用多模复合探测敏感器、目标及背景特效性数据库、信息融合及较完善的识别算法等，敏感器设计引入了温度补偿技术，工作可靠性达到 0.97 以上。除此之外，末敏弹还将向着为小型灵巧与智能弹药技术，以及产品模块化技术等方向发展。目前智能地雷正在发展成为一种无人值守的、具有网络化控制功能的智能区域障碍武器。它可以多种方式布设，能够自行组网、自动报告位置和接受作战指控系统的控制。自主式智能化是智能弹药发展的最终形式。为更有效地利用战场信息，智能弹药将具有自主探测、跟踪、识别确认目标的能力，实时信息传输的能力以及协同作战的能力，以及有选择地精确攻击高机动目标的能力，所有这些功能赋予了智能弹药在未来信息化战场中不可替代的作用和地位。

三、智能机器人

军用机器人(military robot)是一种用于军事领域的具有某种仿人功能的自动机。从物资运输到搜寻勘探以及实战进攻，军用机器人的使用范围广泛。现代实用机器人，自 50 年代诞生以来，已风靡全球。2014 年，全球工业机器人销量为 22.5 万台，比 2013 年增长 27%，其中亚洲销量约占 2/3，中国、韩国、日本、美国和德国五大市场的销量占全球工业机器人总销量的 75%左右。机器人从事的行业，也由原来单一的工业，迅速扩展到农业、交通运输业、商业、科研等各行各业。机器人从军虽晚于其他行业，但自 60 年代在印支战场崭露头角以来，日益受到各国军界的重视。作为一支新军，眼下虽然还难有作为，但其巨大的军事潜力，超人的作战效能，预示着机器人在未来的战争舞台上是一支不可忽视的军事力量。

(一)发展历程

机器人投入工业实用性研究始于 20 世纪 40 年代，是从研究假肢起步的，至今已发展到第三代。

1958 年，美国阿拉贡试验室李先推出世界第一个现代实用机器人——仆从机器人。这是一个装在四轮小车上的遥控机器人，其精彩的操作表演，曾在第二届和平利用原子能大会上引起与会科学家的极大兴趣。此后，英、法、意大利等国也相继开展实用机器人的研究，并先后推出了各自研制的机器人。美国的科学家们日前表示，他们已经成功地研制出可以利用脑电波进行控制的机器人。

机器人真正进入人类生活,是20世纪60年代,美国在市场上推出了首批用于工业生产中的机器人后,机器人技术流入日本、西欧等国。从此,机器人在全世界蓬勃发展起来。

1.早期的实用机器人(第一代),是一种固定程序、靠存贮器控制,并仅有几个自由度的机器人。由于这代机器人大脑先天不足,四肢不全,又无“感官”。只能进行简单的“取—放”劳动,缺少起码的军事实用性。除有选择地用于国防工业生产流水线上外,应征入伍者寥寥无几。

2.到了60年代中期,电子技术有了重大突破,一种以小型电子计算机代替存贮器控制的机器人出现了。机器人开始有了“某种感觉”和协调能力,能自主地或在人的控制下从事稍微复杂一些的工作,这就为军事应用创造了条件。1966年,美国海军使用机器人“科沃”,潜至750米深的海底,成功地打捞起一枚失落的氢弹。这轰动一时的事件,使人们第一次看到了机器人潜在的军事使用价值。之后,美、苏等国又先后研制出军用航天机器人、危险环境工作机器人、无人驾驶侦察机等。机器人的战场应用也取得突破性进展。1969年,美国在越南战争中,首次使用机器人驾驶的列车,为运输纵队排险除障,获得巨大成功。在英国陆军服役的机器人——“轮桶”,在反恐怖斗争中,更是身手不凡,屡建奇功,多次排除恐怖分子设置的汽车炸弹。这个时期,机器人虽然以新的姿态走上军事舞台,但由于这代机器人在智能上还比较低下,动作也很迟钝。加之身价太高,“感官”又不敏锐,除用于军事领域某些高体能消耗和危险环境工作外,真正用于战场的还极少。

3.进入70年代,特别是到了80年代,人工智能技术的发展,各种传感器的开发使用,一种以微电脑为基础,以各种传感器为神经网络的智能机器人出现了。这代机器人,四肢俱全,耳聪目明,智力也有了较大的提高。不仅能从事繁重的体力劳动,而且有了一定的思维、分析和判断能力,能更多地模仿人的功能,从事较复杂的脑力劳动。再加上机器人先天具备的刀抢不入、毒邪无伤、不生病、不疲倦、不食人间烟火、能日以继夜高效率工作等。这些常人所不具备的优良品风激起了人们开发军用机器人的热情。据外刊透露,苏、美、日、英等国,都制订了发展军用机器人的宏伟计划,仅美国列入研制计划的各类军用机器人就达100多种,苏联也有30多种,有的已获得可喜成果。如美国装备陆军的一种名叫“曼尼”的机器人,就是专门用于防化侦察和训练的智能机器人。该机器人身高1.8米,会行走、蹲伏、呼吸和排汗,其内部安装的传感器,能感测到万分之一盎司的化学毒剂,并能自动分析、探测毒剂的性质,向军队提供防护建议和洗消的措施等。而外刊报道的“决策机器人”就更厉害了,它们凭借“发达的大脑”,能根据输入或反馈的信息,向人们提供多种可供选择的军事行动方案。总之,随着智能机器人相继问世和科学技术的不断发展,军用机器人异军突起的时代已为期不远了。

（二）军用机器人分类

1.地面机器人

地面机器人主要是指智能或遥控的轮式和履带式车辆。地面军用机器人又可分为自主车辆和半自主车辆。自主车辆依靠自身的智能自主导航，躲避障碍物，独立完成各种战斗任务；半自主车辆可在人的监视下自主行驶，在遇到困难时操作人员可以进行遥控干预。

2.无人机

被称为空中机器人的无人机是军用机器人中发展最快的家族，从1913年第一台自动驾驶仪问世以来，无人机的基本类型已达到300多种，在世界市场上销售的无人机有40多种。美国几乎参加了世界上所有重要的战争。由于它的科学技术先进，国力较强，因而80多年来，世界无人机的发展基本上是以美国为主线向前推进的。美国是研究无人机最早的国家之一，今天无论从技术水平还是无人机的种类和数量来看，美国均居世界首位。

纵观无人机发展的历史，可以说现代战争是无人机发展的动力，高新技术的发展是它不断进步的基础。

3.水下机器人

水下机器人分为有人机器人和无人机器人两大类：其中有人潜水器机动灵活，便于处理复杂的问题，但人的生命可能会有危险，而且价格昂贵。

无人潜水器就是人们所说的水下机器人，“科夫”就是其中的一种。它适于长时间、大范围的考察任务，近20年来，水下机器人有了很大的发展，它们既可军用又可民用。随着人们对海洋进一步的开发，21世纪它们必将会有更广泛的应用。按照无人潜水器与水面支持设备（母船或平台）间联系方式的不同，水下机器人可以分为两大类：一种是有缆水下机器人，习惯上把它称作遥控潜水器，简称ROV；另一种是无缆水下机器人潜水器，习惯上把它称作自治潜水器，简称AUV。有缆机器人都是遥控式的，按其运动方式分为拖曳式、（海底）移动式和浮游（自航）式三种。无缆水下机器人只能是自治式的，还只有观测型浮游式一种运动方式，但它的前景是光明的。

4.空间机器人

空间机器人是一种低价位的轻型遥控机器人，可在行星的大气环境中导航及飞行。为此，它必须克服许多困难，例如它要能在一个不断变化的三维环境中运动并自主导航；几乎不能够停留；必须能实时确定它在空间的位置及状态；要能对它的垂直运动进行控制；要为它的星际飞行预测及规划路径。

（三）军用机器人的应用

用机器人代替一线作战的士兵，以降低人员伤亡和流血是目前俄、美等国研制机器人时最受重视的课题。正在研制的这类机器人有：

1.固定防御机器人。它是一种外形像“铆钉”的战斗机器人，身上装有目标探测系统、各种武器和武器控制系统，固定配置于防御阵地前沿，主要遂行防御战斗任务。当无敌情时，机器人隐蔽成半地下状态；当目标探测系统发现敌人冲击时，即靠升降装置迅速钻出地面抗击进攻之敌。

2.奥戴提克斯Ⅰ型步行机器人。这种机器人由美国奥戴提克斯公司研制，主要用于机动作战。它外形酷似章鱼，圆形“脑袋”里装有微电脑和各种传感器和探测器，由电池提供动力，能自行辨认地形，识别目标，指挥行动。安装有6条腿，行走时3条腿抬起。另3条腿着地。相互交替运动使身体前进。腿是节肢结构，能像普通士兵那样登高、下坡、攀越障碍，通过沼泽；可立姿行走，也可像螃蟹一样横行，还能蹲姿运动。脑袋虽不能上下俯仰，但能前后左右旋转，观察十分方便。该机器人负重也是人所不及，停止间可提重953公斤，行进时能搬运408公斤。它是美国设计的士兵型基础机器人，只要给其加装任务所需要的武器装备，就立即能成为某一部门的“战士”。为适应不同作战环境遂行战斗任务的需要，美国还打算在此机器人基础上，进一步研制高、矮、胖、瘦等不同型号的奥戴提克斯机器人。

3.阿尔威反坦克机器人。它是一种外形类似小型面包车的遥控机器人，车上装有反坦克导弹、电视摄相机和激光测距机，由微电脑和人两种控制系统控制。当发现目标时，机器人能自行机动或由远处遥控人员指挥其机动，占领有利射击位置，通过激光测距确定射击诸元，瞄准目标发射导弹。它是配属陆军遂行反坦克任务的机器人。

4.榴炮机器人。它是一种外形像自行火炮的遥控机器人。车上火炮由机械手操作。作战时，先由机器人观察捕捉目标，报告目标性质和位置，再由机器人控制指挥中心定下决心，确定射击诸元，下达射击指令，然后机械手根据指令操作火炮射击。它是装备炮兵的机器人。

5.飞行助手机器人。它是一种装有微电脑和各种灵敏传感器的智能机器人。该机器人安装在军用战斗机上，能听懂驾驶员简短的命令，主要通过对飞行过程中或飞机周围环境的探测、分析，辅助驾驶员遂行空中格斗任务。它能准确及时报告飞机面临导弹袭击的危险和指挥飞机采取最有利的规避措施。更奇特的是，它通过监视飞行员的脑电波和脉搏等，能确定飞行员的警觉程度，并据此向飞行员提供各种飞行和战斗方案，供飞行员选择。

6.海军战略家机器人。它是美国海军正在研制的高级智能机器人，主要装备小型水面舰艇，用于舰艇操纵、为舰艇指挥员提供航行和进行海战的有关参数及参谋意见。其工作原理是，通过舰艇上的计算机系统，不断搜集与分析舰上雷达、空中卫星和其他探测手段获得的各种情报资料，从中确定舰艇行动应采取的最佳措施，供指挥员决策参考。类似的作战机器人还有“徘徊者机器人”“步兵先锋机器人”“重装哨兵机器人”“电子对抗机器人”“机器人式步兵榴弹”等。

第二节　信息化作战平台

信息化作战平台是指采用信息技术研制或改造的、装配有大量 C4I 设备并联网的各类武器系统，主要由“软”“硬”两个部分组成。“软”组成部分是信息化武器装备的主要标志，即具有感知、获取并传递各种目标信息的器材和装置，如指挥、控制、通信和情报系统等。“硬”组成部分则是指传统意义上的机械化武器装备，即具有运载功能并能作为火器依托的载体部分，如坦克、步战车、舰艇、飞行器等。

信息化作战平台，集成了光电技术、新材料技术、新能源技术等众多高新技术，具有很高智能化水平和综合作战能力。20 世纪 70 年代以来，美国等西方军事大国就开始将信息技术广泛应用于新型高性能武器装备的研制中，因而出现了种类繁多的信息化作战平台，如美军的 M1 系列主战坦克、M2 系列步战车、宙斯盾驱逐舰、F-22“猛禽”战斗机，俄罗斯的 T-90 主战坦克、“现代”级导弹巡洋舰、“金雕”战斗机等。这些作战平台安装有多种信息传感设备和通信器材，可与 C4ISR 系统联网，具有较强的探测、识别、打击、机动、定位和突防等综合能力，并在创新中不断发展。

一、信息化陆上作战平台

（一）信息化陆上作战平台的发展现状

1.立体化侦察探测装备使陆军具备了全维态势感知能力

在陆军装备体系中，侦察探测装备具有实时、精确的目标预警探测能力，并能持续监视跟踪重要目标，是陆军装备实现信息化的重要基础之一。因此，各主要国家陆军非常重视构建空地结合、远近互补的立体化侦察体系。在这一立体化侦察体系中：地面侦察装备的前沿观测器材作用距离一般为 5～10 千米，侦察车 10～20 千米，雷达 20～100 千米；空中侦察主要用于 50 千米以上的中远程侦察。

2.网络化指挥控制系统使陆军各作战要素实现了无缝链接

网络化指挥控制系统是陆军装备体系实现从传感器到射手无缝链接的关键，美国陆军已装备网络化的陆军作战指挥系统（ABCS）。

ABCS 由三个层次、11 个子系统组成：第一层次是取代陆军全球军事指挥控制系统的陆军全球指挥控制系统，作为美陆军的战略与战役指挥控制系统，主要编配军及军以上指挥机构，实现陆军与全球指挥控制系统直到国家指挥总部的互联互通。第二层次是升级后的第二代陆军战术指挥控制系统，提供从军到营的指挥控制能力，主要包括机动控制系统、防空反导计划控制系统、全源分析系统、战场指挥与勤务支援系统（BCS3，由战斗勤务支援控制系统改进而来）、先进的野战炮兵战术数据系统，5 个核心指挥控制系统和数字地形支援系统、综合气象系统、一体化战术空域系统、综合控制系统 4 个为上述核心指挥控制系统提供相关数据支撑的通用作战支援系统；第三层次是新研制的“21 世纪部队旅及旅以下作战指挥系统”（FBCB2），它也属于核心指挥控制系统，为旅和旅以下部队直至单平台和单兵提供运动中实时、近实时态势感知与指挥控制信息。该系统首次使营、连指挥官能够在地面机动车辆上制订作战计划、确定补给路线、下达作战任务、跟踪友军及敌军行动。11 个子系统通过战术互联网融合成由各功能指挥控制系统合成的陆军 C4I 系统。战术互联网用于为 ABCS 提供通信保障，也是生成和使用提升战斗力的清晰准确“通用作战态势图”的重要技术支撑。

3.经过信息化改造的现役作战平台已成为陆军信息化装备体系的重要基础

美国陆军在作战平台信息化改造方面取得了很大成功，对其他国家陆军装备信息化改造起到明显的引领作用。为现役装备“插入”先进的火控系统、通信系统和定位导航系统等各种信息化装备，能够使传统作战平台更好地融入到信息化战场，实现与战场上的侦察、指挥、保障系统及其他作战平台互联互通，更好地适应信息化战争的作战需求。

4.数字化部队建设已成为主要国家陆军信息化的主要内容

20 世纪 90 年代初，在总结海湾战争经验教训基础上，美国陆军率先提出建设数字化部队，目的是重新设计陆军，“用信息时代的方法创建信息时代的部队”，并于 2000 年底将第 4 机步师建成了世界上第一个数字化师。1999 年 10 月，美国陆军开始实施转型计划，更加强调全方位的能力建设，即人员、领导艺术及领导者的培训、训练、编制、条令、装备及设施等方面的同步建设，标志着美国陆军以数字化建设为基础的信息化建设全面展开。随着现役师部和旅战斗队到 2009 年底都已装备了 ABCS6.4 系统和现役部队于 2011 年底完成模块化编制体制改革，美国陆军现役部队已基本全部实现了数字化。通过 20 年的信息化建设，美国陆军的武器装备无论是平台本身的信息化水平还是平台之间的信息共享水平，都属世界最先进水平，大大提高了信息化作战能力，并在伊拉克战争中得到应用和证明。

（二）信息化陆上作战平台的发展趋势

1.大力推进陆军装备网络化发展，进一步提高一体化作战能力

尽管由于种种原因 FCS 于 2009 年 6 月下马，但这并不否定它所体现出来的网络化“系统之系统”陆军装备发展思路的正确性和创新性。美国陆军副参谋长奇亚瑞礼曾于 2011 年 5 月 23 日说：“建立能在旅到班各级稳定运行的网络是陆军的头等优先采办项目。”美国陆军协会于 2012 年 6 月颁布的《新装备战略：2020 年美国陆军现代化》明确指出，2020 年前陆军现代化的 10 种装备优先采办项目是战术级作战人员信息网、地面战斗车辆、联合轻型战术车辆、多用途装甲车、“帕拉丁”综合管理（PIM）155 毫米自行榴弹炮、“基奥瓦勇士”武装侦察直升机、联合战术无线电系统、“奈特勇士”单兵穿戴式态势感知系统、陆军分布式通用地面站以及联合作战指挥平台，其中 50%为信息网络装备。

2.精确化火力打击能力正在向精确打击机动目标发展

美国陆军现役精确制导弹药只能精确打击固定目标，还不具备精确打击机动目标的能力。美国陆军正在研制的“制导火箭弹Ⅱ”和数字式半主动激光制导(dSAL)“神剑”炮弹(“神剑-S”)则具备对机动目标遂行精确打击的能力。半主动激光制导技术的优点是抗干扰能力强,命中精度高(可控制在1米之内)。

3.大力发展无人机系统,并重视发展有人—无人协同作战能力

美国的“猎人”“影子200”“大鸦”和俄罗斯的“蜜蜂-1T”等都参与了实战。截至2012年底,美国陆军装备了50架MQ-1C“灰鹰”无人机(具备对地面目标的精确攻击能力)、102套RQ-7B“影子200”无人机系统、约300架“美洲狮”无人机和1724套RQ-11B“大鸦”无人机系统。1套RQ-7B“影子200”无人机排包括2个地面控制站、4架无人机、4部遥控视频终端和天线、1辆无人机运输发射拖车、2辆人员/设备运输拖车。人员包括1名排长、1名准尉、1名中士、12名无人机操作手。维修分队包括1个多功能维修小队、1个人员/设备运输小队和7名维修人员。

另外,随着美军实施“再平衡”战略而移师亚太,美国陆军计划为“影子200”和“灰鹰”无人机研制“远征部队组件”,使它们能够编组飞行,提供72小时的预警覆盖,以满足浩瀚太平洋对无人机的长航时需求。

钢铁士兵、智能坦克、“机器骡”等地面无人平台发展迅猛。它们能够在恶劣地形和气象条件下机动及排除障碍,它们还可以作为陆上武器平台使用,代替士兵出生入死、浴血奋战。如美军著名的“机器骡”无人补给系统,能装载作战物资在各种复杂地形上伴随士兵前进,穿越枪林弹雨把急需的战斗器材准确无误地送到前线。另据报道,美军列入研制计划的军用机器人已超过100种;计划到2015年前后,参战的地面作战平台中将有1/3是无人平台。

4.对现役平台继续进行信息化改造仍是主战平台的主要发展方向

目前,美国陆军正在继续对现役主战平台进行深度信息化改造,有些还正在进行,如以M109A6“帕拉丁”155毫米自行榴弹炮为基础改进而来的M109A6“帕拉丁”综合管理(PIM)155毫米自行榴弹炮(计划于2013年第三季度完成72门PIM自行榴弹炮的低速初始生产)、以“爱国者”PAC-3防空反导系统为基础改进而来的“爱国者”PAC-3 MSE防空反导系统(计划于2013年底实现低速初始生产)、以M1A2“艾布拉姆斯”主战坦克为基础改进而来的M1A3“艾布拉姆斯”主战坦克(原计划2017年前开始列装,但军费缩减迫使陆军很可能将M1A3只作为技术储备而非正式型号进行研发);有些已研制成功并正在进行全速生产和列装,如以AH-64D“长弓·阿帕奇”武装直升机为基础改进而来的AH-64E“长弓·阿帕奇”武装直升机已于2012年8月被批准进入全速生产,目前已装备51架,未来共计划装备690架。这些最新改进型主战平台都将继续服役至2040—2050年。

(三)信息化陆上作战平台对作战的影响

1.军队机动作战能力增强

2.陆军纵深攻击能力增大

3.战斗指挥和协同复杂

4.战斗非线性特征明显

二、信息化海上作战平台

(一)信息化海上作战平台的发展现状

从信息化海上作战平台的历史上来看,随着信息技术和高技术武器装备在海战上的运用,特别是新军事革命的兴起,信息化海上作战平台出现了新的特点,直接和间接投入海战的武器装备的种类和型号越来越多,数量越来越大,技术越来越复杂。

当前,信息化海上作战平台技术密集、装备复杂,并且已经呈现出信息化、智能化、一体化的发展趋势。特别是微电子计算机技术的高速发展和应用,使海上战争形态发生了新的变化。与过去的武器装备相比,海军高技术式器装备的打击威力力有了显著的提高,同时它们也变得非常复杂和脆弱。从某种意义上讲,现代海战不仅是双方兵力规模和武器性能的较量,也是双方技术保障力量的较量。各国海军均对信息化海上作战平台的建设十分重视,尤其随着近期海军建设的飞速发展和海军编制体制的调整,信息化海上作战技术保障实体的设置和保障力量建设都取得了重大进展。在海军进行现代化、信息化建设的今天,信息化海上作战平台建设也面临着重要的机遇和挑战,各国海军正建立集中统一的装备技术管理体制,装备技术保障的组织结构也逐步向小型化、一体化、多样化的方向发展。

(二)信息化海上作战平台的发展趋势

航空母舰机动性强,攻击威力大,凭借舰载机能够有效遂行多种作战任务,在21世纪仍将是海上作战的主要力量。无论是意在全球称霸的超级大国,还是谋求区域控制权的地区性强国,或是志在保护本国海洋权益的沿海国家,都将继续保有航空母舰。而大型驱逐舰,则是当今世界各主要军事大国竞相发展和追求的另一主要海上作战平台。大型驱逐舰由于其具备特有的制海、制空、反潜、对陆攻击的综合作战能力,受到海军强国的推崇,另外,美国、英国、日本等国家已经多年没有护卫舰的发展计划,只有俄罗斯、印度、法国等国以及中小国家在不同程度地建造护卫舰。而有着隐身性能好、濒海战斗能力强、技术先进的近海战斗舰近些年来成为世界各个国家竞相发展的新宠,美国的濒海战斗舰则是其中的典型代表。它追求的模块化建造、多用途化、优越的隐身性能、自动化、智能化和成为信息化战争中的信息和指挥控制节点,则是未来海上作战平台的普遍技术追求,代表着未来的技术发展方向。

(三)信息化海上作战平台对作战的影响

1.海上作战方式发生改变

2.作战进程和节奏加快

3.战场空间和范围扩大

4.战争发起的突然性增大

三、信息化空中作战平台

(一)信息化空中作战平台的发展历程

信息化、网络化作战形态即目前被称之为网络中心战的作战形态,是一种新的战争形态,也是新时代信息化战争发展的主流方向。在网络中心战中,态势感知、指挥控制和软硬件打击等能力通过网络可靠地连接起来,使分散配置的部队共同感知战场态势,获取信息优势进而形成指挥决策优势、军事行动优势和火力操作成为可能。高效率地实信息战和精确战,发挥武器装备系统整体的最大作战效能。

信息化条件下的空战是敌对双方的战斗机在各自的地面指挥所、空中预指挥机、电子干扰机等信息和火力支援下在空中进行的多机种、多机群的协同战斗行动。网络化的作战结构可提高信息共享水平,增强态势感知能力,加快指挥决策速度,实现作战协同,增强杀伤能力、生存能力和和响应能力,从而极大提高作战效能,缩短战争进程。

在以信息化空中作战平台为中心的作战条件下,由于各平台通过信息网络连成了一个整体,实现了态势信息共享和各作战平台武器高效协同及跨平台控制,武器的互操作成为可能。在对目标的打击上,将完全突破空中平台中心战中各作战平台仅能在自己的探测范围内和打击能力内各自作战的单一形式,而是以连成一体作战平台网络为基础,以最佳的打击效果为目的,形成灵活多样的空中多机种多平台联合攻击作战模式。

(二)信息化空中作战平台的发展趋势

1.隐形技术使航空兵器成为“隐形杀手”

航空隐形技术是空中电子对抗技术的重要内容,它可有效地降低飞机的雷达、红外、激光、电视、目视及声学特征,使敌方各种探测设备难以发现或在短时间内难以发现,从而大大提高攻击力和防护力。目前,美军除有 F-117A 隐形战斗轰炸机外,还有 B-2 隐形战略轰炸机、B-1B 隐形战略轰炸机,此外,美军的 F-22、JSF(联合攻击战斗机)等新一代隐形战机也即将服役。从隐形战斗机到隐形战斗轰炸机,再到隐形战略轰炸机,美军的隐形战机已基本形成系列,可覆盖整个空战场。国外有专家评论认为,隐形技术不仅将使未来空中作战呈现隐形化,而且将可能推动整个 21 世纪的战争呈现隐形化。

2.远程精确制导技术使“超视距空战”成为现实

精确制导技术被誉为现代 10 大航空高技术之一。它是以微电子技术、电子计算机技术和光电转换技术为核心,以自动控制技术为基础发展起来的综合性高新技术。以精确制导技术为主体构成的航空武器系统主要是信息化弹药,即精确制导武器,它主要包括空射型制导导弹、制导子母弹、反辐射导弹、巡航导弹等。随着无线电、电视、红外、激光、微波、惯性制导、地形匹配制导、GPS 制导等制导技术的发展,以及光电、声电、传感器、精密测量、自动控制技术的飞速发展,精确制导武器的命中精度越来越高。有关评论认为,英阿马岛战争中,当英国的“飞鱼”导弹从42公里外发射,准确地击中了阿根廷的“谢菲尔德”号驱逐舰时,即标志“超视距空战”已成为现实。

3.夜视技术使航空兵器成为“夜老虎”

以第三代战斗机为主体的航空兵器装备了先进的光电跟踪系统后,使航空兵器真正具有了全天候作战能力,其夜战能力大增,成为善打夜战的“夜老虎”。

海湾战争中,以第三代战斗机为主体的多国部队空中打击力量,充分演示了光电跟踪技术对航空兵器作战能力生成与提高所起到的巨大作用。一是多国部队在42天作战中,41天有夜战行动,主要的作战行动基本都在夜间进行。飞行员能看到8公里远的目标,所挂载的“蓝盾”低空导弹吊舱能把地形图像清晰地显示在飞机荧屏上,并能自动跟踪多个不同的地面目标,突击飞机借助夜视装备甚至可进行30米超低空突防。二是多国部队的24种参战飞机,装有夜视装备的占66%;装备有夜间射击激光指示器的飞机达80%以上,夜战能力大增。三是夜战不仅使多国部队夺占了战场打击的绝对主动权,而且使其飞机战损率基本趋于零。而伊拉克空军虽有飞机700余架,但基本都是没有装备光电跟踪技术的第二代战斗机,因而在多国部队的强大夜战攻势下,战场主动权完全丧失,空中力量损失惨重。

4.空中预警技术使航空兵器“耳目”一新

太空和空中侦测、预警技术主要指航天、航空侦察和预警技术,被喻为战场上的“耳目”。太空和空中侦测、预警技术系统主要由太空侦察预警卫星、空中侦察机、预警机等侦察监视系统组成,是战场认识系统的主要构成,是获得空中情报信息的主要手段。先进的太空和空中侦测、预警技术系统与航空兵器“联手”,使航空兵器的作战能力剧增:一是大大提高了战场透明度。先进的空中、空间侦察和预警系统,其分辨率达几十厘米,甚至可以发现地下深处的目标。二是使战斗机、轰炸机进行大兵团作战成为可能。空中预警机被称作“空中指挥部”,可指挥、引导庞大机群作战。如美空军的E-3“望楼”预警机能同时显示600个目标,可指挥100多架战斗机进行空中作战。三是有效地提高了航空兵器的战场生存能力。像著名的贝卡谷地之战,叙利亚19个SA-6导弹连被摧毁,81架飞机被击落,而以色列参战飞机90多架,仅损失1架战斗机,双方战损率如此悬殊,其中一个主要原因就是以色列拥有能做空中机动指挥的E-2C预警机。

5.电子战技术使航空兵器“软硬杀伤”一体

现代空中电子战装备主要有电子侦察飞机、电子干扰飞机、隐形飞机、反辐射导弹攻击机,以及机载电子侦察告警设备、干扰设备、反辐射导弹、隐形设备等。空中电子战装备主要是为削弱、破坏敌空中电子设备使用效能,保障已方空中电子设备正常发挥效能而采取的综合技术装备。空中电子战装备主要作战形式包括:电子侦察与反侦察、电子伪装与反伪装、电子干扰与反干扰、隐形与反隐形及反辐射导弹摧毁等。

空中电子战装备对航空兵器的作战能力提高至关重要:一是使航空兵器的电子打击能力整体提高。大量的电子侦察机、电子干扰机和电子摧毁战机进入空中战场,加之战斗机、轰炸机等自身的电子侦察、干扰能力增强,使航空兵器的电子“软打击能力”大增。

据报道，美军在空袭利比亚的“黄金峡谷”行动中，参战飞机100多架，而电子战飞机就高达30余架，电子战飞机压制、干扰和摧毁了利比亚军队的电子系统，保证了空袭作战的突然性和隐蔽性。二是航空兵器的“软防护能力”大大增强。电子防护力如今已成为衡量航空兵器战斗能力强弱的主要体现，海湾战争中多国部队与伊拉克军队的飞机战损率是0∶42，空中电子战装备起了巨大的作用。

（三）信息化空中作战平台对作战的影响

1.使空袭作战成为独立的作战阶段

2.使空中战场的范围不断扩大

3.为陆、海军增添了纵深打击的新手段

4.使作战指挥的快速性及机动性提高

未来的信息化作战平台将配有多种通信设备和探测设备，并具有足够的计算机联网能力，能够与上级和友邻互通作战信息，为精确火力打击提供目标信息，为作战行动提供及时而有效的辅助信息。未来，几乎所有作战平台都将或多或少地采用隐形技术，同时还将向轻型化和小型化发展，“发现即摧毁”将成为现实，传统大型或超大型作战平台面临着巨大威胁，所以重视作战平台的机动能力，实现作战平台的轻型化、小型化和隐形化成为重要发展趋势。尤其是，随着人工智能技术的日益成熟，以智能机器人为代表的无人作战平台系统将在战场上发挥越来越重要的作用，无人化作战将可能加速成为现实。到2010年，在地面、空中、水下等战场上，人们可以看到用于实战的机器人哨兵、机器人工兵、机器人步兵，甚至无人智能坦克、无人智能潜艇等无人化作战平台大量涌现。

第三节　综合电子信息系统

一、综合电子信息系统概述

电子战装备经过近百年的发展，已从诞生初期执行单一作战任务的单一装备（系统），逐步发展成为遂行多种作战任务的攻防兼备的综合电子战系统。这是由于：

（1）电子战的作战对象——军事电子信息装备不断从单项设备向综合系统发展。美国在20世纪50年代建立指挥、控制（C3）系统，60年代建立指挥、控制、通信（C3）系统，70年代建立指挥、控制、通信和情报（C3I）系统，80年代建立指挥、控制、通信、计算机和情报（C3I）系统，90年代建立指挥、控制、通信、计算机、情报、监视与侦察（C4IKSR）系统，到21世纪初，进一步建立指挥、控制、通信、计算机、情报、杀伤、监视与侦察（C4IKSR）系统和全球信息栅格（GIG），把信息获取、传输、计算、处理、决策、指挥、控制和打击全过程综合化、自动化，实现了联合作战、快速反应、远距离精确打击。另外，随着电子技术的发展和抗干扰、反侦察、反摧毁的需要，军事电子装备向组网方向发展。在现代战场上，不同的雷达探测空域相互重叠，探测信息相互交连传递；不同的电台相互组合成网，通信信息可以通过多种信道和路径迂回传输；不同的制导武器防御区域相互覆盖，制导信息相互传递。对于这种现代化的雷达网、通信网、武器制导网，传统的一对一的设备之间的电子对抗措施几乎没有什么作用。80 年代以来进行的几次局部战争，特别是海湾战争中充分体现了：电子战的作战对象已由攻击单个平台、单个设备变为攻击敌方 C4I 系统以及精确制导武器系统的全纵深的攻防武器系统；作战区域包括陆、海、空、天四维作战领域；作战地域涉及宽正面、大纵深；电子对抗频域包括射频、红外、激光、可见光、紫外等多频谱；作战功能要考虑对雷达、通信、计算机、遥测遥控、导航与敌我识别和制导武器的综合对抗。电子战的目的不仅仅是降低或破坏敌方电子装备的作战效能，而且是削弱或毁坏敌方的战斗力；电子战的作战目标不仅包含敌方的军事电子装备，而且还包含这些设备的操作人员和作战指挥人员。因此，以往那种彼此分立、功能单一的电子战装备根本不能适应现代高科技战争作战的需要，战争环境的变化强烈要求电子战装备向强化综合作战能力，以体系对抗体系为目标的多平台综合一体化方向发展。

（2）面对信息化战争中复杂多变的电磁威胁，电子战装备应广泛采用先进的计算机技术，大幅度提高整个系统的自动化程度，以具备更好的实时能力、自适应能力和全功率管理能力。电子战装备的工作频率不断拓宽，发射功率不断增大，毫米波技术和光电技术的不断发展，使现代电子战装备的工作频率持续向更宽的频段发展。从整体上看，电子战装备的构成要综合化，频率范围必将扩展到整个电磁波频谱，实施过程必须智能化。

（3）由于电子战装备自身技术的不断进步及发展，电子器件性能的提高和体积功耗的减小，有条件促使电子战装备向多功能和多频段综合化方向发展。当代的多次战争表明，现代战争是系统对系统、体系对体系的斗争。单一的电子战装备或多种电子战装备的简单叠加，难以保障对敌方综合性电子装备实施有效压制。只有按电子战系统理论，对电子战装备进行综合设计、综合控制、综合管理、综合运用，构成一个综合性的电子战作战体系，才能形成强大的电子战进攻力量和电子防卫力量。同时，电子干扰软杀伤与反辐射武器、定向能武器硬杀伤相结合，电子战武器与硬武器相结合已成为电子战的重要作战方式；电子战已经从一对一的设备之间的对抗，发展到系统对系统、体系对体系的对抗。为此，在筹划武器系统发展时，应加强系统的观念、整体的观念和配套的观念、应立足于系统对抗体系对抗的概念，变单一性思维为系统性思维，变单项工程分析法为系统工程分析法。

二、综合电子战系统基本内涵

综合电子战系统是由陆、海、空、天平台构成的，适用于三军协同作战的电子战装备体系。该系统以电子侦察情报为基础，在战场指挥员的直接控制和指挥下，实施三军一体的电子战综合作战行动。战场指挥员通过电子战作战指挥中心，统筹管理、综合运用各种电子战武器攻击敌方攻防体系的关键性薄弱环节，对敌指挥控制系统、探测预警系统、信息传输系统和武器制导系统实施软杀伤（电子干扰和电子欺骗）、硬摧毁（反辐射武器攻击和定向能致盲）、以最大限度地降低和削弱敌方战斗力，保证己方攻防作战的胜利。

综合电子战系统是相对于单项电子战装备而言的相对性概念,放在更大的电子信息装备中,综合电子战装备只是一个分系统装备。在电子战装备范围内、综合的概念主要体现在综合的作战任务、综合的作故能力和综合的作战效能,具体体现在多功能综合、多频段综合、多平台综合和多维综合。

具体来说有三点:第一,电子侦察和干扰将从功能单一、频段较窄发展到多功能、宽频段的综合系统;第二,现代战争诸兵种的集成和联合作战的程度越来越高,快速反应已成为战役战术的重要要素之一,电子装备在战场上大量运用,电磁环境十分复杂、要求电子战装备必须摆脱单一功能和单一平台的状态,向一体化、通用化和多维、多平台方向发展;第三,电子战将由电子干扰软杀伤手段向硬杀伤、软硬结合杀伤手段方向发展。未来的战场上,电子信息装备密度高而且复杂,工作方式和战术技术性能越来越先进、威胁日益严重。在这种复杂瞬变的环境中作战,若想取得电子战的优势,仅靠单一的软杀伤或单一的硬杀伤手段都是难以奏效的,必须采取软、硬杀伤手段结合使用。

综合电子战系统是为适应现代高技术战争系统对抗、体系对抗的要求而提出的一种电子战新概念、新武器系统,也是实现新型的电子战军事思想的进攻性武器系统。综合电子战系统是战区性的电子战综合作战系统,它具有电子侦察、电子干扰、反射、电磁毁伤四大功能。它在电子战作战指挥单元的统一管理和控制下,通过陆、海、空、天多平台的雷达对抗、通信对抗、光电对抗、反辐射电磁武器、C4 对抗和导航、敌我识别对抗等多种电子战手段的综合应用和密切协同,构成三军一体、各种电子对抗手段综合一体的战区综合电子作战能力,形成局部电磁斗争优势,以执行各种电子战斗任务。

综合电子战系统代表当代电子战装备的发展趋势和发展方向,适应现代战争中系统对系统、体系对体系斗争的需要。综合电子战系统是提高军事体系作战能力的关键手段之一。

三、综合电子战系统的基本特点

综合电子战系统的基本特点源于综合的概念。除具有一般电子战设备的特点外,综合电子战系统还具有如下特点。

(一)针对多作战对象

综合电子战系统是针对多作战对象(雷达、通信、光电、导航、识别、遥测遥控等,而不再像以前单对单的模式,例如,雷达对抗装备的作战对象只是雷达,通信对抗装备的作战对象只是通信设备,如此等等。特别在机载平台、舰载平台上,电子装备大都是综合性的,既包括雷达对抗装备和通信对抗装备,也包括光电对抗装备。

(二)多功能

综合电子战系统具有多种作战功能,包括电子侦察、电子干扰、反辐射和电磁毁伤功能。

电子侦察用以获取战场电磁斗争态势情报和作战对象的电磁性能参数,以支援战场电子战的指挥决策和具体的电子战作战行动。

电子干扰在进攻作战中通过干扰敌方防空探测传感器、指挥通信、传输网络，实现用以削弱或降低敌方防空探测、通信、传输网络、作战指系统和敌防即武器系统的作战效能，在防御作战中通过干扰敌方探测传感器、指挥通信、传输网络，实现削弱降低敌进攻性武器系统的作战效能，同时有效地发挥已方防御武器系统的作战效能。

反辐射是利用电子侦察定位技术导引火力将敌辐射源摧毁的作战方式，是传统电子侦察定位装备功能的延伸和发展，在进攻作战中用以毁伤敌方重要的防空探测装置和通信中枢，达到削弱或降低敌作战指挥系统和敌防御武器系统的作战效能。

电磁毁伤是利用“灵巧”高功率电磁能对电子信息装备实施高效毁伤的作战方式，是传统电子干扰装备功能的延伸和发展，在进攻作故中用以毁伤敌方重要的防空电子探测装备和通信中枢，达到削弱或降低敌作战指挥系统和敌防御武器系统的作战效能，在防御作战中用以毁伤敌方重要的进攻性电子探测装备和通信装备，达到削弱或降低敌进攻性武器系统的作战效能，同时有效地发挥已方防御武器系统的作战效能。

因此，综合电子战系统只有具备电子侦察、电子干扰、反辐射和电磁毁伤四大功能，才能在进攻作战或防御作战中发挥重大作用。

（三）具有综合效能

综合电子战系统具有有效、增效、“软杀伤和硬结合”的综合效能。由于综合电子战系统具有多功能、多专业手段的特点，相对于只干扰一种通信设备或一部雷达，综合电子战系统能同时对敌雷达网和通信网实施全面的干扰压制，电磁毁伤和反辐射攻击，瘫痪敌传感器网络和指挥通信网格，带来综合作战效能的有效性和增效性。

（四）具有统一指挥控制功能

综合电子战系统必具有统一指挥控制功能，三军一体，合力制敌，才能奏效。20 世纪 60 年代初在打击 U-2、P-2V 间谍飞机入侵的战斗中，以及 60 年代末、70 年代初的越南战争的初期，战场上的雷达，通信等军事电子装备主要是单机独立工作，即用单部雷达或多部雷达分别进行搜索，跟踪、制导，用 2 部电台进行点对点的通信。因此，当时的电子战主要是一对一之间的对抗，即用一部干扰机来干扰一部雷达或一部通信电台就可满足作战要求。

这种电子战作战方式在比较分散、孤立的作战单元之间进行是比较有效的，因为这些作战单元之间的联系，一旦某个单元遭到干扰或压制，这个单元就失去了作用，就会对作战造成影响。在当时的战场环境中，作战平台（飞机、军舰等）只要带有必需的自卫式电子战设备，就能保障平台的安全。据统计当不使用电子战设备时，飞机的生存率很低，仅为 0. 25~0.35；而当使用机载自卫干扰设备后，飞机的生存率提高了 2 倍左右，可达到 0.44~0.85。为达此目的，必须综合使用三军的电子战能力，采用多个平台多种手段联合作战。这就是”三军一体，合力制敌”。在高威胁环境中综合运用多种电子战手段后，飞机的生存率可以达到 0.93 以上，提高了 3 倍左右。

为实现"三军一体、合力制敌"，实现夺取和保持局部电磁优势的作战目标，综合电子战系统运用了可根据作战需求构造的“弹性母体”结构体系，并有高性能的计算机支持，应用了人工智能技术和优化算法。系统的组成既可根据战场态势的变化和作战要求，通过增减模块，组成不同功能和不同规模的作战系统，以满足三军不同的电子战任务要求；又可在电子战作战指挥单元的统一控制下，通过增补或更换分系统，进行优化重配，以完成特定的综合电子战任务；还可以随时进行技术更新。因此，综合电子战系统在统一指挥控制下，具有快速应变、快速反应能力和扩展系统功能的灵活性，适应于局部战争复杂多变的战场环境。

（五）具有“柔性”体系结构

综合电子战系统具有作战分级指挥、情报分层处理、进行分布式对抗的“柔性”体系结构。综合电子战系统的各个分系统既具有独立作战的能力，又可根据陆、海、空三军不同平台的要求和不同防区的作战任务进行不同的配置。在每个防区内又可与雷达网、通信网交连工作，构成更大的统一指挥体系，还可纳入更高层次的作战指挥网，以便实现不同级别的综合对抗。

系统采用分级信息处理和多传感器信息融合和相关处理技术，从而扩大了频率覆盖范围，提高了情报侦察能力和增强抗干扰能力；多传感器截获的不同信息，经综合处理可获得目标的位置，特性、意图和战场全景态势图；由于多传感器相互兼容、功能互补，既可减少模糊度、提高可信度，又可获得单平台或单传感器不能识别的信息，实现情报信息更快、更全面、更准确；多传感器具有一定的冗余度、互补度，若某一传感器被破坏，系统仍能继续工作，从而大大高了系统的可靠性和生存能力。

系统采用模块化设计技术，具有组合性的特点，可根据需要灵活地组成不同规模的作战系统，以上特征表明：综合电子战系统充分体现了系统综合设计、信息资源综合利用、电子战资源综合管理和控制，从而实现系统对抗、体系对抗的先进电子战系统的设计思想，适应于未来高技术局部战争的需求。

综合电子战系统是一种战区性的电子战综合作战体系，具有、海、空、天一体化的电子侦察能力，多层次，多手段的电子战能力，综合化、高强度的电子进攻能力。综合电子系统综合用陆、海、空、天电子侦察手段（电子侦察站、电子侦察船、电子侦察飞机，电子侦察卫星）对场进行侦察，并将其信息进行综合相关处理，形成战场电子战作战态势显示，供指挥员决策参考。综合电子战系统综合运用各种电子战兵器和手段（电子干扰飞机，反辐射导弹攻击飞机，定向能武器，机载/舰载/车载等自卫干扰设备，电子压制、电子欺骗，电子伪装等）实施电子防卫或电子进攻。综合电子战系统的作战对象是敌方的整个军事电子武器系统，即雷达网、通信网，作战指挥网，导航系统，遥测遥控系统，敌我识别系统等。综合电子战系统瞄准了技术先进国家对军事电子战设备高度依赖的特点，攻击其作战系统的要害部位。此外，综合电子战系统可以充分利用防御方的地域优势、空域优势，部署各种电子战装备。因此，综合电子战系统是一种高效的电子战作战武器系统。

四、综合电子战系统的主要作战功能

综合电子战系统在信息战中的作战对象是对方 CISR 系统和精确制导武器关键性的环节,主要作战领域是涵盖陆、海、空、天的整个电磁空间。其主要作战功能是电子侦察功能(情报、支援)、电子干扰功能(进攻掩护、防卫)、电磁攻击功能、对敌我双方电子信息系统活动情况进行监视和评估的功能。

(一)电子侦察功能(情报、支援)

电子侦察是现代高技术局部战争的序幕和先导,并贯穿于战争的全过程,也是实施电子战活动的先决条件和基础。根据侦察目的之不同,电子侦察有电子情报侦察和电子支援侦察之分。电子情报侦察是利用电子侦察设备对感兴趣的区域长期进行电磁辐射信号监测或定期核查,经分析和处理,确定辐射源位置及装备的技术特征参数、技术性能,判别信号类型、结构、特征和变化规律,进而估计其配属的相关武器等诸多军事信息,为研制相应的武器装备、判断形势及决策提供依据。一般情况下,电子情报侦察是在和平时期进行。在和平时期,电子侦察可以截获、分析、识别、定位和记录敌方电磁射源信号的活动,从中获取敌方电子兵器的试验、部署、运动及行动企图等战略情报,为高层领导决策和研究电子战战术技术策略提供准确,可靠的情报依据;为建立各种威胁数据库和电子战技术装备的研制提供目标数据。电子支援侦察是在作战准备和作战过程中,使用利用电子侦察设备搜索、截获感受区域的电磁信号,实时确定射源特征参数、方向或位置,判断辐射源的性能、威胁程度等级等,为实施电子进攻、电子防御和战场机动、规避等战术运用提供实时情报。一般情况下,电子支援侦察是在战争时期使用,电子支援侦察用于实时监视敌方电磁环境态势(即各种电子设备的类型技术参数、功能、位置及相关平台和武器的属性);复查敌方电磁辐射源的变化情况发现潜在的新威胁辐射源,以确立战区内完整、准确、可靠的敌方电磁威胁环境态势图,为实施电子战和其他作战行动提供实时的战术情报支援,并对攻击效果进行检查和评估,以便及时调整作战策略。

电子侦察是在多维空间获取各种电子信息的电子战行动,一般需要在陆、海、空、天一体、全方位、大面积地进行电子侦察,以获得足够多的信息。

(二)电子干扰功能(进政护、防卫)

电子干扰是电子战行动的高潮,是现代高科技战争的软杀伤武器、杀手锏,它阻断或欺骗敌电子信息系统获取、传输信息,压制敌精确制导导弹的无线制导系统,使其迷失方向。根据作战行动不同,电子干扰在进攻和防御中的作用对象和实施时刻有所不同。

在进攻作战中,利用综合电子战系统中的对敌预警机的综合干扰掩护低空突防、电子干扰飞机的远距离支援干扰、无人干扰飞机和反辐射无人机的先期攻击、电子干扰飞机随队掩护干扰和反辐射武器攻击以及作战平台综合性自卫干扰等多模式、多手段的电子进攻手段,构成一个软杀伤与硬毁伤相结合,雷达、通信、导航、敌我识别、武器制导对抗相结合的综合性、高强度的电子进攻力量,以便在关键的时刻,主要的方向和地点构成局部电磁优势,对敌C4I系统和武器控制与制导系统实施强有力的电子压制干扰和反辐射武器攻击,就可瘫痪敌预警探测网、指挥通信网和拦截打击系统,从而从整体上瓦解敌整个防御系统的协调作战能力,降低敌精确制导式器的攻击效率,保障己方攻击群、攻击舰队、攻击部队的安全突防。

因此,应用综合电子战系统多模式的电子进攻手段,可把敌人先进的高技术武器系统退化到较低的水平,以迫使其在低水平级别上进行作战,从而可以更好地发挥己方军队主战兵器的威力和人在战争中的主观能动性。

在防御作战中,利用综合电子战系统中的对敌预警机的综合干扰,对进入战区内的敌攻击、轰炸编队的通信、导航、敌我识别系统的综合干扰、精确导武器综合对抗、重点目标电磁综合电子防空反击;以干扰压制敌预警机的雷达和空袭兵器的空空及空地通信、导航、敌我识别等系统,瘫痪敌空袭作战的协同指挥能力,干扰诱骗敌巡航导弹、制导导弹、炸弹的制导系统,破坏其对己方主要军事设施和重点目标的攻击能力。因此,综合电子战系统是防卫敌人高强度空中进攻的盾牌,该系统与其他防空兵器协同作战,便可大大降低敌空兵器的攻击效率,显著提高防空兵器的整体作战效能,并使防空探测网从被干扰迷茫的劣势变成对敌干扰源进行定位攻击的优势。

(三)电磁攻击功能

综合电子战系统的电磁攻击功能包含反辐射功能和电磁毁伤功能。反辐射功能主要使用反辐射导弹或反辐射无人机实现对敌射源实施硬毁伤;电磁毁伤功能主要使用高能量电磁武器实现对敌电子设备硬毁伤。由于电子反干扰技术的极致发展,电子干扰技术往往力不从心,反辐射导弹或反辐射无人机、高能量电磁武器应运而生。需要指出的是,高能量电磁武器可能是反辐射导弹或反辐射无人机的克星。因为,反辐射导弹成反幅射无人机都是依靠电子器件检测电磁信号而工作,而高能量电磁武器可以直接对这些电子器件实施物理毁伤,使其失去效能。

(四)对敌我双方电子信息系统活动情况进行监视和评估的功能

"知己知彼,百战不殆"是亘古不变的真理,应用于电子战,也是极其正确的,电子战实施者必尽力追求之。综合电子战系统由于具有多频段、多功能、多平台的综合侦察手段,可以对敌我双方电子信息系统活动情况进行监视和评估。评估结果用于调整综合电子战行动,使综合电子战效能发挥得更好。由于各种原因,综合电子战系统的这一功能还不大为人所认识。

第四节 信息化杀伤武器

信息化杀伤武器,包括精确制导武器、信息战武器装备和新概念武器系统。其中又包括"硬杀伤"武器和"软杀伤"武器。"硬杀伤"武器包括器材的杀伤及有生力量的杀伤之类的杀伤,是有形的武器。比如电磁炸弹,会在空中爆炸,然后产生超强的电磁波,这种超强的电磁波遇到电器,如电脑的主板,那电脑主板就会像两个线圈放到一起,只要一端有电流动,另一端也会产生电流,而这种超强的电磁波会让这种电器瞬间产生很大的电压和电流,导致其器件因为电压过大烧毁,这种方式与电脑病毒的杀伤方式相比,就是正真的硬杀伤了。

"软杀伤"武器的组成部分是信息化武器装备的主要标志,即具有感知、获取并传递各种目标信息的器材和装置,如指挥、控制、通信和情报系统等。即指采用光、电等高技术使敌军暂时丧失作战能力,使其枪械、车辆等武器装备失去作用或使罪犯暂时失去活动能力的一种非杀伤性武器。

一、精确制导武器

精确制导武器是采用高精度制导系统,直接命中概率很高的导弹、制导炮弹和制导炸弹等武器的统称。通常采用常规弹头,用于打击坦克、装甲车、飞机、舰艇、雷达、指挥控制通信中心、桥梁和武器库等点目标。

(一)精确制导武器的分类

1.导弹

(1)按作战任务分:战略导弹、战术导弹;

(2)按射程分:近程导弹、中程导弹、远程导弹、洲际导弹;

(3)按弹道特性分:弹道导弹、飞航式导弹;

(4)按发射点和目标位置分:通常发射点和目标的位置有四种:地面、空中、水面舰艇、潜艇。因此,导弹又可分为地对地、地对空、岸对舰、空对地、空对空、空对舰导弹等。

2.精确制导

弹药可分为末制导弹药和末敏弹药。末制导弹药通常分为制导炸弹、制导炮弹、制导鱼雷三种。末敏弹药主要包括制导地雷等。

20世纪50年代以后,精确制导武器发展十分迅速。从总体上讲,精确制导武器多数已发展到第三代,个别品种已发展到第四代。

(二)精确制导武器的制导技术

1.自主制导

自主制导就是指导弹的控制完全自主,在飞行中不依赖于目标和制导站,由导弹的制导装置按预定过程控制其飞行轨迹,保证导弹命中目标。属于自主式制导的有惯性制导、方案制导、地形匹配制导和星光制导等。

比如惯性制导系统:它的惯性测量装置是由陀螺仪和加速度计所组成的,惯性制导系统就是利用惯性测量装置测量导弹运动的加速度,通过解算装置,计算出导弹的运动加速度及运动速度,经过与原设定的参数进行比较,形成制导指令,由执行机构控制导弹飞向目标。

自主制导的特点是：把飞行方案，也就是飞行程序储存于弹上，不与目标和制导站发生联系。因此隐蔽性好，抗干扰能力强，射程远。但是它的缺点是：发射后无法改变弹道，而且制导精度随飞行时间（或距离）的增加而降低。

2.寻的制导

寻的制导就是依靠弹上设备，接受目标辐射或反射的能量（红外辐射、光辐射、无线电波、声波等），确定目标位置和运动特性，自动控制导弹飞向目标。通常按有无照射目标的能源，可分为主动寻的、半主动寻的、被动寻的三种：

主动寻的——导弹上的能源照射目标，接收机根据回波信号，完成对目标的捕捉、跟踪和攻击。

半主动寻的——能量照射来自指令站，导弹接收回波信号，自动跟踪并攻击目标。

被动寻的——就是导弹依靠感受目标的能量（比如飞机发动机的热辐射），自动跟踪并攻击目标。

寻的制导的最大特点是：精度非常高。但是它的作用距离较近，识别敌我能力差。

3.遥控制导

遥控制导是以设在地面、水面或飞机上的指令站，来测定目标和导弹的相对位置，并向导弹发出制导指令进行的制导。

比如目视瞄准、手控有线指令制导：在导弹发射后，通过瞄准镜跟踪目标和导弹，测量它们的运动参量，并形成制导指令，通过操纵控制盒，把制导指令通过导线传送到弹上，弹上接收设备以收到的制导指令为依据，在弹上经过信号变换和功率放大等环节处理后，操纵执行机构改变导弹的飞行弹道，使其飞向目标。

遥控制导的特点是：导弹受控于指令站，因此弹道可以随目标的运动而改变，适合攻击运动目标。但是这种制导方式比较容易受干扰，且有线制导受导线长度和强度的限制，作用距离近。

4.复合制导

采用两种以上制导方式的制导。它可以综合利用几种制导方式的优点，弥补弱点，提高命中精度。比如：

美“斯拉姆”远程空地导弹：惯性制导+红外成像自动寻的末制导；

法“飞鱼” 反舰导弹：惯性制导+主动雷达寻的末制导；

俄 SA-12（斗士）地空导弹：无线电指令遥控制导+主动雷达寻的末制导；

美“先进巡航导弹”：惯性导航+地形匹配+主动寻的末制导；

复合制导可以综合利用几种制导方式的优点，但是它的缺点是：系统复杂，体积大，设备比较昂贵。

（三）精确制导武器的作战特点

1.命中精度高

直接命中概率高，这是精确制导武器名称的根本由来，也是精确制导武器最基本的特征。一些有代表性的精确制导武器其命中概率可达80%以上，激光制导炸弹和电视制导炸弹，其圆概率偏差约在2米以内。如海湾战争中，美国空军在100千米外向伊拉克的一个水电站发射了两枚“斯拉姆”空对地导弹，结果是两枚导弹先后从同一个洞穿入发电厂，彻底摧毁了目标。已经出现了完全依靠弹体的动能直接撞毁目标而根本就不需要装药战斗部的精确制导武器。

2.作战效能高

随着电子技术的发展，高性能的毫米波制导系统、红外探测器以及人工智能计算机的采用，精确制导武器不仅具有较高的直接命中概率，而且还通常具有“发射后不用管”的自主制导能力，它可完全依靠弹上的制导系统独立自主地捕捉、跟踪和击中目标，不需要人工或其他辅助设备进行干预。例如，美国的“黄蜂”空对地导弹，由于采用了人工智能技术和先进的信号处理技术，已经具有了初步的智能化特征。它可在复杂的地物背景中鉴别出是否是要攻击的目标。如果不是，则继续搜索目标；如果是，则作进一步信号分析，鉴别和判断所探测目标是真实目标还是背景或假目标。如果不是真目标，弹上探测器便重新进行目标搜索；如果确认是真目标，则进一步判断目标是否处在战斗部杀伤范围内。如果是在杀伤范围之内，则自动估算出最佳爆炸高度，将战斗部引爆，从坦克顶部将其击毁；如果不在杀伤范围之内，则继续对目标进行锁定跟踪，直到进入有效杀伤范围为止。如果发现有两枚以上导弹同时跟踪同一个目标时，后面跟踪的导弹就立即自动离开，探测器重新进行目标搜索、捕获、跟踪和攻击新的目标。

3.作战效费比高

精确制导武器虽然技术较一般武器复杂，制造成本高，但由于精确制导武器具有较高的直接命中概率，因而它的作战效能好、经济效益高。同无制导的武器相比，精确制导武器在完成同一作战任务时，其弹药消耗量小，所需作战费用远远低于常规弹药。在英阿马岛战争中，阿根廷空军仅用一枚价值25万美元的“飞鱼”导弹，就击沉英国海军一艘造价近2亿美元的“谢菲尔德”号驱逐舰。此仗阿军不仅取得军事上的胜利，而且在经济上的效益也十分可观。

（四）精确制导武器对作战模式的影响

据资料统计，在北约对南联盟的空袭中，所使用的武器，有98%是精确制导武器，并且显示出优异的作战效能。西方专家认为：精确制导武器是一种能够代替战术核武器，对战争胜负具有决定性意义的新型武器，它为不首先使用核武器或不使用核武器打一场具有核战争威力的战争提供了新的手段。精确制导武器给战争行动带来的影响主要表现在以下几个方面。

1.使超视距、多模式、多目标精确打击成为可能

巡航导弹的打击距离达千公里以上,可从陆地、空中、海上多方式发射,自行打击各种重要战略目标。如美国“爱国者”地空导弹就配备了相控阵雷达和100万次/秒的计算机,可同时跟踪50~100个目标,或同时控制9枚导弹攻击不同方向、不同高度的目标。

2.旷日持久的局部战争将被速战速决取代

精确制导武器最本质的作战特点是快速、敏捷、高效,具有精确制导武器速战速决的能力。在过去发生的局部战争中,据统计,战争持续的时间与精确制导武器的投入量成反比,例如1986年4月,美国空军从英国本土出动机群绕过欧洲数个国家偷袭非洲国家——利比亚,倾泻了大批激光制导炸弹和带“眼睛”的集束炸弹,摧毁了利比亚首都的黎波里的阿齐齐耶兵营和利军总参谋部、恐怖活动总指挥部(美国认定的重点目标)、亚迪比拉勒港海军突击队训练基地、的黎波里军用机场以及斑加西的军用机场和卡扎菲备用指挥部民兵营等6个地方的重点目标。有趣的是美国的飞机已经空袭完毕返航时,利军才组织火力还击。且正当利比亚炮火打得异常热闹的时候,美国白宫发言人已在记者招待会上宣告空袭成功,空袭时间仅为30分钟,一场战斗就结束了。

3.远程火力袭击的突然性空前增大

精确制导武器由于不断采用高技术,可在远距离上发现和识别目标,并实施准确攻击。远程精确制导武器和远距离立体侦察定位系统的结合使用,将使在后方集结的预备队、指挥控制中心和后方基地,处于远程精确制导武器的直接威胁之下,远程火力袭击的突然性将空前增大。由于精确制导武器具有准确的远程作战能力、牵连损伤(也称附带杀伤)有限、作战持续时间短和军事行动的国际影响度也相对降低,使得某些大国敢于随时出手,对远离国界的敌对势力的要害目标实施“外科手术”。阿富汗的军事训练基地、苏丹的“化学工厂”和波黑的弹药库被毁就是最好的例证。这一新情况,就连美国自己也担心:如果核武器或远程精确制导武器一旦落入不负责任的国家或恐怖分子手中,情况将是十分严重的。

4.传统重型兵器受到严重威胁

坦克、飞机、军舰等大型武器将成为精确制导武器打击的首选目标。因为坦克、飞机、军舰等大型武器的作战潜力大、效能高,是军队战斗力的核心部分,如果这部分装备被摧毁了,将会使军队的火力构成出现质的崩溃。1982年以色列和叙利亚之间发生的贝卡谷地作战即是如此:以色列空军首先摧毁了叙利亚19个防空导弹营,然后击落了叙利亚81架战斗机,从而迫使叙利亚直接退出第五次中东战争。

二、信息战武器

从作用原理上看,目前世界上已经研制和正在研制的信息战武器主要包括三种类型:一是计算机病毒。这是一种人为编制的有害程序,它能在计算机系统运行过程中把自身精确地或经修改后复制到其他计算机程序内,并对原程序进行置换和破坏。二是预置陷阱。就是在信息系统中人为地预设一些"陷阱",以干扰和破坏计算机系统的运行。三是电磁脉冲武器。这是一种利用电磁能对敌方的电子信息系统进行干扰、破坏乃至摧毁的武器。

信息战武器是夺取未来高技术战争制高点——信息优势的法宝。目前,世界各国,特别是一些军事大国不惜投入大量人力和财力,秘密研制各种信息战武器。据外刊报道,一些国家正在进行通过无线技术把病毒注入敌方计算机系统的计划,准备用 10 年时间研制出能在远距离注入计算机病毒的计算机病毒炮。此外,还有人设想制造纳米机器人和芯片细菌等破坏计算机系统的硬件。芯片细菌能像吞噬垃圾和石油废料的微生物一样,嗜食硅集成电路,对计算机系统造成破坏。

(一)计算机病毒

所谓计算机病毒,实际是指能够侵入计算机系统并给计算机带来破坏的一种具有自我繁殖能力的有害程序,它能通过磁盘或计算机网络等媒介进行传染,破坏计算机的正常运行。这种传染就像生物病毒传染一样,具有一定的隐蔽性和破坏性,并具有一定的潜伏性,使人们不易觉察,等到条件成熟,病毒便发作,从而给整个计算机系统或网络造成紊乱甚至瘫痪。一位美国知名人士曾由此而惊恐地说:用电脑进行战争比用核武器进行战争更有效,要摧毁美国,只需用高科技扰乱其电脑系统 1 秒钟就能达到目标,美专家预言:用病毒扰乱美国银行的计算机网络 1 秒钟就能转走 1500 亿美元,这必将使美国经济崩溃,失去了经济的支持,美军的任何军事行动都将成为没有油的坦克——废铁一堆。在美国计算机病毒史上,在还使用 UNIN 操作系统时,就曾发现过造成计算机网的 620 台微机染上"虫"病毒,顷刻间导致联网的宇航局和许多重要军事基地的计算机都被迫停止运行。2000 年 1 月 4 日,由于受"千年虫"的影响,在新千年到来之际,美国的四颗卫星有整整两个小时无法接收、处理和存储任何信息,结果导致中东和俄罗斯地区的情报出现了断档。

由此可见,一旦病毒获得计算机控制权,那么计算机便成了案板上的肉,任人宰割了,病毒的传播和发作也变得轻而易举。美军从 1987 年开始研制计算机病毒武器。1990 年 5 月、美军方曾出资 55 万元招标研制干扰和推毁敌方电子系统的计算机病毒、并耗资 1.5 亿美元成功地研制出微电脑芯片的"病毒固化"技术。要求新病毒产品比当前流行的更精巧,它应对敌方有线和无线的计算机系统具有感染、潜伏、预定和需要时激活的破坏能力。据悉,围绕这些技术要求,有的专家已推出一些用于实战的新病毒武器。如"计算机病毒枪",它能从遥远的距离"送毒"上门,使对方飞机、坦克和潜艇等装备的电子系统"生病"。第一代微型计算机芯片"病毒固化"技术产品在美军问世,并开始嵌入出口的军用计算机芯片中。

据有关材料报道,美国在向第三世界国家或它认为将来有可能成为美国敌对国的国家出售的高技术武器中可能就含有病毒。一旦需要,这些平时发现不了的"固化病毒"便被遥控激活发作,使装备这类产品的军队不打自溃。这一点非常值得人们警惕。在 1901 年爆发的海湾战争中,美军已运用初级的计算机病毒战(技)术,成功地攻破伊拉克的指挥中心,这是世界上首次用计算机病毒武器进行作战的战例,从而揭开了病毒武器投入实战的序幕。

早在80年代初,美国国防部在电子战中心集中了一批著名的计算机专家,建立了一个代号称“老虎队”的组织,专门从事这方面的研制工作。“老虎队”曾以美空军的指挥网络系统为“敌人”,运用所研制的“渗透病毒”武器进行进攻,仅用几个小时,就成功地摧毁了整个指挥系统。

为此科学家断言:未来战争破坏力最大的已不再是核打击,在电脑已经成为军事指挥、武器控制和国家经济中枢的情况下,“计算机病毒打击”将更直接、更危险。可以预见,随着微电脑技术在军事领域越来越广泛地应用,进攻性的计算机病毒武器将迅速投入战场。计算机病毒武器将是信息战的杀手锏。

(二)预置陷阱

预置陷阱是指在信息系统中人为地预设一些陷阱,以干扰和破坏计算机系统的正常运行。在对信息安全的各种威胁中,预置陷阱是危害最大、最难预防的一种威胁。一般分为硬件陷阱和软件陷阱两种。

1.硬件陷阱

指“芯片级”陷阱。例如,使芯片经过一段有限的时间后自动失效,使芯片在接收到某种特定电磁信号后自毁,使芯片在运行过程中发出可识别其准确位置的电磁信号等。这种“芯片捣鬼”活动的危害不能忽视,一旦发现,损失非同寻常,计算机系统中一个关键芯片的小小故障,就足以导致整个网站服务器系统乃至整个连接信息网络系统停止运行。这是进行信息网络攻击既省力、省钱又十分有效的手段。

2.软件陷阱

指“代码级”陷阱,软件陷阱的种类比较多,黑客主要通过软件陷阱攻击网络。

“陷阱门”又称“后门”,是计算机系统设计者预先在系统中构造的一种结构。网络软件所存在的缺陷和设计漏洞是黑客进行攻击服务器系统的首选目标。在计算机应用程序或系统操作程序的开发过程中,通常要加入一些调试结构。在计算机软件开发完成之后,如果为达到攻击系统的目的,而特意留下少数结构,就形成了所谓越过对方防护系统的防护进入系统进行攻击破坏。

(三)电磁脉冲武器

电磁脉冲武器号称“第二原子弹”,世界军事强国电磁脉冲武器开始走向实用化,对电子信息系统及指挥控制系统及网络等构成极大威胁。常规型的电磁脉冲炸弹已经爆响,而核电磁脉冲炸弹——“第二原子弹”正在向人类逼近。

电磁脉冲武器主要包括核电磁脉冲弹和非核电磁脉冲弹。非核电磁脉冲弹,是利用炸药爆炸压缩磁通量的方法产生高功率微波的电磁脉冲武器。核电磁脉冲弹是一种以增强电磁脉冲效应为主要特征的新型核武器。

1.1961 年 10 月 31 日,苏联在新地岛上空 3.5 千米处进行空爆核试验,不料氢弹不仅毁灭爆心附近的一切,还对数千千米范围内的电子系统产生冲击,苏军地面的防空雷达被烧坏,无法探测空中的飞行目标;数千千米长的通信中断,部队 1 个多小时处于无法指挥状态。

1963 年 7 月 9 日,美国天空中的电磁脉冲武器在太平洋的约翰斯顿岛上空 4 千米处进行空爆核试验后,距约翰斯顿岛 1400 千米之遥的檀香山却陷入一片混乱。防盗报警器响个不停,街灯熄灭,动力设备上的继电器一个个被烧毁。

当时人们并不能解开这个谜。后来经过几年的研究,才发现这是氢弹爆炸所产生的电磁脉冲造成的恶果。原子弹爆炸会产生冲击波、光辐射、早期核辐射和放射性污染四种效应,而氢弹爆炸又增加了另一种效应,即电磁脉冲。

氢弹爆炸时,早期核辐射中的 α 射线会与周围介质中的分子、原子相互作用,激发并产生高速运动的电子(康普顿效应),大量高速运动的电子形成很强的电场。在爆心几千米范围内电场强度可达到每米几千伏到几万伏,并以光速向四周传播。它的作用范围随着爆高的增加而扩大。当量 1000 吨的氢弹如在 4 千米高空爆炸,可影响整个欧洲。

美国军事专家看到了这种由核爆炸产生的瞬时电磁脉冲的军事价值,开始不遗余力地研究如何增强核爆炸时产生的电磁脉冲效应而抑制其他几种效应,他们把这种能产生强大电磁脉冲的武器称为电磁脉冲弹。

实际上,电磁脉冲武器早在 20 世纪就已诞生。在电子装备逐步主宰战场的当下,它凭借着“不损一砖一瓦,不伤一兵一卒,能制敌于无形”的神奇威力,逐渐成为改变战争规则的新武器之一。但这恰是倚重电子技术的美国人所担心的,因为他们最怕这种优势被别国打破。

2.威力

核电磁脉冲弹是一种以增强电磁脉冲效应为主要特征的新型核武器。非核电磁脉冲弹,是利用炸药爆炸压缩磁通量的方法产生高功率微波的电磁脉冲武器。微波武器可使敌方武器、通信、预警、雷达系统设备中的电子元器件失效或烧毁;导致系统出现误码、记忆信息抹掉等,强大的高功率微波辐射会使整个通信网络失控。甚至能够提前引爆导弹中的战斗部或炸药。电磁脉冲武器还能杀伤人员,当微波低功率照射时,可使导弹、雷达的操纵人员、飞机驾驶员以及炮手、坦克手等的生理功能发生紊乱,出现烦躁、头痛、记忆力减退、神经错乱以及心脏功能衰竭等症状;当微波高功率照射时,人的皮肤灼热,眼患白内障,皮肤内部组织严重烧伤甚至致死。苏联的研究人员曾用山羊进行过强微波照射试验,结果 1 公里以内的山羊顷刻间死亡,2 公里以内的山羊也丧失活动功能而瘫痪倒地。

这意味着,这些国家在军事强国的电磁脉冲武器的打击面前,早已敞开了胸膛。一旦这些国家的政府机构、金融中心、通信网络、广播电视等事关国计民生的重要系统和军事设施,受到强电磁脉冲打击时,不可避免地出现大范围瘫痪或损坏,国民经济和社会秩序难以正常运行。

3.破坏效应

电磁脉冲,是短暂瞬变的电磁现象,它以空间辐射传播形式,透过电磁波,可对电子、信息、电力、光电、微波等设施造成破坏,可使电子设备半导体绝缘层或集成电路烧毁,甚至设备失效或永久损坏。

(1) 强大的电磁脉冲建立的瞬间电场,使通信系统内部电场重新分布, 形成电涌电压, 对通信信号系统造成损坏;

(2)通信系统内部电场瞬间重新分布形成涌流, 对通信信号系统造成损坏;

(3)强大的电磁场,穿过通信系统内部电路,产生感生电流,造成通信信号差模干扰,损坏系统;

(4) 强大的电磁脉冲中丰富的频谱,微电子器件极易产生谐振发热损坏。

见过原子弹爆炸的人很少,但是,几乎人人都见过"第二原子弹"爆炸。这种爆炸就是自然界的雷电和静电现象。雷电、静电形成的电磁辐射和太阳、星际的电磁辐射以及地球磁场和大气中的电磁场,所产生的爆炸只是有大小区别,其原理都是一致的。此外,"第二原子弹"的爆炸还有人为现象,就是人为产生电磁辐射源的电磁辐射。

随着科学技术的发展,全社会电气设备大量普及,如电视发射台、广播发射台、无线电台站、航空导航系统、雷达系统、移动通信系统、高电压送变电系统、大电流工频设备和轻轨、干线电气化铁路系统等。总之,一切以电磁能应用进行工作的工业、科学、医疗、军用的电磁辐射设备,以及电火花点燃内燃机为动力的机器、车辆、船舶、家用电器、办公设备、电动工具等,都会产生不同频率、不同强度的电磁辐射。其中,大部分是电磁脉冲辐射。

4.防御措施

电磁脉冲炸弹的打击目标与传统原子弹有很大不同。它的攻击目标有三类:一是军用和民用电子通信和金融中心,如指挥部、军舰、通信大楼和政府要地等;二是防空预警系统;三是各类导弹和导弹防护系统。

美国和苏联在研究和发展电磁脉冲武器时,都十分重视武器装备电磁环境效应和防护加固技术的研究。1979 年,美国总统卡特发布命令,强调核电磁脉冲的严重威胁,要求每开发一种武器,必须考虑电磁脉冲防护能力。为此,美国在新墨西哥州科特兰、亚利桑那州等地,建立了十余座电磁脉冲场模拟器。近几年,台湾军方在强化电子战攻击能力时,重视电磁脉冲防护研究。据台湾媒体披露,台"国防部"于 2001 年,投资 7.8 亿元新台币,用于"电子战及资讯战装备"规划,其中包括"资安计划"与"脉护计划"。"脉护计划" 主要针对来自对手的电磁脉冲武器"硬杀伤",防护台军重要军事设施、战略民用设施和"政府"重点建筑设施等。

思考题:

1.简述智能化弹药的发展现状?

2.信息化空中作战平台的发展趋势是什么?

3.综合电子战系统的基本特点有哪些?

4.精确制导武器对作战模式的影响

5.信息战武器包括哪些武器?

第六章　共同条令教育与训练

第一节　共同条令教育

条令，是用简明条文规定并以命令形式颁布的关于军队战斗、工作或生活方面的法规性文件。

解放军三大条令也称共同条令，是中国人民解放军《内务条令》《纪律条令》《队列条令》的统称，是中央军委以简明条文的形式发布给全军的命令，是全军所有单位和成员必须共同遵照执行的准则。共同条令的颁布施行，对于在新的历史条件下，保证党对军队的绝对领导，坚持依法治军、从严治军，加强军队革命化、现代化、正规化建设，维护军队高度集中统一，巩固和提高部队战斗力，具有十分重要的意义。

解放军共同条令同样也是高校学生军训过程中必须遵循的原则和标准。

一、《内务条令》

《内务条令》是以法规的形式规定军人职责、军队内部关系、日常制度、管理和勤务规则的条令，是军队行政管理和军事生活的基本准则。它为军队建设正规的生活、工作、训练和战备秩序提供了重要依据，是我军正规化建设的一项重要法规，在我军建设中具有极为重要的地位和作用。

现行的《内务条令（试行）》，是中央军委主席于 2018 年 4 月 4 日签署颁布施行的，它体现了我军新时期建军方针、原则，进一步强调了坚持党对军队的绝对领导，坚持依法治军、从严治军的方针，继承和发扬我军优良传统，是我军多年来部队管理实践的理论概括和内务建设经验的科学总结，在新的历史条件下，认真贯彻《内务条令（试行）》，必将有力地推动我军革命化、现代化和正规化建设。

（一）《内务条令（试行）》的基本内容

《内务条令（试行）》共分 15 章 325 条，并有 10 项附录。

1.总则

总则是条令基本精神和原则的高度概括，是条令的总纲。总则主要规定了四个方面的内容：

（1）规定了我军的性质和任务

条令指出中国人民解放军是中国共产党缔造和领导的，用马克思列宁主义、毛泽东思想、邓小平理论、“三个代表”重要思想、科学发展观、习近平新时代中国特色社会主义思想武装的人民军队，是中华人民共和国的武装力量，是人民民主专政的坚强柱石。担负着巩固国防，抵抗侵略，保卫祖国，保卫人民的和平劳动，参加国家建设事业的任务。

中国人民解放军在新时代的使命任务是，坚决维护中国共产党的领导和中国特色社会主义制度，坚决维护国家主权、安全、发展利益，坚决维护国家发展的重要战略机遇期，坚决维护地区与世界和平，为实现“两个百年”奋斗目标、实现中华民族伟大复兴的中国梦提供战略支撑。

(2)规定了内务建设的指导思想

中国人民解放军的内务建设，必须以毛泽东军事思想、邓小平新时期军队建设思想、江泽民国防和军队建设思想、胡锦涛国防和军队建设思想、习近平强军思想为指导，贯彻新形势下军事战略方针，不忘初心，牢记使命，为实现党在新时代的强军目标、全面建成世界一流军队而奋斗。

(3)规定了内务建设的基本任务

中国人民解放军的内务建设，是军队进行各项建设的基础，是巩固和提高战斗力的重要保证。其基本任务是：使每个军人明确和认真履行职责，维护军队良好的内外关系，建立正规的战备、训练、工作、生活秩序，培养优良的作风和严格的纪律，保证军队圆满完成任务。

(4)规定了内务建设的五条基本原则

①必须坚持人民军队的性质。实践全心全意为人民服务的宗旨，实行官兵一致、军民一致、军政一致的原则，实行政治民主，经济民主、军事民主，保证军队忠于党，忠于人民，忠于国家，忠于社会主义。

②必须坚持以提高战斗力为根本标准。牢固树立军队永远是一支战斗队的思想，把提高战斗力作为军队内务建设的出发点和落脚点，切实增强军队在现代技术特别是高技术条件下的作战能力。

③必须坚持政治工作生命线地位。坚持党对军队的绝对领导，发挥党委的核心领导作用和党支部的战斗堡垒作用。加强思想政治教育，使部队在思想上、政治上、行动上与党中央保持高度一致。

④条令、条例统一内务建设的各项工作和规范军人的行为，实施正规的严格管理，增强军队的组织性和纪律性，保持军队的高度稳定和集中统一。

⑤必须坚持继承和发扬我军优良传统，在管理教育中做到：服从命令听从指挥；官兵一致，尊干爱兵；发扬民主，依靠群众；严格要求，赏罚严明；说服教育，启发自觉；公道正派，不分亲疏；艰苦朴素，廉洁奉公；干部带头，以身作则；团结紧张，严肃活泼；拥政爱民，军民团结。

2.军人宣誓

军人宣誓，是军人对自己肩负的神圣职责和光荣使命的承诺和保证。公民入伍后，必须进行军人宣誓。军人誓词是：

我是中国人民解放军军人，我宣誓：服从中国共产党的领导，全心全意为人民服务，服从命令，严守纪律，英勇顽强，不怕牺牲，苦练杀敌本领，时刻准备战斗，绝不叛离军队，誓死保卫祖国。

军人誓词表达了革命军人绝对服从党的领导的坚定立场，坚决履行我军宗旨的政治态度。表达了革命军人严格的组织纪律观念，忠于职守的职业道德和不怕牺牲的献身精神。

3.军人职责

军人职责是军人在各自岗位上行使的职权和应当承担的责任与义务。条令对军人职责分为三类：一是士兵职责；二是军官职责；三是主管人员职责。军人职责具有法定性、阶级性和强制性。它是军队与军人之间的一种法律关系，是军队对军人在公务活动中的行为规范。

4.军队内部关系

主要规定了军人相互关系、官兵关系、机关相互关系、部队（分队）相互关系。强调部属、下级必须服从首长、上级，首长有权对部属下达命令，部属、下级必须坚决执行命令。军队的内部关系，大量反映在官兵关系上，官兵关系是军队内部关系的基础。

5.军人的行为举止和日常管理制度

《内务条令（试行）》对军人在日常生活中的言行举止，如礼节、着装、军容风纪、对外交往，作了明确的规定。同时对日常战备、训练及日常活动各个方面、各个环节的秩序，都作了严格、明确、具体的规定。主要包括四个方面的制度：一是关于日常生活秩序方面的制度，如规定了军营一日时间分配，连队及机关的一日生活、请示报告和请假销假查铺查哨、交接、接待、点验、保密等制度；二是关于日常管理和安全方面的制度，如军人健康保护，财务和伙食管理、移动电话和国际互联网的使用管理，营区管理，野营管理和安全管理等作了规定；三是关于战备秩序方面的制度，如值班、警卫、日常战备和紧急集合等作了规定；四是关于零散人员的管理制度。

《内务条令（试行）》还对国旗、军旗、军徽的使用和国歌、军歌的奏唱作了明确规定。

（二）《内务条令（试行）》的作用

内务条令除与军队其他法规一样具有重要的保障作用、规范作用、教育作用和强制作用以外，还具有以下两个方面更为突出的重要作用。

1.是加强军队正规化建设的基本依据

正规化，是我军革命化、现代化、正规化建设总目标的重要组成部分。正规化的核心，就是用以条令条例为主体的法规制度规范军队建设和管理的各个方面，建立起适应武器装备现代化水平、符合现代战争规律的组织结构和运行机制，以巩固和提高军队的战斗力。

正规化建设的内容涵盖了军队建设的方方面面,但就管理工作而言最主要的是培养正规的军人和建立正规的秩序。这既是管理工作的基本问题,也是内务建设乃至整个军队工作的基本问题。《内务条令(试行)》作为军委发布的共同条令,不仅为全体军人的日常行为提供统一的准则,而且为军队日常管理活动的组织提供依据和标准,为建立正规的秩序提供必要的保证,其所规范的内容包括了我军内部活动和军人日常行为的基本方面。依靠这种规范,才能根据军队的本质属性和履行使命的需要,培养正规的军人和建立正规的秩序,从而保证军队高度的集中统一,保证军队形成一个能高效运转、具有很强战斗力的有机整体。可以说,离开了内务条令的规范,军队内务建设就无章可循,军队的正规化建设也就失去了基础。也正是在这个意义上说,内务条令是加强军队正规化建设不可替代的基本依据。

2.是坚持人民军队根本性质的有力保证

内务建设是军队的基础性建设,关系着军队的性质和建设的发展方向。《内务条令(试行)》作为军队阶级属性的反映,作为我军的基础性法规,其作用不仅在于要为军人的行为提供规范,要为部队日常管理的各项活动提供具体的依据,更重要还在于为坚持我军人民军队的性质,坚持军队管理乃至军队建设的正确方向提供有力的保证。《内务条令(试行)》明确了我军的性质、宗旨、任务,阐明了我军内务建设的指导思想和原则,规范了我军建立在政治平等基础之上的内部关系以及具有我军特色的管理制度。与军队其他专项法规相比,《内务条令(试行)》更为集中地反映了我军这支人民军队所特有的性质,更为全面地反映了我军建设和管理所遵循的基本方针、原则和制度。可以说,贯彻执行内务条令,不仅决定着我军内务建设和管理教育工作的正确方向,而且对坚持我军性质、宗旨、军队整体建设的正确方向,起到有力的保证作用。

二、纪律条令

《纪律条令》是以法规形式规定军队纪律的条令,是军人的行为准则和军队维护纪律、实施奖惩的基本依据。它是维护部队高度稳定和集中统一、巩固和提高战斗力的强有力的武器,是保障我军其他条令、条例、规章制度贯彻落实的一个保障性法规,对于依法治军和军队正规化建设具有十分重要的作用。

军队,是个特殊的组织,担负着特殊的任务,这就决定了军队纪律的极其严格性。我军的纪律,是军队战斗力的重要因素,是团结自己、战胜敌人和完成一切任务的保证。现行的《纪律条令(试行)》,是中央军委主席于2018年4月4日签署颁布施行的。

(一)《纪律条令(试行)》的基本内容

《纪律条令(试行)》共分10章262条,并有8项附录。

1.总则

总则主要规定了五个方面的内容:

(1)制定纪律条令的目的和依据

(2)纪律条令在我军建设中的法律地位和适用范围

(3)我军纪律的性质、作用和维护纪律必须遵循的原则

(4)奖惩与维护纪律的关系

(5)全体军人遵守和维护纪律的责任和义务

2.纪律的主要内容

此次修订,首次对军队纪律内容作出集中概括和系统规范。将政治纪律、组织纪律、作战纪律、训练纪律、工作纪律、保密纪律、廉洁纪律、财经纪律、群众纪律、生活纪律等10个方面内容写入新条令,这样规范有利于强化官兵纪律意识,增强纪律观念,进而在行动中自觉遵照执行,保证军队令行禁止、步调一致。

3.奖励和处分

奖励和处分主要有以下内容

(1)奖励和处分的目的和原则。

(2)奖惩项目。

(3)奖惩条件。

(4)奖惩的权限和实施。

(5)奖励的待遇及处分对个人待遇的影响。

4.表彰

《纪律条令(试行)》新增表彰管理规范,对表彰项目、审批权限、时机等作出规范。

5.其他纪律的有关措施

根据新形势下军队维护纪律的需要,条令规定了其他几种措施:

(1)行政看管、士官留用察看和其他措施。

(2)控告和申诉。

(3)首长责任和纪律监察。

(二)《纪律条令(试行)》的重要作用

《纪律条令(试行)》的内容和其在军事法律体系中的重要地位,决定了它在我军建设和完成各项任务中都具有重要作用。

1.纪律条令是我军维护纪律、实施奖惩的基本依据

《纪律条令(试行)》明确规定了我军纪律的内容、性质,维护纪律的基本原则、基本手段和特殊措施,以及各级首长和全体军人在维护纪律中的责任与义务,规范了奖惩的目的、原则、项目、条件、权限及实施程序等。这些规定,充分体现了该条令是我军统一的纪律,是对全军官兵实施处分和对单位、个人实施奖励的统一法规这一特点。《纪律条令(试行)》明确规定,除中央军委对我军纪律和奖惩另行做出的规定外,军队其他任何单位和个人都不能规定与纪律条令相悖的内容。这清楚地说明,《纪律条令(试行)》在维护纪律和实施奖惩方面具有极大的权威性、约束力,是我军维护纪律、实施奖惩必须遵循的

基本依据。

2.纪律条令是维护军队高度集中统一的武器

我军是执行政治任务的武装集团,是人民民主专政的坚强柱石,担负着巩固国防,抵抗侵略,捍卫人民共和国和社会主义制度,保卫人民和平劳动的根本职能。高度的稳定和集中统一,是履行我军根本职能的基本条件。长期的和平环境容易淡化军人的纪律观念,使军队松散,特别在新的历史条件下,无论是国际国内的斗争风云,还是我军自身建设的需要,都要求大力加强纪律建设,保证我军在政治上永远合格。而《纪律条令(试行)》规定的内容,具有很大的强制性,它是统一全军意志和行动的准则纪律条令(试行)》规定的各种维护纪律的手段,具有很强的约束力,它是保持稳定、防止松散,严明军纪的强有力武器:《纪律条令(试行)》规定的奖惩条件,具有鲜明的导向作用,它是引导官兵积极进取、扶正祛邪的路标。实践表明,只有按照《纪律条令(试行)》)的规定,对严守纪律、认真履行职责的给予奖励,对违抗命令、破坏纪律的现象坚决查处,对有倾向性问题和纪律严重涣散的单位认真进行整顿,严肃军纪,严明赏罚,才能维护军队高度的稳定和集中统一。《纪律条令(试行)》在维护、巩固纪律,保证我军高度稳定和集中统一上,有着不可替代的作用。

3.纪律条令是加强我军“三化”建设的重要保障

“三化”是我军建设的总任务、总目标,加强我军的革命化建设,即保证党对军队的绝对领导,保持我军的无产阶级性质,保持我军高度的集中统一和稳定,保证我军一切行动听从党中央、中央军委指挥,是我军纪律的核心内容,是《纪律条令(试行)》中规定的一条基本纪律,加强我军的现代化建设,提高我军现代化条件,特别是高技术条件下的作战能力要求我军必须具有更加严格的组织纪律,以确保现代化装备的科学管理,确保训练任务的完成,确保各军兵种、各部队之间作战时密切协同。所有这些,都是《纪律条令(试行)》特有的功能。加强我军的正规化建设,更离不开严密的组织和严格的纪律,毛泽东同志提出的“五统四性”的著名论断,就包括“统一纪律”和“加强纪律建设”的内容。因此,严格执行纪律条令,加强纪律建设,既是我军正规化建设的一项重要内容,也是加强正规化建设的重要保障。

三、队列条令

《队列条令》是规范部队和单个军人队列动作的法规,是全军队列训练与队列生活的准则和依据。

队列,是军人进行集体活动必不可少的组织形式,在军队的训练、工作和生活中,凡是集体活动都离不开队列。认真执行《队列条令》,对于进一步规范全军的队列生活,培养优良的作风和严格的组织纪律,保持军队的高度集中统一,加强我军正规化建设,提高部队的战斗力,具有十分重要的意义。

现行的《队列条令(试行)》,是2018年4月4日中央军委常务会议通过发布,自2018年5月1日起施行的。

（一）《队列条令（试行）》的基本内容

《队列条令（试行）》共分10章89条，并有4项附录。

1.总则

制定《队列条令（试行）》是为了规范中国人民解放军的队列动作、队列队形和队列指挥，保持整齐统一和严格正规的队列生活。其主要内容：一是《队列条令（试行）》的作用和意义；二是规定了本条令的适用范围；三是明确了首长和机关的责任；四是规定了队列纪律。

2.队列指挥

规定了队列指挥位置、队列指挥方法和队列指挥要求。

3.队列队形

规定了队列的基本队形，列队的间距，分队的队形，如班、排、连营的队形，以及旅的队形。

4.单个军人及分队，部队的列队动作

单个军人的列队动作包括立正、跨立、稍息、停止间转法、行进、立定敬礼、整理着装、携枪等。

分队、部队的列队动作包括集合，离散，整齐，报数，出列，入列，队形变换，敬礼，指挥员队列位置的变换等。

5.国旗的掌持、升降和军旗的掌持、授予与迎送

规定了国旗的掌持、升降的人员要求与升降旗的要领，规定了军旗的掌持、授予与迎送的人员要求、掌旗姿势与要领、授旗权限、授旗与迎送车旗的要领、程序等。

6.阅兵

规定了阅兵的权限、形式、程序和师以上部队阅兵、军兵种部队和院校阅兵的要求。阅兵是展现威武文明之师的风貌，检验部队训练和正规化建设成果的重要形式，必须按照规定的程序严密组织实施。

7.仪式

此次《队列条令（试行）》修订最大的亮点是充实完善仪式规范。按照聚焦实战、立足实际、注重实效的原则，条令将现有3种仪式（晋衔、授枪、纪念）整合增加至17种，包括：升国旗、誓师大会、码头送行和迎接任务舰艇、凯旋、组建、转隶交接、授装、晋衔、首次单飞、停飞、授奖授称授勋、军人退役、纪念、迎接烈士、军人葬礼、迎外仪仗。条令规范了组织各类仪式的时机、场合、程序和要求，将进一步激励官兵士气、展示我军良好形象、激发爱国爱军热情。在纪念仪式、军人葬礼仪式等活动中设置鸣枪礼环节。

（二）《队列条令（试行）》的作用

《队列条令（试行）》总则第三条强调：“本条令是中国人民解放军队列生活的准则和

队列训练的基本依据,全体军人必须严格执行本条令,加强队列训练,培养良好的军姿、严整的军容、过硬的作风、严格的纪律性和协调一致的动作,落实全面从严治军要求,促进军队正规化建设,巩固和提高战斗力。"这一规定,明确了《队列条令(试行)》在军队建设中的地位和作用。通过贯彻《队列条令(试行)》,进行严格的队列训练,一方面规范全军的队列动作、队列队形、队列指挥;另一方面培养军人良好的军姿,严整的军容,过硬的作风和严格的纪律,以及协调一致的动作。同时,对维护我军文明之师、威武之师的形象,对加强部队正规化建设,巩固和提高部队战斗力具有十分重要的作用。

《队列条令(试行)》的作用主要体现在以下几个方面:第一,《队列条令(试行)》是规范我军队列动作、队列队形、队列指挥,建立严格正规队列生活的依据和准则。第二,依据《队列条令(试行)》加强队列训练,对培养军人优良的作风和严格的组织纪律性,增强部队的战斗力具有重要的意义。第三,贯彻执行《队列条令(试行)》,保持高度整齐划一和严格正规的队列生活,是加强部队正规化建设的重要内容。

第二节　分队的队列动作

一、集合、离散

(一)集合

集合,是使单个军人、分队、部队按照规范队形聚集起来的一种队列动作。

集合时,指挥员应当先发出预告或者信号,如"全连(或者×排)注意",然后,站在预定队形的中央前,面向预定队形成立正姿势,下达"成队—集合"的口令。所属人员听到预告或者信号,原地面向指挥员成立正姿势;听到口令,跑步到指定位置面向指挥员集合(在指挥员后侧的人员,应当从指挥员右侧绕过),自行对正、看齐,成立正姿势(见图6-1、图6-2)。

1.班集合

口令:成班横队(二列横队)——集合。

要领:基准兵迅速到班长左前方适当位置,成立正姿势:其他士兵以基准共为准,依次向左排列,自行看齐。

成班二列横队时,单数士兵在前,双数士兵在后。

口令:成班纵队(二路纵队)——集合。

要领:基准兵迅速到班长前方适当位置,成立正姿势:其他士兵以基准兵为准,依次向后排列,自行对正。

成班二路纵队时,单数士兵在左,双数士兵在右。

2.排集合

口令:成排横队——集合。

要领:基准班在指挥员前方适当位置,成班横队迅速站好;其他班成班横队,以基准班为准,依次向后排列,自行对正、看齐。

口令:成排纵队——集合。

要领:基准班在指挥员右前方适当位置,成班纵队迅速站好,其他班成班纵队,以基准班为准,依次向右排列,自行对正、看齐。

3.连集合

口令:成连横队——集合。

要领:队列内的连指挥员或者基准排,在指挥员左前方适当位置,成横队迅速站好;各排和连部成横队,以连指挥员或者基准排为准,依次向左排列,自行对正、看齐。

口令:成连纵队——集合。

要领:队列内的连指挥员或者基准排,在指挥员前方适当位置,成纵队迅速站好;各排和连部成纵队,以连指挥员或者基准排为准,依次向后排列,自行对正,看齐。

口令:成连并列纵队——集合。

要领:队列内的连指挥员或者基准排,在指挥员左前方适当位置,成纵队迅速站好;各排和连部成纵队,以连指挥员或者基准排为准,依次向左排列,自行对正、看齐。

(二)离散

离散,是使列队的单个军人、分队、部队各自离开原队列位置的一种队列动作。

1.离开

口令:各营(连、排、班)带开(带回)。

要领:队列中的各营(连、排、班)指挥员带领本队迅速离开原列队位置。

2.解散

口令:解散。

要领:队列人员迅速离开列队位置。

二、整齐、报数

(一)整齐

整齐,是使列队人员按照规定的间隔、距离,保持行、列齐整的一种队列动作。整齐分为向右(左)看齐和向中看齐。

1.向右(左)看齐

口令:自右(左)看——齐。向前——看。

要领:基准兵不动,其他士兵向右(左)转头,眼睛看右(左)邻士兵腮部,前四名能通视基准兵,自第五名起,以能通视到本人以右(左)第三人为度。后列人员,先向前对正,后向右(左)看齐。听到“向前——看”的口令,迅速将头转正,恢复立正姿势。

2.向中看齐

口令:以×为准,向中看——齐。向前——看。

要领:当指挥员指定以×为准(或者以第×名为准)时,基准兵答“到”,同时左手握拳高举,大臂前伸与肩略平,小臂垂直举起,拳心向右。

听到“向中看——齐”的口令后,其他士兵按照向左(右)看齐的要领实施。听到“向前——看”的口令后,基准兵迅速将手放下,其他士兵迅速将头转正,恢复立正姿势。

纵队看齐时,可以下达“向前——对正”的口令。

(二)报数

口令:报数。

要领:横队从右至左(纵队由前向后)依次以短促洪亮的声音转头(纵队向左转头)报数,最后一名不转头。数列横队时,后列最后一名报“满伍”或者“缺×名”。连集合时,由指挥员下达“各排报数”的口令,各排长在队列内向指挥员报告人数,必要时,连也可以统一报数。

三、出列、入列

单个军人和分队出、入列通常用跑步(5 步以内用齐步,1 步用正步)或者按照指挥员指定的步法执行;然后,进到指挥员右前侧适当位置或者指定位置,面向指挥员成立正姿势。

(一)班、排出列

口令:第×班(排),出列。

要领:听到“第×班(排)”的口令后,由出列班(排)的指挥员答“到”,听到“出列”的口令后,由出列班(排)的指挥员答“是”,并用口令指挥本班(排),按照本条的有关规定,以纵队形式从队尾(位于第一列的班取捷径)出列。

(二)班、排入列

口令:入列。

要领:听到“入列”的口令后,由入列班(排)指挥员答“是”,并用口令指挥本班(排),以纵队形式从队尾(位于第一列的班取捷径)入列。

四、行进、停止

横队和并列纵队行进以右翼为基准,纵队行进以左翼为基准(一路纵队行进以先头为基准)。

(一)行进

指挥员应当下达“×步——走”的口令。听到口令,基准兵向正前方前进,其他士兵向基准兵标齐,保持规定的间隔、距离行进。纵队行进时,排、连通常成三路纵队,也可以成一、二路纵队。行进中,需要时,用“一二一”(调整步伐的口令)、“一二三四”(呼号)或者唱队列歌曲,以保持步伐的整齐和振奋士气。

(二)停止

指挥员应当下达“立——定”的口令。听到口令,按照立定的要领实施,分队的动作要整齐一致。停止后,听到“稍息”的口令,先自行对正、看齐,再稍息。

五、队形变换

队形变换,是由一种队形变为另一种队形的队列动作。

(一)横队和纵队的互换

横队变纵队:停止间口令:向右——转。

行进间口令:向右转——走。

纵队变横队:停止间口令:向左——转。

行进间口令:向左转——走

要领:停止间,按照单个军人向右(左)转的要领实施。行进间,按照单个军人向右(左)转走的要领实施。分队动作要整齐一致。队形变换后,排以上指挥员应当进到规定的列队位置。

(二)停止间班横队和班二列横队,班纵队和班二路纵队互换

1.班横队变班二列横队

口令:成班二列横队——走。

要领:变换前,先报数。听到口令,双数士兵左脚后退 1 步,右脚(不靠拢左脚)向右跨 1 步,左脚向右脚靠拢,站到单数士兵之后,自行对正、看齐。

2.班二列横队变班横队

口令:间隔 1 步,向左离开。

成班横队——走。

要领:听到“间隔 1 步,向左离开”的口令,取好间隔;听到“成班横队——走”的口令,双数士兵左脚左跨 1 步,右脚(不靠拢左脚)向前 1 步,左脚向右脚靠拢,站到单数士兵左侧,自行看齐。

3.班纵队变班二路纵队

口令:成班二路纵队——走。

要领:变换前,先报数。听到口令,双数士兵右脚右跨 1 步,左脚(不靠拢右脚)向前 1 步,右脚向左脚靠拢,站到单数士兵右侧,自行对正看齐。

4.班二路纵队变班纵队

口令:距离2步,向后离开。成班纵队——走。

要领:听到“距离2步,向后离开”的口令,取好距离:听到“成班纵队——走”的口令,双数士兵右脚后退1步,左脚(不靠拢右脚)站到单数士兵之后,自行对正。

六、方向变换

方向变换,是改变队列面对的方向的一种队列动作。

(一)横队和并列纵队方向变换

停止间,通常是左(右)转弯或者左(右)后转弯,必要时可以向后转。

口令:左(右)转弯,齐(跑)步——走,或者左(右)后转弯,齐(跑)步——走。向后——转,齐步——走(当需要向后转走时,应当先下“向后——转”的口令,待方向变换后,再下“齐步——走”的口令)。

行进间口令:左(右)转弯——走,或者左(右)后转弯——走。

要领:一列横队方向变换时,轴翼士兵踏步,并逐渐向左(右)转动;外翼第一名士兵用大步行进并同相邻士兵动作协调,逐步变换方向(愈接近轴翼者,其步幅愈小),其他士兵用眼睛的余光向外翼取齐,并保持规定的间隔和排面整齐,转到90°或者180°时踏步并取齐,听口令前进或者停止。

数列横队和并列纵队方向变换时,第一列轴翼士兵停止间用踏步、行进间用小步,外翼士兵用大步行进,保持排面整齐,边行进边变换方向,转到90°或者180°后,听口令前进或者停止;后续各列按照上述要领,保持间隔、距离,取捷径进到前一列转弯处,转向新方向跟进。

(二)纵队方向变换

停止间,通常是左(右)转弯,或者左(右)后转弯,必要时可以向后转。

口令:左(右)转弯,齐(跑)步——走,或者左(右)后转弯,齐(跑)步——走。向后——转,齐(跑)步——走(按照横队和并列纵队向后转走的方法实施)。

行进间口令:左(右)转弯——走,或者左(右)后转弯——走。

要领:一路纵队方向变换,基准兵在左(右)转弯时,按照单个军人行进间转法(停止间,左转弯走时,左脚先向前一步)的要领实施,在左(右)后转弯时,用小步边行进边变换方向,转到90°或者180°后,照直前进;其他士兵逐次进到基准兵的转弯处,转向新方向跟进。

数路纵队方向变换时,按照数列横队和并列纵队方向变换的要领实施。

第七章 射击与战术训练

第一节 轻武器射击

一、轻武器性能、构造

重点介绍95式自动步枪、81式自动步枪、56式半自动步枪和56式冲锋枪的基本常识、射击原理、操作方法，子弹基本常识及武器保养。

1. 95式自动步枪

95式自动步枪由我国自主研发，首批装备驻港部队，具有口径小、初速高、火力猛、杀伤力大等特点，是我军主要装备的轻武器之一。该枪采用无把结构，自动方式为导气式，机头回转闭锁，可单、连发射击，供弹具有30发塑料弹匣和75发快装弹鼓两种，机械瞄准装置照门为视孔式。配有降噪音、降火焰的膛口装置。该枪能发射40毫米枪榴弹系列，并可加挂能快速拆卸的35毫米榴弹发射器，还配有3倍的白光瞄准镜和微光瞄准镜，微光瞄准镜可在夜间弱光条件下对200米以内活动目标精确瞄准。

95式突击步枪由枪管、导气装置、护盖、枪机、复进簧、击发机构、枪托、机匣和弹匣、瞄准装置、刺刀等11部分组成，还有一套附件。

2. 03式自动步枪

03式自动步枪由我国自主研发，具有初速高、口径小、瞄准基线长、精度高等特点。03式5.8毫米自动步枪是我国新一代单兵战斗武器，既可作为特种兵、空降兵、装甲兵和普通部队的基本战斗武器，又可以作为基层指挥人员和勤务人员的战斗自卫武器，能用实弹直接从枪管发射40毫米枪榴弹，使射手具有点面杀伤和反装甲能力。03式自动步枪对单个目标在400米内射击效果最好，集中火力可射击500米内的飞机、伞兵和集团目标。配有QN195式刺刀，必要时也可用刺刀杀伤敌人；可配白光瞄准镜或微光瞄准镜。

3. 92式手枪

我军装备的92式手枪有两种：QSZ92式5.8毫米手枪和QSZ92式9毫米手枪。两款手枪外形、结构大致相同，在我军皆有装备。QSZ92式自动手枪主要装备我军指挥员、装甲兵、飞行员、特种作战人员等，主要用于火力杀伤50米以内的单个生动目标。92式手枪结构合理、精度好、可靠性高、威力大、重量轻、外形美观。全枪采取单元化组合式结构，分解、结合方便，维修保养简易。整体式塑料底把手感好，握持舒适，采用了便于左、右手操作的弹匣扣和保险,人机工程合理。

4. 81 式自动步枪

81 式自动步枪是一种近距离消灭敌人的自动武器,既可对 400 米距离内的单个人员目标实施有效射击,也可集中火力射击 500 米距离内的集团目标,弹头飞行至 1500 米处仍有杀伤力。该枪使用 7.62 毫米的子弹,既可进行半自动射击(打单发),又可进行自动射击(打连发),还可发射枪榴弹。弹匣可装 30 发子弹,当弹匣的最后一发子弹发射出去时,滑机退回到后面挂机。该武器在 100 米距离上,使用 56 式普通子弹,可穿透 6 毫米的钢板、15 厘米厚的砖墙、30 厘米厚的土层或 40 厘米厚的木板。

81 式自动步枪主要由十大部件组成,即刺刀、枪管、瞄准具、活塞及调节塞、机匣、枪机、复进机、击发机、弹匣和枪托,另有一套附品:擦拭杆、铳子、鬃刷、附品盒、通条、油壶、背带和弹匣袋等。

5. 56 式半自动步枪

56 式半自动步枪是我军步兵分队装备较早的一种半自动轻武器,主要用于对 400 米距离以内的单个目标实施射击,精度较好。该枪使用 7.62 毫米子弹,弹仓(内装 10 发)送弹,每扣动扳机一次,发射一发子弹,不能打连发,当弹仓的最后一发子弹发射出去时,滑机退回至后面挂机。其侵彻力同 81 式自动步枪。该枪由十大部件组成,其各部件的名称同 81 式自动步枪。

6. 56 式冲锋枪

56 式冲锋枪是我军装备较早的一种近战消灭敌人的自动武器。对单个目标在 300 米距离内实施点射,在 400 米距离内实施单发射效果最好,必要时也可实施连发,射弹飞行到 1500 米处仍有杀伤力,该枪使用 762 毫米子弹,弹厘(内装 30 发)送弹,子弹射完后不挂机。其侵彻力同 81 式自动步枪,该枪由十大部件组成,其各部件的名称同 81 式自动步枪。

7.击发原理

扣动扳机后,击锤打击击针,撞击子弹底火,点燃发射药,产生火药气体,推动弹头沿膛线向前运动,弹头一经过导气孔,部分火药气体通过导气孔,涌入导气箍,冲击活塞,推动推杆,使枪机间后缩复进簧,完成开锁、抛壳,并使击锤成待发状态,枪机退到后方时,由于复进簧伸张,使枪机向前运动,推送下一发子弹入膛,半自动,出于此时击锤被击发阻铁卡住,不能前打击击针。若再次发射,必须松开扳机,再扣扳机。冲锋枪(自动步枪)如保险机定在连发位置,扳机未松开,击发阻铁不能卡住击锤,击锤再次打击击针,形成连发;如保险机定在单发位置,击锤被击发阻铁卡住不能向前,若再次发射,必须松开扳机,再扣扳机。

二、轻武器的保养

爱护武器是军官、士兵的重要职责,是一项经常性的战备措施,也是预防故障的有效方法。为此,必须做到勤检查、勤擦拭、不碰摔、不生锈、不损坏、不丢失。

(一)保管使用规则

(1)武器和子弹应放在安全、干燥和通风的地方。在营房内,应放在枪架上,送回击锤,关上保险,表尺转轮定在表尺"3"上。刺刀(匕首)应装在刀鞘内,在居民地宿营时,不得将武器和子弹放在门窗附近。

(2)行军作战和训练时,应尽量避免武器碰撞和沾上污物。长时间射击时,应及时向枪机上涂油,乘车(船)时,应将武器妥善保管,防止碰撞和丢失。

(3)在潮湿和沿海地区应特别注意防止机件和子弹生锈。在风沙较多的情况下,防止灰沙进入枪内。在炎热季节,应尽量避免长时间曝晒。

(4)教练弹和实弹严禁混放在一起,严禁用实弹当教练弹操练使用。分队不准存有待修及废品枪弹。

(二)擦拭上油

(1)训练、演习、实弹射击后,应适时地用干布和油布进行擦拭上油。

(2)擦拭前,应有组织地进行验枪、验弹,并应分解武器,准备擦拭用具。

(3)擦拭时,应先擦拭枪膛和其他细小部件,后擦拭枪表面,擦拭干净后,用布条或油刷涂油。

(4)擦拭后,应拉送枪机数次,检查是否结合正确,并松回击锤,关上保险。

(三)检查

(1)检查外部。主要检查金属部分是否有污垢、锈痕和碰伤,木质部分有无裂缝和碰伤,各部机件号码是否一致,准星是否弯曲和松动等。

(2)检查枪膛。检查枪膛是否有污垢、生锈和损伤。

(3)检查机能,装上数发教练弹,拉送枪机数次,检查送弹、闭锁、击发、退壳险时各部件机能是否正常。

(4)检查附品和子弹。检查附品是否齐全完好,子弹有无锈蚀、凹陷、裂缝,弹头是否松动。

(四)故障与排除方法

1.预防故障的措施

(1)严格按规则爱护、保管和使用武器、子弹。有毛病的机件应及时送修或更换,有毛病的子弹不准使用。

(2)战斗中应抓紧战斗间隙擦拭武器。来不及擦拭时,应向活动机件注油,或调整调节塞增大火药气体的压力。

(3)在寒冷的条件下使用武器时,不能过多上油,以防冻结,影响机件活动。在寒区,入冬后应换用冬季枪油,并彻底清除夏季枪油。在装子弹前,应将枪机拉送数次或向活动部分注少量汽油(煤油或酒精)。

2.排除故障的方法

射击中,若发生故障,通常拉枪机向后,重新装弹继续射击。如果仍然有故障,应迅速查明原因并予以排除。如果排除不了,应迅速向指挥员报告。半自动步枪可能发生的故障、原因及排除方法,见表7-1。

表7-1 半自动步枪故障、原因及排除方法

故障现象	发生原因	排除方法
不送弹	(1)弹仓过脏或损坏。(2)机件过脏,枪机后退不到定位。	擦拭过脏机件或枪仓
不发火	(1)子弹底火失效(2)击锤簧弹力不足或击针损坏	(1)更换子弹(2)更换击针或击键簧
不退壳	(1)子弹、枪机、机匣、弹膛及火药气体通路过脏,枪机后退不到定位(2)抓弹钩过脏或损坏	(1)捅出膛内弹壳(2)擦拭过脏机件(3)更换抓弹钩(4)调整调节塞的位置
断冗	(1)子弹有毛病(2)弹膛过脏	(1)送机枪到定位,然后猛拉枪机取出断壳(2)擦拭弹膛并涂油
不连发	(1)调节塞装定不正确(2)导气箍、枪机和机匣脏	(1)正确装定调节塞(2)擦拭过脏机件
枪进机到未定前位	(1)弹膛、机匣、枪机和复进机过脏或枪油凝结(2)子弹变形	(1)推枪机到定位(2)擦拭过脏机件(3)更换子弹
不抛壳	(1)火药气体通路过脏(2)机件过脏,枪机后退不到定位	擦拭过脏机件

三、简易射击原理

(一)发射与后坐

1.发射及其过程

发射,就是火药气体压力将弹头从膛内推送出去的现象。其过程是击针撞击子弹底火,使起爆药发火;火焰通过导火孔引燃发射药,产生大量火药气体,在膛内形成很大的压力,迫使弹头脱离弹壳,沿膛线旋转加速前进,直至推出枪口。

2.后坐及其对命中的影响

后坐,就是发射时武器向后运动的现象。

(1)后坐的形成

发射药燃烧所产生的气体同时作用于各个方向,作用于膛壁周围的压力被膛壁所抵消;向前作用于弹头后部的压力推送弹头前进;向后作用于弹壳底部的压力经过枪机传给整个武器,使武器向后运动,形成后坐。武器的后坐和弹头的运动是同时开始的。在弹头脱离枪口瞬间,大量的火药气体随弹头后部从膛内向外喷出,形成了反作用力,使武器后坐更加明显。

(2)后坐对命中的影响

后坐对单发(连发首发)射击的命中影响极小。因为弹头在膛内运动的时间极短(约1‰秒),并且枪比弹头重得多,所以弹头在脱离枪口以前,枪的后坐距离只有1毫米多。而且是正直向后运动,加之衣服和肌肉的缓冲,射手是感觉不出来的。射手感觉到的后坐,主要是弹头在脱离枪口的瞬间,火药气体猛烈向枪口外喷出形成的反作用力造成的。此时,弹头已脱离枪口。因此,后坐对单发(连发首发)射击的命中影响极小。

后坐对连发射击的命中有一定的影响。因为连发射击时,第一发子弹发射后,由于枪的明显后坐变动了原来的瞄准线,所以对第二发以后的射弹命中有一定的影响但只要射手握枪要领正确,适应连发武器射击时后坐的规律,就能减小后坐对连发命中的影响,提高射击精度。

(二)弹道形状及其实用意义

1.弹道

(1)弹道及其形成

弹道,就是弹头在运动过程中,其重心所经过的路线。弹头脱离枪口后,如果没有地心引力和空气阻力的作用,它将保持其所获得的速度,沿着发射线无止境地匀速直线飞行。

实际上,弹头在空气中飞行,一面受到地心引力的作用,逐渐下降;一面受到空气阻力的作用,越飞越慢,因此,形成了一条不均等的弧线。升弧较长较直,降弧较短较弯曲。

(2)弹道基本要素(图7-1)

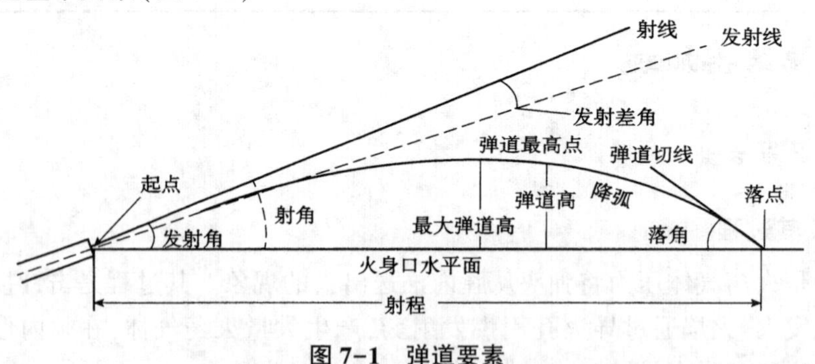

图7-1 弹道要素

①火身口水平面:通过起点的水平面。

②射线:发射前火身轴线的延长线。

③射角:射线与火身口水平面所夹的角。

④发射线:发射瞬间火身轴线的延长线。

⑤发射角:发射线与火身口水平面所夹的角。

⑥升弧:由起点到弹道最高点的弹道。

⑦降弧:由弹道最高点到落点的弹道。

⑧弹道高:弹道上任何一点到火身口水平面的垂直距离。

⑨最大弹道高:弹道最高点到火身口水平面的垂直距离。

⑩射程:起点到落点的水平距离。

2.直射

(1)直射和直射距离

瞄准线上的弹道高在整个表尺距离上不超过目标高的射击,叫直射,这段表尺距离叫直射距离。

(2)直射距离的求法

射距离的大小,取决于目标的高低和弹道的低伸程度,目标越高,弹道越低伸,直射距离就越大;目标越低,弹道越弯曲,直射距离就越小。

(3)直射的实用意义

①对在直射距离内的目标射击时,瞄准目标下沿,不变更表尺分划即可进行连续射击,以增大射速,提高射击效果。

②可以弥补测量距离的误差对命中的影响。

③指挥员运用直射的原理,组织侧射、斜射、短兵射击和夜间标定射击,均能获得良好的射击效果。

④反坦克火器在直射距离内对敌装甲目标射击,效果更好。

3.危险界、遮蔽界和死角

(1)危险界

危险界分为表尺危险界和实地危险界。表尺危险界是指瞄准线上的弹道降弧段弹道高不大于目标高,能毁伤目标的一段射击距离;实地危险界是在实地弹道高不大于目标高的一段射击距离。决定实地危险界大小的条件有以下几个。

①弹道低伸程度。对同一地形上的同一目标射击时,弹道越低伸,实地危险界就越大;反之越小。

②目标高低。用同一武器对同一地形上的不同目标射击,目标越高,实地危险界越大;反之越小。

③目标所在位置的地貌。用同一武器对同一种目标射击,目标所在位置的地貌与弹道形状越相一致,实地危险界越大;反之越小。

(2)遮蔽界和死角

从弹头不能射穿的遮蔽物顶端到弹着点的一段距离,叫遮蔽界。目标在遮蔽界内不会被杀伤的一段距离,叫死角。遮蔽界内包括死角和危险界。

遮蔽界和死角的大小是由遮蔽物的高低和落角的大小决定的。

①同一弹道,同一目标,遮蔽物越高,遮蔽界和死角就越大;反之越小。

②同一遮蔽物,同一目标,落角越小,遮蔽界和死角就越大;反之越小。

③同一遮蔽物,同一弹道,日标越高,死角越小;反之越大

了解危险界、遮蔽界和死角的实用意义,是为了在战斗中更好地隐蔽身体,发挥火力,灵活地利用地形地物,隐蔽地运动、集结和转移,以避开或尽量减少敌火力的杀伤。在组织火力配系时,就能正确选择射击位置和组织火力,千方百计地增大危险界和减少射击地带内的遮蔽界和死角,并善于运用弯曲弹道和各种武器的侧射、斜射火力消灭隐蔽在遮蔽界和死角内的敌人。

(三)选定表尺分划和瞄准点

1.瞄准具的作用

由于地心引力和空气阻力的作用,如果用枪管瞄向目标射击,射弹就会打低打近。为了命中目标,必须将枪口抬高,使火身轴线与瞄准线之间形成一定的角度。瞄准具的作用,就是对一定距离上的目标射击时赋予武器相应的瞄准角和射向射击时,只要按照目标的距离装(选)定相应的表尺分划瞄准射击,就能命中目标。因此,正确地选定表尺分划,对准确命中目标有着决定性意义。

2.瞄准基本要素

(1)瞄准基线:缺口的上沿中央到准星尖的直线线段。

(2)准线:视线通过缺口上沿中央和准星尖的延长线。

(3)准点:瞄准线所指向的一点。

(4)瞄准角:射线与瞄准线的夹角。

(5)瞄准线上弹道高:弹道上任何一点到瞄准线的垂直距离。

(6)弹着点:弹道与目标表面或地面的交点。

3.选择表尺分划和瞄准点

为了使射弹准确地命中目标,射击时,射手应根据目标的距离、大小和武器高,正确地选定表尺分划和瞄准点,见表 7-2。

表 7–2　弹道高表

枪种＼表尺	弹道高＼距离	50	100	150	200	250	300	350	400	450	500
半自动步枪	1	1	0	−7						–	–
	2	6	11	9	0	−16	–	–	–	–	–
	3	13	25	29	28	18	0	−29	–	–	–
	4	21	42	55	62	61	51	31	0	−48	–

（1）目标距离为百米（轻机枪 50 米）整数时，可根据目标的距离装定相应的表尺分划，瞄准点选在目标中央。如半自动步枪对 100 米距离胸环靶射击时，定表尺“1”；用轻机枪对 150 米距离半身靶射击时，定表尺“1.5”。瞄准目标中央射击，即可命中目标中央。

（2）目标距离不是百米（轻机枪 50 米）整数时，通常选定大于实际距离的表尺分划。根据武器在该距离上的弹道高，相应降低瞄准点射击。如半自动步枪对 250 米距离胸环靶射击时，定表尺“3”，在 250 米处的弹道高为 18 厘米，这时，瞄准目标下沿中央射击，即可命中目标中央。

（3）战斗中，对 300 米距离以内的目标射击时，通常定常用表尺（表尺“3”）分标瞄下沿，大目标瞄中央射击，即可命中。

4.观察弹着和修正偏差

射击时，由于测距、瞄准的误差和外界条件对射击的影响，以及射手操作不正确等原因，会使射弹产生偏差。因此，射手应注意观察弹着，及时修正偏差，以提高射击效果。

（1）观察弹

观察弹着时，应根据射弹击起的尘土、水花的位置，曳光迹和目标状况的变化等情况，判断射弹是否命中目标或偏差量的大小。各种枪对草地、湿地、硬土地上的目标射击时，弹着不易观察，可用曳光弹射击，确定其偏差量。

（2）修正方法

发现偏差时，应认真分析，找出原因，正确地进行修正。如是武器、风造成的偏差，偏差多少就修正多少。修正时，应以预期命中点为准，向偏差相反的方向修正。

①修正方向偏差。用改变瞄准点的方法进行修正。射弹偏右，瞄准点向左修；射弹偏左，瞄准点向右修。

②修正高低偏差。用提高、降低瞄准点或增减表尺分划的方法进行修正。射弹偏高时，降低瞄准点或减少表尺分划。射弹偏低时，提高瞄准点或增加表尺分划。

（四）风、气温、阳光对射弹的影响及修正

1.风对射弹的影响及修正

风是一种具有速度和方向的气流，它能改变射弹的飞行方向和距离。在各种外界条

件中,风对射弹的飞行影响最大。因此,必须准确地判定风向和风力,根据风对射弹的影响进行修正,以保证射弹准确命中目标。

(1)风向和风力的判定

①风向的判定,按风吹的方向和射击方向所形成的角度可分为横风、斜风和纵风。

②风力的判定。风力按其大小分为强风,和风和弱风。风力的大小,可用测风仪等器材测出,也可根据人的感觉和常见物体被风吹动的情况来判定,如表7-3所示。

表7-3

风力			人的感觉	常见的物体现象			
区别	级别	速度		树	旗帜	烟	海面、渔船
弱风	2级	2~3米/秒	面部和手稍感到有风	灌木丛、细树枝、树叶微动并沙沙作响	微动并稍离开旗杆	微被吹动	有别小波,船身摇动帆基本正直
和风	3~4级	4~7米/秒	明显地感到有风,吹过耳边时呜呜响,面对风可睁开眼	灌木摆动,树上的细枝被吹弯,树叶剧烈地摆动	展开飘动	被吹斜约成45度角	有轻浪,船身摇动明显,船帆倾向一侧
强风	5~6级	8~12米/秒	迎面站立或行走,明显地感到有阻力,尘土飞扬,面对风感到睁眼困难	树干摆动,粗枝被吹弯	飘成水平状态,并哗哗作响	被吹成水平状态,并被吹散	有大浪,浪顶的白色泡沫很多,船身常被风吹离浪顶

(2)风对射弹的影响及修正

①横(斜)风对射弹的影响及修正。横(斜)风能对弹头的侧面施以压力,使射弹偏向一侧,产生方向偏差(斜风还能使射弹产生距离偏差,因偏差很小,故不考虑)。风力越大,距离越远,偏差就越大。风从左吹来,射弹偏右;风从右吹来,射弹偏左。

②纵风对射弹的影响及修正。纵风能影响射弹的飞行距离。顺风时,空气阻力减小,使射弹打远(高);逆风时,空气阻力增大,使射弹打近(低)。但在近距离内,风速为10米秒以下时,纵风对射弹影响很小,一般可不修正。

2.阳光对瞄准的影响及克服方法

(1)阳光对瞄准的影响

在阳光下瞄准时,由于阳光照射作用,缺口部分产生虚光,形成三层缺口:上层为虚光部分,中层为真实缺口,下层为黑实部分,如图7-2所示。如不注意辨清真实缺口位置,就容易产生误差,使射弹产生偏差。

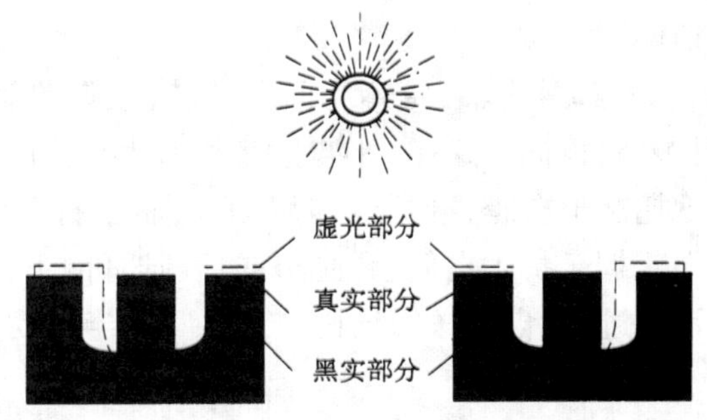

图 7-2　缺口部分产生虚光形成三层缺口

若用虚光上沿瞄准,射弹偏向阳光照来的方向。阳光从右上方照来时,缺口左边和上沿产生虚光,用虚光部分瞄准,准星实际上偏右高,因此,射弹偏右上。阳光从左上方照来时,射弹则偏左上。

若用黑实部分进行瞄准,射弹偏向阳光照来的相反方向。阳光从右上方照来时,用黑实部分瞄准,准星实际上偏左低。因此,射弹偏左下。阳光从左上方照来时,射弹则偏右下。

在阳光照射下,缺口和准星尖同时产生虚光时,若用虚光上沿瞄准,射弹偏低,若用黑实部分瞄准,射弹偏高。

(2)克服方法

①辨清真实缺口的位置和正确瞄准景况。可在不同方向的阳光照射下练习瞄准,采取遮光瞄准不遮光检查或不遮光瞄准遮光检查的方法,反复练习,确实辨清真实缺口的位置和正确瞄准景况。辨别真实缺口的简易法:不用黑,不用白,真实缺口是灰白。

②缩短阳光下瞄准的时间。在阳光下瞄准的时间不宜过长,以免眼花而产生误差。

③注意保护瞄准具。平时要保护好瞄准具,不使其磨亮而反光。

3.气温对射弹的影响及修正

(1)气温对射弹的影响

气温升高时,空气密度减小,射弹飞行中受到的空气阻力就小,射弹就打得远(高)。气温降低时,空气密度增大,射弹在飞行中受到的空气阻力就大,射弹就打得近(低)。

(2)修正方法

由于各地区和各季节的气温不同,很难与标准气温(+15 摄氏度)条件相符。因此,应在当地的气温条件下校正武器的射效,并以校正射效时的气温条件为准。射击时,若气温差别不大,在 400 米内对射弹命中的影响较小,不必修正。若气温差别很大或对远距离目标射击时,应适当提高或降低瞄准点射击。气温降低时,提高瞄准点或增加表尺分划;气温升高时,降低瞄准点或减小表尺分划。

四、武器操作

(一)验枪及射击准备

1.验枪

验枪就是检查枪的弹膛、弹匣、弹盒和教练弹中有无实弹。在使用武器前后及必要时均应验枪，验枪时，严禁枪口对人。

听到“验枪”口令后，以右脚掌为轴，身体半面向右转，左脚顺势向前迈出（两脚约与肩同宽），同时右手移握护木将枪向前送出（半自动步枪右手将枪向前送出），左手接握下护木，左大臂紧靠左肋，枪托贴于右胯，准星约与肩同高，右手打开保险，卸下弹匣（半自动步枪打开弹仓），交给左手握于护木右侧，弹匣口向后、挂耳向下，右手移握机柄。当指挥员检查时，拉枪机向后，验过后，自行送回枪机，装上弹匣（半自动步枪关上弹仓），扣扳机，关保险，移握枪颈。

听到“验枪完毕”口令后，左手反握护木，将枪倒置于胸前，上背带环约与肩同高，右手挑起背带，身体半面向左转，在右脚靠拢左脚的同时，两手协力将枪送上右肩，恢复背枪姿势（半自动步枪右手握上护木，成持枪立正姿势）。

2.射击准备

射击准备主要包括向弹匣（夹）内装填子弹和采取各种射击姿势装退子弹。

（1）向弹匣（夹）内装子弹

射击前，应正确地向弹匣（夹）内装子弹，装弹时，左手握弹匣，使弹匣口向上，挂耳向前，右手将子弹放于弹匣口，两手协力将子弹压入弹匣内（半自动步枪向弹夹上装弹）。

（2）卧姿装退子弹

听到“卧姿装子弹”的口令后，右手移握上护木，使枪口向前（背带从肩上脱下），左脚向右脚前迈出一大步；也可右脚顺脚尖方向迈出一大步），左臂伸出，稍向内弯，掌心向下（手指稍向右）撑地顺势卧倒，以身体左侧、左肘支持全身，右手将枪向目标方向送出，左手接握下护木，枪面稍向左，枪托着地，右手卸下空弹匣（弹匣口朝后、挂耳向下），交给左手握于护木右侧（半自动步枪右手拉枪机到定位），解开弹袋扣，换上实弹匣，将空弹匣装入弹袋内并扣好（半自动步枪将子弹夹插入弹夹槽，用食指或拇指将子弹压入弹仓，抽出弹夹）拇指打开保险，拉枪机送子弹上膛，关上保险。右手装定表尺，然后移握握把（半自动步枪移握枪颈），全身伏地，两脚分开约与肩同宽，目视前方，准备射击。

图 7-3　卧姿装子弹

射击完毕，听到“退子弹起立”的口令后，身体稍向左侧，右手卸下实弹匣交给左手（半自动步枪打开弹仓，接住落下的子弹，装入弹袋），打开保险，拇指慢拉枪机向后，余指接住从内退出的子弹，送回枪机，将子弹压入弹匣内，解开弹袋扣，换上空弹匣，把实弹匣装入弹袋内并扣好，扣扳机，关保险，表尺分划归“3”，右手移握护木，将枪收回，同时左小臂向里合，屈左腿于右腿下以左手和两脚撑起身体，右脚向前一大步，左脚再向前一步，左手反握护木，将枪倒置于胸前，右手挑起背带，在右脚靠拢左脚的同时，两手协力将枪送上右肩，恢复肩枪姿势。

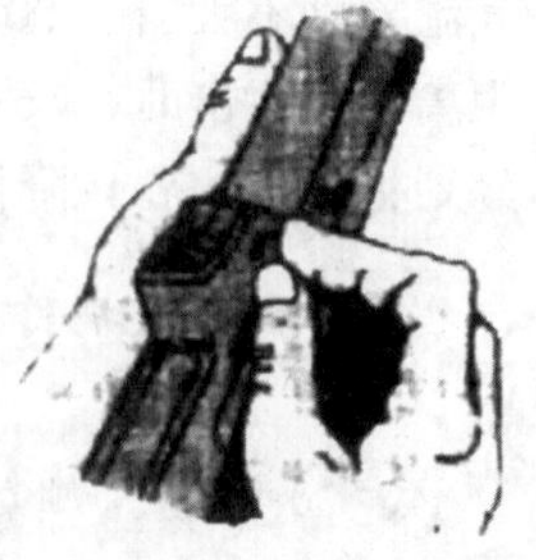

图 7-4　装定表尺

(3)跪姿装退子弹

听到“跪姿装子弹”的口令后,右手移握上护木,使枪口向前(背带从肩上脱下),左脚向前方迈出一步,右手将枪向目标方向送出,左手接握下护木,同时右膝向右跪下,臀部坐在右脚跟上(或右小腿上),左小腿略垂直,两腿约成90°,左小臂放在左大腿上,枪面稍向左,准星约与肩同高。然后,按要领(56式冲锋枪先打开枪刺)换上实弹匣,打开保险,送子弹上膛,关保险,定表尺,右手握把,目视前方,准备射击。

跪姿退子弹起立的要领除身体姿势不同,其他动作与卧姿退子弹大体相同。

(4)立姿装退子弹

听到“立姿装子弹”的口令后,右手移握上护木,左脚向前方迈出一步,两脚分开约与肩同宽,右手将枪向目标方向送出(背带从肩上脱下)。左手接握下护木,左大臂紧靠左胁,枪托贴于右胯,准星约与肩同高,然后按要领(56式冲锋枪先打开枪刺)换上实弹匣,打开保险,送子弹上膛,关保险,定表尺,右手握把,目视前方,准备射击。

立姿退子弹的要领除身体姿势不同。其他动作与卧姿退子弹大体相同。

(二)据枪、瞄准、击发

在完成射击准备之后,一旦发现目标,就应正确地据枪,快速构成瞄准线指向瞄准点,实施果断的击发。

1.据枪

(1)有依托据枪

自然、稳固、持久地据枪是准确射击的基础,要想做到稳固和持久,就应尽量充分利用地形,进行有依托射击。

卧姿有依托据枪时,下护木放在依托物上,枪身要正,身体右侧与枪身略成一线。右手将保险机扳到所需的位置,虎口向前紧握握把(半自动步枪握枪颈),食指第一节靠在扳机上,右大臂略成垂直,右肘着地外撑,左手握护木(也可握弹匣),左肘着地外撑,两肘保持稳固,胸部挺起,身体稍前跟(右肘不离地),上体自然下塌,两手用力保持不变,使枪托切实抵于肩窝。头稍前倾,枪托自然贴腮。

图7-5　卧姿有依托据枪

跪姿有依托据枪时,通常跪左膝,右膝紧靠依托物前崖或右脚向后蹬。也可跪双膝,上体紧靠依托物前崖,两肘抵在臂座上。

立姿有依托据枪时,上体左前侧紧依托物前崖,左腿微屈,右脚向右后蹬,两肘抵在臂座上。

(2)无依托据枪

在战场上不可能时时处处都有依托物可利用,因此我们还应掌握无依托据枪的动作。

卧姿无依托据枪时,左手托握下护木或握弹匣,小臂尽量里合于枪身下方,小臂与大臂约成90°角,将枪自然托住。右手握握把(半自动步枪握枪颈),右臂约成垂直,两肘保持稳固,两手正直向后用力,使枪托切实抵于肩窝,自然贴腮。

跪姿无依托据枪时,左手移握下护木或弹匣,左肘放于左膝盖上,使枪、左小臂和左小腿略在同一垂直面上,右手握握把,大臂自然下垂,上体稍向前倾,两手正直向后用力,使枪托切实抵于肩窝。

立姿无依托据枪时,左手移握弹匣,大臂紧靠左肋。小臂尽量里合于枪身下方,也可左手托下护木,大臂不靠左肋。右手握握把,大臂自然抬起,两手正直向后用力,使枪托确实抵于肩窝。

图 7-6　卧姿无依托据枪

2.瞄准

正确的瞄准是整个射击过程的重要环节。其方法是:右眼通视缺口和准星,使准星位于缺口中央,准星尖与缺口上沿平齐,指向瞄准点。此时,正确瞄准景况是准星与缺口的平正关系看得清楚,而目标看得较模糊。

如果准星与缺口关系不正确,对射弹命中目标影响很大,准星偏哪儿,弹着偏哪儿。如准星尖在缺口内偏差1毫米,自动步枪弹着点在100米距离上的偏差为32厘米,距离增加几倍,偏差量就增大几倍;若准星与缺口的关系正确,而瞄准点产生偏差,射弹也会产生偏差;枪面倾斜对命中精度也有一定影响,枪面偏左,射弹偏左下;枪面偏右,射弹偏右下。

3.击发

击发是完成射击的最后一个环节。均匀正直地击发是准确射击的关键,击发动作的正确与否直接关系到射击的效果。因此,必须准确掌握击发的动作要领。

击发时,射手用右手食指第一指节均匀正直地向后扣压扳机(食指内侧与枪机应有一点空隙),余指力量不变。当瞄准线接近瞄准点时,开始预扣扳机,并减缓呼吸。当瞄准线指向瞄准点时,应停止呼吸,继续增加对扳机的压力,直至击发,击发瞬间应保持正确一致的瞄准。若瞄准线偏离瞄准点或不能继续停止呼吸时,应既不增加也不放松对扳机的压力,待修正或换气后,再继续扣压扳机,完成击发。操纵点射时,应稳扣快松,扣到底松开2~3发,在扣扳机的过程中,应始终保持姿势稳固,握枪力量不变,以提高连发射击的命中率。

（三）射击时常见错误及纠正方法

1.抵肩、贴腮位置不正确

射击时，射手若不能正确地抵肩、贴腮，会使射弹产生偏差。在通常情况下，抵肩过低易打低，抵肩过高易打高。贴腮用力过大易打左高。

纠正方法：要反复体会正确的抵肩位置，并通过他人摸、推的方法检查抵肩位置是否正确，强调贴腮要自然。

2.两手用力不当

射击时，射手为了命中目标，往往以强力控制枪的晃动，造成肌肉紧张、用力方向不正、姿势不稳，使枪产生角度摆动，增大射弹散布。

纠正方法：应强调据枪时正直向后适当用力，使用力与后坐方向一致。

3.击发时机掌握不好

无依托射击时，有的射手常为捕捉瞄准点，造成勉强击发或猛扣扳机。

纠正方法：应强调首先选择好瞄准点，并指出准线的指向在瞄准点附近轻微晃动时，应达到适时击发；练习时可让射手反复体会在保持准星与缺口平正关系的基础上，自然指向瞄准点的景况；不断摸索枪的晃动规律，掌握击发时机。

4.停止呼吸过早

射击时，停止呼吸过早，易造成憋气，使肌肉颤动、据枪不稳或猛扣扳机。

纠正方法：应使射手反复体会瞄准线指向在瞄准点附近轻微晃动时自然停止呼吸的要领；在剧烈运动后无法按正常情况停止呼吸时，应进行深呼吸后再停止呼吸。

5.耸肩、眨眼和猛扣扳机

射击时，由于射手过多地考虑枪响时机、点射弹数、射击成绩等，造成心情紧张，产生耸肩、眨眼和猛扣扳机等错误动作，影响射弹命中。

纠正方法：应强调按要领操作，把主要精力、视力集中在准星与缺口的正确关系上，达到自然击发。

6.枪面倾斜

瞄准时，如枪面偏左（右），射角减小，枪身轴线指向瞄准点左（右）边，射击时，弹着偏左（右）下。

纠正方法：强调射手据枪应保持枪面平正。

五、实弹射击

（一）实弹射击开始前的工作

到达射击场后，指挥员应下达课目，宣布射击条件，明确射击的有关规定和注意事项及规定各种信（记）号，提出要求，宣布射击编组名单。尔后，派出警戒（警戒搜索警戒区后到位并发出安全信号），视情况发出准备射击信号，其他勤务人员迅速就位并认真履行职责。

(二)实弹射击的具体实施

(1)靶壕竖起红旗或发出可以射击的信号后,指挥员应令信号员发出“开始射击”的信号,竖起红旗。指挥第一组射手进入出发地线。

(2)组织发弹员按规定弹数发给每个射手子弹,射手领到子弹,检查后装入弹匣,放入弹袋并扣好。

(3)在出发地线给每个射手规定射击位置和射击目标。

(4)进入射击地线开始射击。射手听到“向射击地线前进”的口令后,迅速进入射击地线,对正自己的射击位置,自行立定。尔后,指挥员下达装子弹的口令,射手按要领装子弹、定表尺,做好射击准备即可射击。

(5)规定的射击时间一到,指挥员即下达“停止射击”的口令;射手应立即停止射击,并按指挥员的口令退子弹,起立。

(6)指挥员下达“验枪”的口令后,地段指挥员应严格检查,逐个验枪并收交剩余子弹。

(7)验枪后,整队离开射击地线,按规定路线返回指定地点,擦拭武器座谈射击体会。

(8)指挥员发出报靶信号,信号员竖起白旗,并通知靶壕检靶。靶壕指挥员下令竖起白旗后,再组织示靶员检靶、补靶和报靶。

(三)组织实弹射击的原则

(1)组织实弹射击必须从实战需要出发,从难从严要求,注意锻炼射手独立自主地完成射击任务的能力。

(2)组织实弹射击必须依照总参谋部(现已更名为中央军委联合参课部)颁发的最新的条令、教令、《军事训练成绩评定标准》,严格按其规定的条件和标准具体组织实施。

(3)组织基本射击必须在对射手进行武器常识、射击学理论、射击动作和方法、观察和测定距离训练之后实施;组织战斗射击,必须在对射手进行基本射击和相应的战术课目训练之后实施,并力求紧密结合战术背景进行。

(4)组织实弹射击时,必须事先进行周密、细致的准备工作,制定具体明确的安全措施,防止各种事故的发生。

(5)实弹射击前,应向上级主管部门请示,射击完毕后报告,不得随意延长和更改实弹射击的日期,更换实弹射击的场地。

(6)射击终止后,应严密组织清理场地,对于不炸弹和引信要及时收缴并指派专人当场销毁,严禁私存和拆卸,杜绝伤亡事故。

(四)射击场的组织

组织实弹射击时,主要工作人员包括射击场指挥员、地段指挥员、靶壕指挥员和警戒、信号(观察)、示靶、发弹、记录、修械、医务人员等这些人员的职责如下:

1.射击场指挥员

负责设置场地,派遣勤务,组织指挥射击,监督全体人员遵守射击场的各项规定和安全规则,处理有关问题。

2.地段指挥员

在射击场指挥员的领导下,负责组织本地段的射击指挥。靶壕指挥员:在射击场指挥员的领导下,负责组织设靶、示靶、报靶、补靶及处理有关问题。

3.督戒人员

负责全场的警戒,严禁任何人员和牲畜进入警戒区,发现险情,应立即发出信号并向射击场指挥员报告。

4.信号(观察)员

根据射击场指挥员的命令发出各种信号,负责警戒区内的观察,发现险情立即报告。

5.示靶人员

负责设靶、示靶和报靶等工作。

6.发弹员

根据指挥员的命令,按规定弹种、弹数发给射手子弹,收回剩余子弹。射击终止后,负责清查弹药和收交弹壳。

(五)射击场的安全规则

1.射击场的确定及其使用时的规定

确定实弹射击场地时必须要有可靠的靶挡,确保安全的靶壕和掩蔽部,并应避开高压线。在使用时,事先必须仔细搜索靶场警戒区,派出警戒,设置警戒旗。必要时,应预先将射击开始和结束的时间、危险区域及其射击场有关信号通知当地有关单位。

2.对参加实弹射击的各类人员的要求

实弹射击前,射击场指挥员必须向全体人员明确规定各种信号记号以及与警戒、观察人员的联络方法,并要求全体人员严格执行信号规定。参加实弹射击的射手在使用武器前后必须验枪,无论枪内有无实弹,都不得将枪口对人。严禁将装有实弹的武器随意放置或交给他人。

没有指挥员的口令,射手不准装填子弹。在报靶时,严禁在射击地线摆弄武器或向靶区瞄准。射击时,射向不得超出安全射界。在射击过程中射手若看到靶壕的白旗或听到停止射击的口令,应立即停止射击。示靶人员听(看)到准备射击的信号后应迅速隐蔽,未经射击场指挥员许可,不得随便走出靶壕。若靶壕内发生特殊情况,需要立即停止射击时,应出示白旗或用其他规定的方法向指挥员报告。

(六)实施实弹射击的一般规定

实施实弹射击的一般规定是指实弹射击前,根据实弹射击的客观需要制定的各种行

动标准和规则。其内容包括以下几个方面:

(1)实弹射击时必须使用手中武器,如因武器机件损坏或射效不合格而无法矫正,射手不能使用手中武器时,必须经团级领导批准。

(2)各种武器实弹射击的第一练习,可在良好天候条件下实施,实弹射击的其他练习不受天候条件的限制,可在各种天候、各种地形上结合本部队担负的作战任务实施,特别要探讨恶劣气候条件下的射击与射击指挥。

(3)组织基本射击时,射手进到出发地线后,指挥员令发弹员发给射手子弹。首先下达口令“发弹员发给每个射手5发子弹”,然后下达口令“装填弹匣”(装填子弹时均采取跪姿)。接着发出准备射击信号,待靶壕竖起红旗或用其他规定的方法发出可以射击的信号后,下达向射击地线前进的口令。

射手进入射击地线后,按指挥员口令做好射击准备。指挥员按规定时间发出开始射击的口令或显示目标的信号,射手即行射击。射击完毕后退子弹起立,在原地验枪。验枪完毕后,发出报(检)靶信号,同时指挥射手向右翼排头靠拢,再由右翼排头下口令带到指定位置坐好。

全场射击完毕,如有不及格者可补射一次,补射成绩算个人成绩,不算单位成绩。补射完毕,发出射击完毕的信号,召回警戒。指挥员实施小结讲评,依据射击成绩评价训练效果。

(4)组织战斗射击时,要从实战需要出发,场地要选择在复杂的地形上,目标设置要尽量符合战术要求。通过战斗射击的训练,锻炼射手在近似实战条件下独立地观察目标,测定距离,装定表尺,选择姿势,准确迅速地消灭各种目标的技能。

(七)基本射击和成绩评定

基本射击是为了掌握射击的基本要领和技能所进行的实弹射击,如81式自动步枪、95式自动步枪、班用轻机枪等的基本射击均有四个练习,分别训练射手对不动目标、隐显目标、闪光目标和运动目标准确射击的技能。

对不动目标射击其成绩评定按《军事训练与考核大纲》的规定:个人实弹射击成绩评定为“合格”“不合格”两级制;单位成绩评定按合格率进行评定。其射击应用为:射手对距离100米的胸环靶,使用标尺“1”,运用5发子弹命中目标30环(含)以上为“合格”,30环(不含)以下为“不合格”。

第二节　战术

一、单兵战术基础动作

士兵要想在战场上有效地躲避敌人火力并杀伤和消灭敌人,就必须熟练掌握和灵活地应用战术基础动作。

（一）持枪

持枪，是指士兵在战斗中携带枪支的动作和方法（这里讲的"持枪"与前面武器操作中所讲的"持枪"有所不同，这里特指战斗行动中的持枪）。持枪时要做到：便于运动、便于卧倒、便于观察、便于射击。在不同的地形和距离条件下，士兵根据敌情和任务可灵活采用不同的持枪动作。

1.单手持枪

右臂微屈，右手虎口正对上护木握枪（背带上挑压手拇指下），用五指的握力将枪身固定，枪身轴线与地面略成 5 度角，枪身距身体约 10 厘米。左臂自然下垂，运动时自然摆动。

2.单手攀枪

右手正握握把，食指微接扳机，将枪置于身体的右侧，枪口向上，机匣盖末端贴于肩窝，枪身微向前倾，枪面向右大臂里合，枪托贴于右肋（枪托折叠时除外），背带自然下垂，目视前方，左手自然下垂或攀扶，运动时自然摆动。

3.双手持枪

左手托握下护木或握弹匣弯曲部，右手握握把，食指微接扳机，将枪身置于胸前，枪口向前，枪身略成水平，背带自然下垂或挂在后颈上。

4.双手擎枪

在单手擎枪基础上，左手托握下护木或弹匣弯曲部，枪身略低，枪口对向前上方，背带自然下垂或压于左手下，身体与射向略成 30°。

（二）卧倒、起立

1.卧倒

在战场上，士兵如突遭敌火力袭（射）击，应迅速卧倒，防止被火力杀伤。卧倒分三种基本动作：双手持枪卧倒、单手持枪卧倒和徒手卧倒。

双手持枪卧倒时，左脚向前一步，上体前倾，重心前移，按左膝、左肘、左小臂的顺序着地，然后转体，在全身伏地的同时，两手协力将枪向目标方向送出。地面松软时也可按双膝、双肘、腹部的顺序扑地卧倒。

单手持枪卧倒时，左脚（也可右脚）向前迈出一大步，同时身体前倾，按手、膝、肘的顺序侧卧，右手将枪向目标方向送出，左手接握下护木或弹匣弯曲部，全身伏地持枪射击。持筒时的动作与此大体相同。

徒手卧倒时的动作与单手持枪卧倒动作基本相同，只是卧倒后，两手掌心向下放置于头部的两侧或交叉于胸前，两腿自然伸直和分开。

2.起立

双手持枪起立时，应首先观察前方情况，然后迅速收腹、提臀，用肘、膝支起身体，左脚先上步，右脚顺势跟进，双手持枪继续前进。

单手持枪时,右手移握上护木收枪,同时左小臂屈回并侧身,然后用臂、腿的协力撑起身体,右脚向前一大步,左脚顺势跟进,继续携枪前进。

徒手起立时,按单手持枪的动作进行也可双手撑起身体,同时左(右)脚向前迈步起立。然后继续前进。

(三)前进

1.屈身前进

屈身前进是战场上接敌最常用的一种运动动作,可分为慢进和快进两种姿势。

屈身慢进,通常是在距敌较远,有超过人身高或超过大部分人身高的遮蔽物,以及敌情不明或敌火威胁不大的情况下采用,运动时,通常是双手持枪(也可单手持枪),上体前倾,两腿弯曲,屈身程度视遮蔽物的遮蔽程度而定,头部一般不可高出遮蔽物。前进时,注意观察敌情,保持正常速度前进。屈身快进(也可称为跃进),通常是在距敌较近,通过开阔地或敌火力控制区时采用。快进前,应先观察敌情和地形,选择好路线和暂停位置,然后起立快速前进运动中,通常是单手持枪(也可双手持枪),枪口朝向前上方,并注意继续观察敌情。前进的距离掌握在 15~30 米为宜。当进至暂停位置或运动中遇敌火力威胁时,应迅速就地隐蔽或卧倒,做好射击或继续前进的准备。

2.匍匐前进

士兵在敌火力威胁较大且自身处于卧倒状态时,如发现近处(10 米以内)有地形或遮蔽物可利用,可采用匍前进的运动姿势向其靠近,根据地形和遮蔽物的高低,匍匐前进又分为低姿、侧身和高姿三种姿势。

(1)低姿匍匐

低姿匍匐是身体平趴地面并降低至最低程度的运动方式,一般是在前方遮蔽物高约 40 厘米时采用。低姿匍匐携自动步枪的方法有两种:一种是右手掌心向虎口卡住机柄,五指握枪身和背带,将枪置于右小臂;另一种是右手食指卡握枪背带上环处,并握枪管,余指握背带,机柄向上,将枪置于右小臂外侧。行进时,身体腹部贴于地面,头稍微抬起,屈回右腿,伸出左手,用右脚内侧的蹬力和左手的扒力使身体前移,然后再屈回左腿,伸出右手,用左脚的蹬力和右手的扒力使身体继续前移,依次交替前进。徒手的低姿匍匐动作与持枪的低姿匍匐动作基本相同。

(2)侧身匍匐

侧身匍匐是在前方的遮蔽物高约 60 厘米时所采用的运动方式,其特点是运动的速度稍快,但姿势偏高。携自动步枪侧身匍匐前进的动作:右手前伸握护木将枪收回,同时侧身,使身体左大腿外侧着地,左小臂前伸着地,左大臂前倾支撑上体,左腿弯曲,右脚收回靠近臀部着地,以左大臂的支撑力和右脚蹬力带动身体前移。

如果前方遮蔽物高 80~100 厘米时,也可采取高姿侧身匍匐。其动作:左手和左小腿外侧着地,以左手的支撑力和右脚的蹬力使身体前移。徒手侧身匍匐动作与持枪侧身匍匐动作大体相同。

(3)高姿匍匐

高姿匍匐一般在前方的遮蔽物高约80厘米时采用。

持枪高姿匍匐前进的动作：左手握护木，右手握枪颈，将枪横托于胸前，枪口离地，用两肘和两膝支撑身体，然后依次前移左肘和右膝、右肘和左膝，如此交替前移。有时也可采取低姿匍匐的携枪方法。

徒手的高姿匍匐动作与持枪的高动作基本相同。无论采取哪种匍匐姿势，运动到预定位置或适当的距离，都应迅速卧倒隐蔽，视情况出枪射击。

3.滚进

滚进通常在为避开敌侦察、射击而左右移动或通过棱线时采用。在卧倒基础上滚进时，将枪保险关上，左手握表尺上方，右手握枪颈附近或两手握上护木，枪面向右，顺置于胸、腹前抱紧，两臂尽量向里合，两脚腕交叉或紧紧并拢，全身用力向移动方向滚进。到达预定位置迅速出枪，呈卧姿射击姿势或卧姿隐蔽姿势。

直(曲)身前进中需要滚进时，应左(右)脚向前一大步，左手在左(右)脚外(内)侧着地，身体尽量下塌，右手将枪挽于小臂内，枪面向右，身体向右(左)转，在右(左)臂、肩着地，同时向右(左)滚进。滚进时，右(左)腿伸直，左(右)腿微曲，滚进距离较长时可两腿夹紧。当滚进到适当位置后，如需射击，应迅速出枪，成卧姿射击姿势，需要跃起前进时，以左手的支撑力和身体右(左)转动的力量将身体支起，同时上右(左)脚前进。

(四)利用地形、地物

地形、地物是地面上防敌火力袭击最好的遮蔽物体。士兵在利用地形地物时，要根据遮蔽物的高低、大小、形状、敌火力的威胁程度等情况，采取适当的姿势利用死角防护。应做到：快速接近，细致观察，隐蔽防护，敌火力减弱时，视情况灵活地变换位置。

利用堤坎、田埂时，由于其是横向地物，应利用背敌斜面，根据地物的高低采取不同姿势隐蔽防护。田埂低，应横向卧倒，身体紧贴田埂。堤坎高，也可采取跪、蹲、坐、立等姿势进行防护。需要射击时，可利用堤坎的右侧或顶部。

利用较大土堆时，应横向卧倒，身体一侧紧贴在土堆的背敌斜面上。如土堆较小时，也可纵向卧倒，头紧靠土堆。需要射击时，可利用土堆的右侧和顶部。

利用土(弹)坑、沟渠时，通常利用其前沿和底部，纵向沟渠利用弯曲部，根据敌情和坑的大小、深度，可采取跳、滚、匍匐等方法进入，在坑里可采取卧、跪、仰等各种姿势实施防护，待敌火力减弱时才能实施观察和射击。

利用树木，可以有效防敌直瞄和间瞄火力的杀伤。利用树木防护时，通常利用其背敌面，树干粗(直径50厘米以上)，可取卧、跪、立各种姿势。树干细，通常采用卧姿利用根部。

利用各种工事可以起到很好的防护作用。所谓工事，是为作战而构筑的防护性建筑物，如各种射击掩体、堑壕、交通壕、掩蔽部、崖孔(猫耳洞)、地堡、坑(地道)等有很好的防护作用。士兵在工事内或在阵地附近行动而遭敌机、炮火力袭击时，要听信号和命令迅速进入隐蔽部或坑(地)道防护。如来不及进入隐蔽部，应迅速在壕内卧倒或采取适当姿势防护(有掩盖的堑壕、交通壕防护效果更好)。利用单人掩体防护时，应将随身武器迅速收回,靠至胸前,采取坐、跪蹲等适当姿势防护。如时间允许,士兵应沿堑壕或交通壕快速进入掩蔽部、崖孔(猫耳洞)内。

利用建筑物防护效果也很好。当收到敌机、炮火力袭击警报和号令时,应利用墙根、房角、床、桌等物体,采取下蹲或卧倒姿势进行防护。但要尽可能避开易倒塌、易燃烧的建筑物,不要在独立明显或敌方可能会重点攻击的建筑物内隐蔽防护,以免造成间接伤害。如发现敌精确制导武器向防护的建筑物袭来,士兵应迅速离开建筑物进行躲藏,并利用其他地形实施防护。在建筑物内防护需要射击时,应尽可能靠近门窗口,采取适当姿势射击。

二、分队战术

分队战术训练是指班、排、连、营四级所进行的战术原则和战斗方法的训练。目的是提高分队指挥员的组织指挥和分队协同作战的能力。依据战斗条令和训练大纲施训,一般由师、团制订计划,师、团、营逐级对下组织实施。重点是班战术和连战术。

训练内容主要有:战斗原则、组织指挥、战斗队形、战斗方法、运动方法、加强兵器的使用和火力的运用、分队之间的协同动作等。通常围绕进攻、防御和勤务三大体系展开,穿插少量的技术课目,进行分段作业、连贯作业和综合演练。分队战术训练坚持由下而上逐级合成的原则,以协同基础训练为重点,以提高分队整体作战能力为目的。战术课题可分为必训和选训两类。必训课题必须于本年度内在规定的训练时间内完成。选训课题一般每年由师以上训练部门根据各部队的具体情况和训练水平而定。此外,各部队还可根据担负的作战任务、天候条件、地形特点,选训其他内容。

第八章　防卫技能与战时防护训练

第一节　格斗基础

一、格斗常识

格斗(搏击),格斗的意思即"打斗、战斗"。从古到今,人类发明了各种各样的格斗技,如今世界上有着许许多多不同的格斗技。而格斗有:徒手格斗(没用武器)和器械格斗(使用武器)。

格斗技有很多,主要有拳击、摔跤、跆拳道、泰拳、散打。法国踢打术、踢拳、相扑、综合格斗和桑搏。

(一)基本拳法

1. 前手直拳

戒备式(左势)起,后脚拇指侧蹬地,前手(左臂)借助地面的反作用力迅速伸直,拳眼向上成一条线击出,同时左肩前送,肘关节随着出拳向上抬平,上体略向右转,以加大出拳的速度和力量,眼视左拳,前脚掌的内侧(下面详解)着地,后手保持防守位置。

出拳的同时还要利用腿、腰、髋发力以增加击打力量,使力量通过肩、臂、腕关节和拳峰沿一条直线作用在被击目标上。在出拳过程中应放松臂和肩部肌肉,在即将击中目标时,左拳迅速放松由原路收回,恢复戒备姿势。因为身体借助了全身的力量来出拳,所以会产生一个向前的冲力(即惯性),如果以前脚外侧着地的话,则很难控制好身体重心,如果这一拳被对方闪开,身体极容易因为惯性而前倾,给对方以可乘之机!所以,用前脚内侧着地,目的是保持身体平衡,以利于接下来的组合攻击和防守。整个出拳过程中,右手要始终保持戒备姿势,以防对方有可能的反击!击中目标的瞬间,可将拳心由内向下向外旋转以增强渗透力。还是那句话:"普通钉子和螺丝钉哪一个更容易进入木板?"

2.后手直拳

戒备式起,左脚掌蹬地,左侧髋关节借助蹬地的力量前送,带动腰部迅速向左转动,同时右肩前送,右拳拳眼向上以直线向前击出,上体保持正直,勿前倾。左手随身体左转自然后移,保持防护姿势。

后手直拳属于重拳,适合于远距离的攻击,但一般使用时机比较少,只有在有充分把握时才能使用。由于右拳较左拳离对方远,发拳时身体变化幅度较大,所以后手直拳较左前手直拳慢,为了便于击中对方,就要用前手的假动作来转移或破坏对手的防护,或用前手刺拳引开对手的注意力,或使对手失去平衡,以此来创造有利于后手直拳进攻的条件和时机。

3.左直拳

由实战预备姿势开始,左臂迅速用弹力伸直,同时左肩前送,上体略向右转,以加大出拳的速度和力量。在臂向前伸直的同时,左拳向内转至拳心向下成一条线击出,肘关节随着拳心内转向上抬平。在出击同时,后脚用力蹬地,前脚(左脚)顺势向前滑出,用前脚掌的内侧着地,后脚蹬地后,脚跟提起,后腿略伸直,身体重心移到前脚上。在出拳的同时还要利用腿、腰、髋发力以增加击打力量,使力量通过肩、臂、腕关节和拳峰沿一条直线作用在被击目标上。在出拳过程中应放松臂和肩部肌肉,在即将击中目标时,拳突然握紧,使最后阶段更为有力。右手随左拳出击而自然前移,保护下颏和面部。待击中目标后,拳迅速放松由原路收回,恢复原姿势。

4.右直拳

由基本姿势以右脚掌蹬地开始发力,右腿发出的力量使右侧髋关节前送,带动腰部迅速向前转动,同时右肩前送。能够增加右直拳的力量和攻击距离。

右直拳击上体的动作要领与击面部的动作要领基本相同。只是由于被击打的部位低于面部,因此,上体应随着击拳和身体重心的前移及转动等动作而稍前倾,降低身体高度。同时前腿膝关节弯曲以保持平衡。在出拳时,左拳置于下颏附近,做好出击和防守的准备动作,在击中目标后迅速恢复成预备姿势。在用右直拳击对方上体时,要特别注意预防对手的迎击拳,因为在向左转体时,身体失去防守容易受到对手右拳的击打,所以要用左拳护住头的左侧,用左肘护住上体。一旦击空,为了免遭对手反击,必须在移动脚步的同时,作出防守姿势。

5.左摆拳

上体微向右转,同时左拳向外(约45°)、向前、向内成平面弧形横击;同时转腰发力,臂微屈,拳心朝下,力达拳面,击打目标后,左拳收回原位;右拳护于右腮。

6.右摆拳

右脚微蹬地并向内转,合胯并向左转腰,右拳向外(约45°)、向前、向内成平面弧形横击;同时上体左转,腰胯发力,力达拳面,击打目标后,右拳收回原位。

7.左勾拳

上体微左转,重心略下沉,腰迅速向右转,发力于腰,左拳由下向前上方勾击,大小臂夹角在90°~120°之间,拳心朝里,力达拳面,击打目标后,左拳收回原位。

8.右勾拳

右脚蹬地,扣膝合胯,腰微右转。同时,右拳向下、向前、向上勾击,大小臂夹角在90°~120°之间,拳心朝里,力达拳面,击打目标后,右拳收回原位。

9.转身鞭拳

以右鞭拳为例:右脚经左脚后插步,身体向右后转180°。同时,左拳与右拳一起回收至胸前;动作不停,上体继续向右转体90°,同时右拳反臂由屈到伸,向外、向右横向鞭打,发力于腰,拳眼朝上,力达拳背,击打目标后,右拳收回原位。

10.立拳

立拳分长颈和短劲,长劲和直拳一样,只是不转腕,短劲,就是寸劲。全身放松蓄气,整体发力,扭力,瞬间将拳冲出,力达拳面,要求,意到气到。气到力到,意,气,力,3者合一。

(二)基本的腿法

在格斗术中下肢攻防主要是腿与膝的动作。中国拳谚有“手是两扇门,全凭腿打人”之说,因为腿比手长,肌肉发达,力量强,在技击中,腿攻击范围广,破坏力亦比手大,膝部攻击通常在贴身近战时采用。

1. 前蹬腿

动作说明:甲左脚上前一步,右腿屈膝抬起,腿由屈到伸,用脚跟向前猛力蹬出,可重创敌心脏、小腹、裆部。格斗中有时也用后蹬腿,是比较隐蔽的技法。

2.弹踢腿

动作说明:甲左脚上前一步,右腿屈膝提起,脚面绷直,大腿带动小腿,用脚面猛力前弹踢出,可伤及敌心窝、腹部、裆部及下颌。

3. 横踢腿

动作说明:甲左脚向前上一步,身体在向左拧腰转胯同时,右腿迅速在体侧提膝,右小腿屈伸横扫,用脚面或脚尖,可伤及敌肋胸部、裆部或头部。

4. 侧踹腿

动作说明:甲左脚上半步,脚尖外撇,同时左转身,右腿屈膝上抬,小腿由屈到伸,用脚掌外缘向前踹出。可伤及敌胸腹部或膝部。

5. 转身后旋腿

动作说明:甲进攻时上右脚,同时身体左转。保持左转势能,再以右脚掌为轴,身体速向左后转180°,带动左腿用脚跟扫击向对方中盘或头部。可伤及敌头部、胸腹部或肋部。

(三)基本的肘法

肘部是人体中最硬的部位,在近身搏斗中分摆、挑、擢、砸、砍等技法,具有短、频、快等特点。肘的杀伤力非常大,有“宁挨十拳,惧中一肘”之说。

（四）基本步法

1.步法的技术

步法的技术要求是：活、疾、稳、准。

（1）活，是指步法移动、变换要灵活敏捷。运动时轻松自如，虚实变换，让对手抓不住自己的身体重心所在，给对方造成判断困难。判断对手的重心所在，是使用方法的依据。比如对手用右掼拳进攻，身体重心必须落在前脚，如果在防守反击时以右勾腿踢其前脚，由于对手身体重心在前脚，欲以前腿做反击已不可能了。散手步法要活，首先力量是基础，膝关节、踝关节弹性要好；其次在站立时两脚相距不宜太宽，两膝弯曲不能过大，身体重心尽可能不向一边倒（除必要的进攻外），实战中应该是"动态型"，尽量避免"静止型"。

（2）疾，是指步法移动的速度。双方交手前都处在相持和窥视状态之中，互相保持着一定的距离，任何一方发动进攻，必须以快速的步法接近对方，在有效距离施以技法，进攻才能生效。同样，防守一方也必须具备快速的后退和躲闪能力，防守方能成功。

（3）稳，是指步法移动的稳定性。掌握了对方的身体重心及移动的规律，破其稳定，才可以巧取胜。例如，有的运动员冲拳时只注重力度而使身体重心过分前移，超出了支撑面，对手如顺势一带就失去平衡。还有的运动员使用腿法进攻时，一味追求腿的击打高度，造成支撑腿站立不稳，遇有对手使用掀、托等方法，便会倒地，这些都是步法不稳的结果。

（4）准，是指步法移动的准确性。准确地移动步法，能为进攻、防守或防守反击赢得时间。进攻时的步幅太小，不能产生最佳效果，也会影响到二次进攻和回位防守。防守时步法移动的距离不够，有可能被击中，而移动过多，又不利反击，错失良机。把握步法移动的准确性，主要取决于运动员的时、空感觉能力，而这种能力的获得，有赖于长期的实践和不断的摸索。

2.常用步法

（1）进步

后脚蹬地，前脚（左脚）先向前进半步，后脚再跟进半步。

（2）退步

前脚蹬地，后脚（右脚）先后退半步，前脚再退回半步。

（3）收步

前脚向后收步至右脚内侧，脚掌点地，重心偏于右腿。

（4）撤步

前脚向后撤一步，成右脚在前，左脚在后脚跟离地，右脚脚尖外展，重心偏于右腿，成反架。

（5）上步

后脚向前上一步，同时左、右拳前后交换，成反架姿势。

(6)前进步

快速、连续做进步,同进步,唯速度不同。

(7)后退步

快速、连续做退步,同退步,唯速度不同。

(8)插步

后脚向左横移一步,脚跟离地,两脚略呈交叉。

(9)垫步

后脚蹬地后向前脚内侧并拢;同时前腿屈膝提起。

(10)纵步

一腿屈膝上提,另一腿连续蹬地向前擦地滑动。

(11)闪步

左(右)脚向左(右)侧移半步,右(左)脚随之向左(右)滑步;同时身体向右(左)转动约90°。

(12)跳闪步

同闪步,要求脚蹬地,唯速度不同。

(13)侧跨步

左(右)脚向左(右)侧跨半步,右脚略向左脚靠近,两膝弯曲;同时右拳向斜下方伸出,左拳回收至左腮旁。

(14)换步

左脚与右脚同时蹬地并前后交换,同时两拳也前后交换成反架姿势。

(五)格斗特点

太极拳、合气道:讲究四两拨千斤,借力打力(也可以主动攻击)。

泰拳、空手道:招式刚猛,威力大,抗击打能力强。

散打:步法灵活,快摔凌厉。

综合格斗:各种武术的动作都包含了,招式灵活多变,让敌人不知道你要出什么招,摸不清你的套路。

拳击:步法是各种武术中最灵活的,灵活的步法弥补了偶尔用脚。

摔跤、相扑:摔法凶狠。

巴西柔术:擅长将对手拖入地面,然后在地面上获得控制的姿势。一旦形成控制姿势,柔术练习者可以使用关节技、绞技或击打技术等多种攻击手段,将对手制服。

二、格斗基本功

(一)格斗的训练要求

1.个人体能:力量,弹跳,耐力,爆发力和各个部位的抗击打能力。

2.力量:俗语说得好:“一力降十会”。必须通过器械和徒手运动,加强自己的身体力量,包括手、臂、腿、脚、腰、头、膝、肘。这些都是攻击对方时常用部位,也是杀伤力最大的部位(腰是做很多动作的发力点,所以一定要加强腰腹的力量)。

3.弹跳:实战中结合很多前冲的跳跃动作,不仅可以提升高度和攻击性,更能加快速度和灵活性,在必要的躲闪中也是很重要的。可以通过蛙跳、连跳台阶、负重半蹲、跳绳等运动来锻炼。

4.耐力:实战是相当耗费体力的,尤其是紧张的时候更会加快疲劳,所以当和对手势均力敌的时候,耐力是胜利的关键之一。锻炼方法:跳绳、长跑、游泳等。

5.爆发力:即速度和力量的瞬间结合,可以通过短跑、快速拉长条皮筋,或是拉力器,或是用小哑铃做拳击动作和负重快速踢腿以及快速推轻杠铃的方式。

6.抗击打能力:抗击训练主要练习胸、腹、头、背、手臂、腿的抗击打能力。其中头和腹的更为重要,可以通过撞击其他物体,例如木桩、重沙袋等进行对抗练习,或是二人进行对抗练习。

(二)训练方法

1.力量训练

主要是上肢、下肢、腰力的训练。

上肢的力量训练,用俯卧撑就可以了,有条件的可以用哑铃、杠铃训练,效果会更好,虽然上肢不是主要的格斗武器,但具备一定的格斗力量还是必需的,当然不用训练成举重运动员或大力士的水平。

下肢的力量训练,用深蹲或蛙跳,都可以空手或负重来训练,非常简单的,不多说的,主要是训练股四头肌的力量,股四头肌的力量决定你在格斗中能不能踢出致命的一腿。

腰力的训练,可以用双手抓住一个固定的东西,然后一只手向前推,一只手向后拉,这样就可以训练到腰力了,但在格斗中你不一般不会感觉到腰力的,虽然你的每一个动作几乎都是在腰力的参与下完成的。

此外还有腹肌力量的训练,膝法的运用离不开腹肌的参与,不过对于不是进行专业格斗训练的人来说腹肌力量的训练与否对膝法的运用没有太大的影响,因此可以结合自己的情况来训练。

2.柔韧性训练

主要是下肢和腰部的柔韧性。训练的方法很简单,常规的压腿和下腰就可以达到目的了,也可以自己研究适合自己的方式,出于格斗方面的实用的考虑,不要求非达到能够朝天蹬或是身体弯成拱桥状的地步,只要正踢的时候能够踢到和你一样高的人的头就可以了,毕竟不是去参加杂技和体操比赛。

另外,柔韧性的训练贵在坚持。中国武术有俗语:“打拳不练腿,如同冒失鬼”“练功不练腰,终究艺不高”。一般普通人两个月左右就可以达到上面的目标,包括那些所说“筋特别硬”的人,我曾经训练一个四十岁左右的人压腿,用的就是常规的方法,但他肯坚持,用两个月时间就可以踢到头部,而他原来只能踢到裆部以下,所以说必须刻苦练习才会有效果。

3.稳定性训练

训练单腿站立及双腿站立的稳定性。单腿站立不负重应该可以坚持 15 分钟,如果达不到这个目标,就要好好地练习一下了。双腿站立可以通过和朋友角力或摔跤的方式一起练习,扎马步也是一个好方法,或是单腿下蹲。

三、捕俘拳

特种兵的一种拳法,一共有 16 步,每一招约有两个动作组成。非常厉害,出拳动作干脆,没有装饰性。有多种步伐,以拳,步,挡,削进攻敌人要害,猛烈攻击以致敌人不会反击。

预备姿势——在听到“捕俘拳——预备”的口令后,在立正的基础上,两脚迅速并拢,同时两手握拳,两臂微弯,拳眼向里,距胯约十厘米,头向左甩,目视左方。

(一)挡击冲拳

起右脚原地猛力下踏,左脚向左侧跨出一步,在左转身的同时,左臂上挡,拳心向前,右拳从腰际旋转冲出,拳心向下,成左弓步。

要求:踏脚时要全脚掌着地,有爆发力。

(二)拧臂绊腿

(1)左拳变掌向前击右拳背,右拳收回腰际,右脚前扫。

(2)左手挡抓、拧、拉于腰际,同时右脚后绊,右拳猛力旋转冲出。

要求:前扫、后绊要协调有力,重心要稳。

(三)叉掌踢裆(上架弹踢)

(1)上右脚步成右弓步,同时两拳变掌,沿小腹向上叉掌护头。

(2)两拳变钩猛力向后击,同时起左脚,大腿抬平、脚尖绷直、猛力向前弹踢,迅速收回。

要求:两大臂夹紧,猛力后钩击,猛踢快收,重心要稳。

(四)下砸上挑

(1)两手变拳,左拳由上猛力下砸,与膝同高,同时左脚向前跨步,成左弓步。

(2)右拳由前上挑护头,拳心向前,起右脚大腿抬平,脚绷直,头向左甩。

要求:起身要快,重心要稳。

(五)下蹲侧踹(交叉侧踹)

(1)上体正直下蹲,右脚猛力下踏,两小臂上下置于胸前,左臂在上拳心向下,右臂在下拳心向上。

(2)迅速起身,两拳交错外格,起左脚大腿抬平,脚尖里勾,向左猛踹,迅速收回。

要求:踏脚要有爆发力,下蹲起身要快。

(六)顺手牵羊

(1)左脚向前落地屈膝,两拳变掌起在左前方,成抓拉姿势。

(2)两手向右后猛拉,同时右脚前扫。

要求:后拉前扫要协调有力,重心要稳。

(七)上步抱膝

(1)右脚向前落地同时,左手变拳,小臂上挡。

(2)左转身屈膝下蹲,两手合力后抱,两掌相对,掌心向内,略低于膝,右肩前顶成右弓步。

要求:转体合抱要协调一致。

(八)插裆扛摔

(1)左手向上挡抓,右手插前裆 ,掌心向上。

(2)左手向右下拧拉,大臂贴肋,小臂略平,拳心向上同时右臂上挑,右肩上扛,身体大部分落于右脚,成右弓步。

要求:下拉、上挑、转体要协调一致。

(九)下拨勾拳

左拳下拨后摆,左转身同时,右拳由后向前猛力上击,拳心向内,与下颌同高,同时右脚向右自然移动,成左弓步。

要求:转身要快,勾拳要猛。

(十)卡脖掼耳

(1)向左踮步,在左脚落地同时,右脚上步,左拳变掌,置于胸前,右拳后摆。

(2)向左转体,左手下按,右拳向下猛力横击,成左弓步。

要求:踮步有力,转体、卡脖、拳击要协调一致。

(十一)内外挂腿

(1)在起身的同时,左脚向右踮步,右脚前扫,两手合掌于右肩前。

(2)两手猛力向左肩前拧拉,上体稍向左转,同时右脚后绊,成左弓步。

要求:踮步、合掌、前扫要协调一致,重心要稳。

（十二）踹腿锁喉

（1）右脚向右前方踮步，左脚向右跃步，然后起右脚，大腿抬平，脚尖里勾，两臂弯曲，置于胸前，掌心向下。

（2）右脚侧踹，在落地同时，右手前插，左手抓握右手腕，右手、变拳，猛力后拉下压，成右弓步。

要求：踹、锁要协调一致，重心要稳。

（十三）内拨冲拳

（1）上左脚右转身成右弓步，左臂顺势内拨护于胸前，右拳收于腰际，拳心向上。

（2）左拳向左后，右拳向前以蹬腿、扭腰送胯之合力同时冲出，成左弓步。

要求：双拳冲出要有爆发力。

（十四）抓手缠腕

（1）两手变掌，左手抓握右手腕。

（2）右掌上挑外拨，身体稍向右转，两臂用力后拉，猛扣压于腰际，成右弓步。

要求：抓握要快而有力。

（十五）卡脖提裆

左手抬起，臂弯曲，掌心向前，右手下插，后拉上提，置于肋前，屈指、掌心向上，同时左手猛力向前下推压与膝同高，掌心向下，成左弓步。

要求：上提、推压要协调一致。

（十六）别臂下压

（1）右转身成右弓步，同时两手变拳，右小臂上挡。

（2）上左脚成弓步，左手立掌插向前上方，臂稍屈，右手抓握左手腕。

（3）左手变拳，向右转体，两手下拉别压，成右弓步。

要求：拉、压、转体要协调一致。

结束姿势——左脚靠拢右脚，恢复立正姿势。

四、军体拳（第一套）

军体拳是由拳打、脚踢、摔打、夺刀、夺枪等格斗动作组合而成的一种拳术。经常开展军体拳训练，对培养军人坚忍不拔、勇敢顽强的战斗作风，具有重要意义。

在未来战争中，我们面对的是穷凶极恶之敌，不是束手就毙的羔羊。在执行侦察、反潜、摸哨、伪装等特种任务，以及在保护人民合法利益免受侵犯的见义勇为的行动中，我们往往须徒手对敌。

（一）特点

1.套路长短适中，动作精练，有技击含义，节奏分明，易学易懂，既能单人打又能集体表演。

2.不需要任何器材，对场地要求不高，一块平地即可练习。

3.第一套军体拳主要特点是由格斗的基本功和基本动作组合而成的套路练习，它动作精练，有技击含义，适用。有一定锻炼价值，有防身自卫作用。

4.第二套军体拳主要是由摔打、夺刀、夺枪、袭击等格斗基本动作所组成的套路练习。动作精练实用，每一动作都是“一招制敌”，能保护自己，同时能锻炼身体，增强体质。

5.第三套军体拳具有第一、第二套的特点外，还有长拳舒展大方，动作灵活迅速有力，节奏明显的特点，又有南拳步稳、势烈、动作刚劲有力的特点。动作数量等于第一、二套总和，运动量也较大，动作难度较复杂，都有技击含义，它不但能锻炼身体，又是克敌制胜的有效手段。

（二）作用

1.打军体拳有一定活动量，对发展力量、耐力、速度都有积极作用，因此有锻炼身体，增强体质作用。

2.因为军体拳是由踢、打、摔、拿、拧等格斗的基本要素所组成，因此学好军体拳一招一式，能防身自卫，克敌制胜，有保护自己的作用。

（三）手型

军体拳手型主要有三种：

拳：主要用于击打和砸；

掌：主要用于推、砍、劈、抽打等；

勾手：主要是打、勾。

（四）常用步型

军体拳步型有马步、弓步、虚步、仆步、歇步、骑龙步等。

第二节　战场医疗救护

一、救护基本知识

战争不可避免地要造成人员受伤，因此通过初步的紧急救护可以尽量减少伤员的痛苦，尽可能地救护有生力量。战伤救护分为自救和互救。当伤员身边没有其他人员，自己还有一定的行动能力时，可以自己展开自救；当伤员受伤情况严重，没有自救能力时，需要伤员身边的其他人员包括医护人员和其他战士来对其进行救护。

掌握战伤救护的基本知识,可以帮助自己或他人减轻伤病造成的痛苦,有效预防并发症。因为战争中外伤比较多,所以在救护的过程中一定要注意伤口的治疗,保证伤口不被感染,造成破伤风等。战伤救护只是初步的治疗最终还要靠全面的治疗,有效的初步治疗是全面治疗的基础。因为对于伤员来说时间十分宝贵,在越短的时间内得到救护,最后痊愈或恢复得就越快,效果也就越好

(一)战伤救护的基本技术

战伤救护的基本技术主要包括通气、止血、包扎、固定。

1.通气

(1)人工呼吸

抢救重伤员时应首先查明其是否有呼吸,可通过观察其胸部是否有起伏或将棉絮贴于鼻孔看是否有摆动。如果呼吸已停止,必须迅速采取口对口方式进行人工呼吸。

具体方法:使伤员仰卧,清理其口中堵塞物,以保持呼吸道通畅,然后托起伤员下颌,使其头部后仰,将口腔打开;用手捏住伤员鼻孔,另一手放在颈下并上托;深吸一口气,对准伤员口用力吹气,然后迅速抬头并同时松开双手听有无回气声响,如有则表示呼吸道通畅。如此反复进行,每分钟 16~20 次。如果心跳停止,应与胸外心脏按压同时进行,每按压心脏 4~5 次后吹气一次,吹气应在放松按压的间歇中进行。

(2)胸外心脏按压

当发现伤员失去知觉时,要立即检查其心脏是否跳动。用手指在喉结两侧接触颈动脉,看有无搏动。如无搏动应紧急采取胸外心脏按压法抢救。具体方法:使伤员仰卧在地上或硬板床上,找准按压部位,将左手掌根放在伤员胸骨下 1/3 处,右手掌压在左手背上,然后用力向下按压,使胸骨下陷 3 厘米,再放开。如此反复进行,每分钟 60~80 次。进行胸外按压的同时,必须进行口对口人工呼吸。

如急救时只有一人,可先向伤员口中吹四大口气,然后每按压 15 次后,再迅速吹 2 大口气,如此反复进行。

(3)双人心肺复苏术

当患者发生心脏骤停、呼吸停止时,如果两人在场急救,可以采取双人心肺复苏术进行急救。方法是:一人做 4 次胸外心脏按摩后,另一人做口对口人工呼吸 1 次。如此反复进行,直到患者恢复呼吸、心跳或确认死亡为止。如果一人抢救,则应先做胸外心脏按摩 12 次后,再做 2~3 次口对口人工呼吸。

2.止血

出血的种类

判定出血种类是正确实施止血的首要工作,具体要根据出血的特征加以判断。如果是动脉出血,则颜色鲜红,呈喷射状,有搏动,出血速度快且量多,如果是静脉出血,则颜色暗红,呈涌出状或徐徐外流,出血量较多,速度不如动脉出血快;如果是毛细血管出血,

则颜色鲜红,从伤口向外渗出,出血点不容易判明。

①加压包扎止血法:静脉、毛细血管或小动脉出血时,应先将敷料盖在伤口上,然后用三角巾或绷带用力包扎。

②指压止血法:较大的动脉出血时,要立即用手指或手掌压迫伤口近心端的动脉,并将动脉压向深部的骨头上,阻断血液的流通,以达到临时止血的目的。侧头顶部出血时,可用食指或拇指压迫同侧耳前方搏动点止血。一侧颜面出血时,可用食指或拇指压迫同侧下颌骨下缘与下颌前方约 3 厘米处的凹陷处止血,按压时能感到明显的搏动。侧头面部大出血时,可用拇指或其他四指压迫同侧气管外侧与胸锁乳突肌前缘中点之间,并将血管压向颈椎止血,此处可摸到个强烈的搏动(颈总动脉);肩腋部出血时,可用拇指压迫同侧锁骨上窝中部的搏动点(锁骨下动脉)止血,将动脉压向深处的肋骨止血前臂出血时,可用拇指或其他四指压迫上臂内侧肱二头肌与肱骨之间的搏动点(肱动脉)止血。手部出血时,互救时可用两手拇指分别压迫手腕横纹稍上处内外侧搏动点(尺动脉、桡动脉)止血,自救时用健手拇指、食指分别压迫上述两点。大腿及其以下动脉出血时,自救时可用双手拇指重叠用力压迫大腿上端腹股沟中点稍下方的强大的搏动点(股动脉)止血,互救时可用手掌(双掌重叠)压迫止血。

止血带止血法。止血带是一种制止肢体出血的急救用品,常用的止血带是约 1 米长的橡皮管。一般在四肢大动脉出血用其他方法止血无效时,采用止血带。方法要诀是“橡皮带左手拿,后头五寸要留下,右手拉紧环体扎,前头交左手中食二指夹,顺着肢体向下拉,前头环中插,保证不松垮”。

使用止血带时应注意:止血带与皮肤之间要加垫(敷料、衣服等),不能直接扎在皮肤上;扎止血带的伤员必须做标记,注明扎止血带的时间;止血带每隔 1 小时(冬季半小时)松开一次,每次放开 23 分钟,以暂时改善血液循环松开时要逐渐放松,如有出血,应再扎上止血带。

3.包扎

包扎伤口可以压迫止血,保护伤部,防止污染,固定敷料,有利于伤口尽早愈合。

包扎伤口的材料有三角巾、绷带、四头带,并配有敷料。用一块边长 1 米以上的正方形棉布,沿其对角线剪开即为两条三角巾。将三角巾的顶角折向底边的中央,再根据包扎的实际需要折叠成一定宽度的条带。若将三角巾的顶角偏折到底边中央偏左或偏右侧,则为燕尾巾,其夹角的大小可视实际包扎需要而定。三角巾使用方便,容易掌握,包扎面积大,每个指战员都要熟练掌握它的使用方法。包扎方法是先把三角巾封皮沿箭头指向处撕开,将敷料盖在伤口上,然后进行包扎。在没有材料时,可用毛巾、被单、衣服等代替,但盖伤口的材料必须干净。三角巾包扎的基本概念是:角要拉得紧,结要打得牢,包扎要贴实,松紧要适宜。

包扎方法主要有以下四种:

(1)头面部包扎法(见图 8-1)

将三角巾底边折叠约两指宽,放于前额眉上。顶角拉至枕后,左右两底角沿两耳上方往后，拉至枕外隆凸下方交叉，并压紧顶角；然后再绕至前额打结。顶角拉紧，并向上反折，将角塞进两底角交叉处。

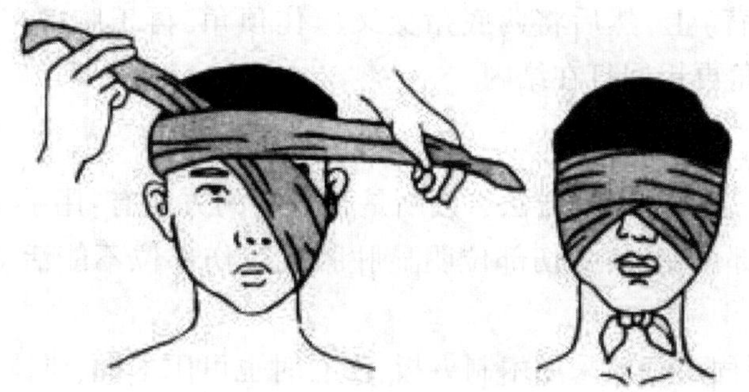

图 8-1　头面部包扎法

（2）胸（背）部包扎法（见图 8-2）

三角巾底边横放在胸部，顶角从伤侧越过肩上折向背部，三角巾的中部盖在胸部的伤处，两底角拉向背部打结。顶角结带也和这两底角结打在一起。

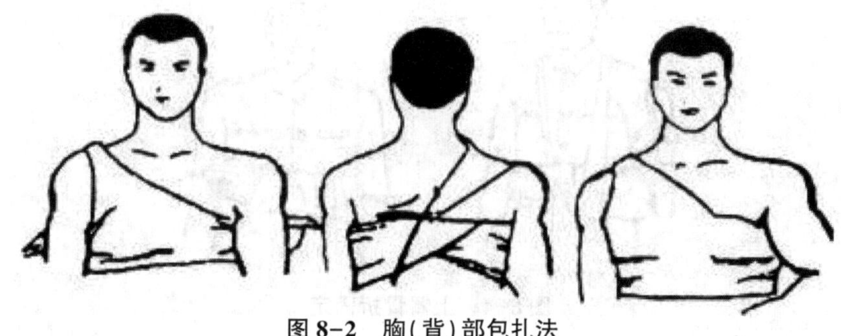

图 8-2　胸（背）部包扎法

（3）腹部包扎法（图 8-3）

将三角巾顶角朝下，底边横放于上腹部，两底角拉紧于腰部打结；再将顶角从腿间拉向后，同两底角的余头打结。

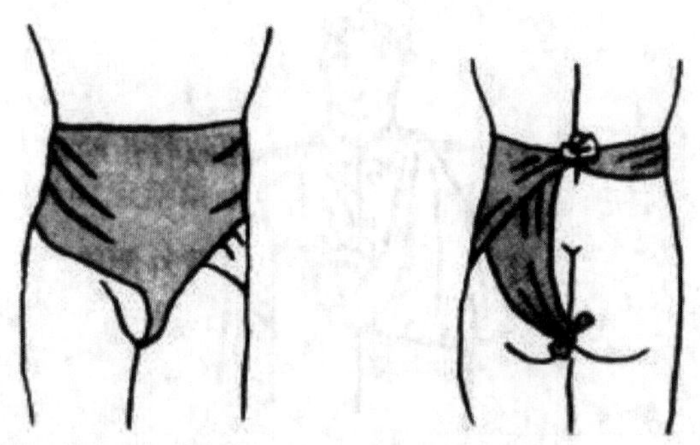

图 8-3　腹部包扎法

(4)四肢包扎法

将三角巾底边向上横置于腕部或踝部,手掌(足跖)向下,放于三角巾的中央,再将顶角折回盖在手背(足背)上,然后将两底角交叉压住顶角,再于腕部(踝部)缠绕一周打结。打结后,应将顶角再折回打在结内。

4.固定

固定是处理骨折患者的前期方法。判断是否骨折的方法有:用手指轻轻按摸受伤部位时疼痛加剧;受伤部位变形;受伤部位明显肿胀或受伤部位不能活动有时可摸到骨折断端或摩擦感。

对骨折患者临时固定一般采用木制夹板,没有时也可用木棍、树枝、竹片等代替。

(1)上臂骨折固定(图 8-4)

把两块夹板分别放在上臂内侧和外侧,垫好后用绷带或三角巾固定,再用三角巾将前臂悬吊于胸前。

图 8-4 上臂骨折固定

(2)前臂骨折固定(图 8-5)

可在前臂的外侧放一块夹板,垫好后用两条布带将骨折上下端固定,再将前臂吊于胸前。

图 8-5 前臂骨折固定

(3)小腿骨折固定(图8-6)

将夹板(长度等于自大腿中部到脚跟)放于小腿外侧,垫好后用布带分段固定。

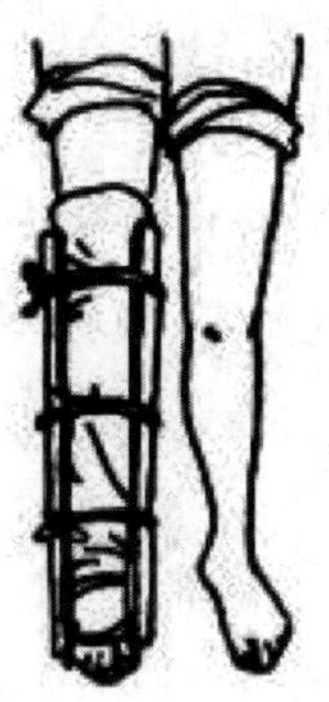

图8-6　小腿骨折固定

(4)大腿骨折固定(图8-7)

将一块长度相当于从脚至腋下的木板放于伤肢外侧,在关节和骨突处加垫,用5~7条三角巾分段固定.

图8-7　大腿骨折固定

(二)个人卫生

个人卫生是部队卫生的基础,在日常生活中,我们的衣食住行、劳动或休息等都与个人卫生密切相关。因此,我们必须养成良好的卫生习惯和爱清洁的风气,自觉地遵守个人卫生规则。

1.个人卫生的要求

《内务条令》对个人卫生提出了明确要求,应做到:

(1)饭前便后洗手,不吃(喝)不洁净的食物(水),不暴饮暴食。

(2)勤洗澡,勤理发,勤剪指甲,勤洗晒衣服被褥,不随地吐痰。

(3)不乱扔果皮、烟头、纸屑等废弃物。

(4)保持室内和公共场所的清洁卫生。

2.个人卫生的主要内容

(1)皮肤卫生。保持皮肤清洁,经常洗澡。

(2)头发卫生。保持头发整洁,定期理发,不蓄胡子,梳子和刮胡刀不要与人共用。

(3)手脚卫生。饭前便后洗手,勤剪指甲保持干净,保持脚的清洁干燥,尽可能每天洗脚换袜，穿大小合适的鞋子。

(4)口腔和脸的卫生。经常刷牙、漱口、洗脸，保持口腔和脸部卫生，洗漱用具不要与人共用。

(5)眼耳鼻的卫生。擦眼、鼻要用干净的纸巾，不要抠鼻子，擦鼻涕时不要用力过猛，清洁外耳道时不要用尖、硬的物体。不要在光线不足或者强光下看书，防止近视。

(6)饮食卫生。不暴饮暴食，饮食要干净，预防消化道疾病和传染病的发生。

二、意外伤的救护

(一)颅脑损伤

颅脑损伤的急救，首先要注意呼吸道是否通畅，对伤部包扎要严密，如有脑脱出者，须用纱布棉圈作为支持物，围住脱出的脑组织；或者在脱出的脑组织两侧各放一敷料卷，再盖上嫩料包扎，以保护脑组织不受压迫和损伤。伤部包扎后将伤员安置在侧卧位或俯卧位，以利于呼吸道畅通，后送时应采用同样体位，并将伤员头部用衣物垫好，防止震荡。

(二)开放性气胸

胸部受伤，空气由伤口出入，压迫肺脏，引起呼吸困难，叫开放性气胸。遇到此类伤员，应迅速严密包扎，封闭伤口，不使空气继续从伤口进出。

封闭方法：撕开急救包，用其外皮带胶的一面，紧贴于伤口，然后盖上敷料进行包扎。包扎时，将三角巾放于胸部，顶角放于伤侧的肩部，折叠底边两次，每次6~8厘米宽，固定盖伤部的敷料，拉近两底角和顶角到背后打结。

(三)脊柱、骨盆损伤

脊柱、骨盆损伤后应及时包扎防继发脊髓和盆exit脏器损伤。骨盆损应将骨盆用三角巾或大块材料做成环形包扎，后送时，让伤员仰卧于门板或硬担架上，膝微曲，下部加垫。

(四)心肺复苏

首先要判断病人有没有心跳，可以通过摸大动脉波动，一般是摸颈动脉，在喉结旁3公分，能摸到波动就表明有心跳。如没有心跳就要进行心肺复苏，要先进行胸外按压，再开放气道最后人工呼吸。

事前准备：在进行心肺复苏前应先将病人恢复仰卧姿势，恢复时应注意保护伤员的脊柱。先将病人的两腿按仰卧姿势放好，再用一手托住病人颈部，另一只手翻动病人躯体。

胸外按压：急救者两臂位于病人胸骨下1/3处，双肘关节伸直，利用上身重量垂直下压，对中等体重的成人下压深度应大于5厘米，而后迅速放松，解除压力让胸廓自行复位。有节奏地反复进行按压与放松时间大致相等，频率为每分钟不低于100次。

开放气道：清理急救者以一手置于患者额部使头部后仰，并以另一手抬起后颈部或托起下颏,保持呼吸道通畅。对怀疑有颈部损伤者只能托举下额而不能使头部后仰;若疑有气道异物,应从患者背部双手环抱于患者上腹部,用力、突击性挤压。

人工呼吸:在保持患者仰头抬颏前提下,施救者用一手捏住鼻孔,然后深吸一大口气,迅速用力向患者口内吹气,然后放松鼻孔,照此每5秒钟反复一次,直到恢复自主呼吸。每次吹气间隔1.5秒,在这个时间抢救者应自己深呼吸一次,以便继续口对口呼吸,直至医护人员到来。

当只有一个急救者给病人进行心肺复苏术时,应是每做30次胸心脏按压,交替进行2次人工呼吸。

三、战场自救互救

战时伤员的及时救护和快速转运是提高救治成功率,降低伤死率、伤残率,维护和再生部队战斗力的重要环节。自救互救是指伤员或者战友在战场上利用简单的材料进行通气、止血、包扎、固定、搬运等初步急救处理的过程。自救互救技术并不复杂,所用器材也较为简单,如制式三角巾、绷带、止血带等,甚至可现场取材代替。

自救互救一般按以下基本步骤进行:

1.快速接近伤员,立即脱离危险环境,避开火力直接打击。

2.快速验伤,主要检查伤员意识、呼吸及有无出血、骨折等情况。

3.快速对损伤部位进行自救互救。

4.准备好搬运工具,及时后送。

第三节　核生化防护

核化生武器具有巨大的杀伤破坏威力,但也有可防护的一面。只要我们了解其特性,掌握必要的防护知识,学会一些基本的防护技能,就能减轻或避免其伤害。

一、核武器的防护基本知识和技能

核武器与常规武器相比较,不仅在效应和杀伤威力上大不相同,而且在防护措施方面也有许多不同的特点。

(一)核武器的杀伤破坏因素

核武器是利用原子核反应瞬间释放出的巨大能量,对目标造成杀伤破坏作用的武器。原子弹、氢弹、中子弹统称为核武器。核武器的杀伤破坏因素有五种:一是光辐射。光辐射是指核爆炸高温火球辐射出来的强光和热。光辐射对人员可造成皮肤、眼、呼吸道烧伤和闪光等。其产生的高温能使物体熔化、灼焦、炭化和燃烧。光辐射可能造成城市和森林的火灾。

二是冲击波。冲击波是指从爆心向四周传播的超音速高压气浪。它是由高温、高压火球猛烈膨胀而急剧地压缩周围空气而形成的。冲击波会使人员和物体同时受到超压的挤压作用和动压的冲击作用。冲击波的超压对人体的突然挤压,可造成人员的耳鼓膜和心、肺、胃等内脏出血或破裂损伤。动压可使人体被抛掷而撞击在地面或其他物体上,造成颅脑损伤、骨折、肝脾破裂、体表撕裂等损伤。冲击波刮起的砂石、砖瓦、玻璃片等对人员可造成间接损伤。

三是早期核辐射。早期核辐射是核爆炸最初十几至几十秒内放射出的中子流和丙射线。它是核武器特有的杀伤破坏因素。

核爆炸后,人员常常会受到光辐射、冲击波、早期核辐射三种瞬时杀伤因素的综合作用,人员受到两种或两种以上杀伤因素综合作用后所造成的损伤叫复合伤。复合伤对人员的伤害特点:一是伤情复杂并相互加重,增加了死亡率;二是复合伤中主要单伤决定其伤情发展。

四是放射性沾染。放射性沾染是指核爆炸产生的放射性物质对地面、人员、水、空气和物体等所造成的沾染,称为放射性沾染。它也是核武器特有的杀伤破坏因素。放射性沾染通过射线对人体组织的电离作用而引起伤害,一般的伤害途径有三种:一是人员在沾染区行动或接近污染的物体时,直接受射线照射而引起的体外照射伤害,这是主要的;二是沾染的空气、食物和水等通过呼吸道、消化道或伤口进入体内,引起体内照射的伤害;三是直接沾染人员的皮肤,引起皮肤灼烧,其症状与普通烧伤相似,如皮肤发红、起水泡和溃烂等。

五是核电磁脉冲。它是核爆炸瞬间发出的一种电磁脉冲,很像自然界中雷击时产生的电磁脉冲,它只对电子、电气设备起破坏、干扰作用。它也是核武器特有的破坏因素。其特性是:电磁场强度高,比雷电产生的电磁信号至少高千百倍;频谱很宽,几乎所有的现代电子设备都会受到破坏和干扰;持续时间短,它的作用时间只有几十微秒,总持续时间不大于 1 秒;作用范围广,地面、低空核爆炸作用范围可达几十千米,超高空爆炸时,其作用范围可达 1000~2000 千米。

(二)核武器的防护

核武器虽具有巨大的杀伤破坏作用,但只要了解其基本的防护知识,采取必要的防护措施,掌握防护技能,还是能减轻或避免其伤害。

我国核试验证明,各种野战工事都能减轻或避免核武器对人员的杀伤。因此在核条件下作战,只要情况允许,就应根据任务和条件积极构筑各种工事进行防护。

人口高度集中的城市在平时的建设中,应加强人防工程修建,完善各种防护措施。这是防核袭击的有效手段。如修建地下铁路,既可解决平时交通拥挤问题,也为战时疏散、隐蔽人员做准备;又如高层建筑必须修建地下室,既作建筑基础,平时又可住人或当仓库使用,战时则为掩蔽人员提供条件;也可修建一些地下车库、地下商场和地下工厂等,为战时疏散、隐蔽人员和储存物资做准备。

1.人员就地(就近)防护

在核武器袭击的条件下,充分利用就近的防护设施,因地制宜地采取适当防护措施,就可能避免和最大限度地减少人员的伤害。

在开阔地上就地防护。发现核爆炸闪光时，应迅速卧倒，尽可能背向爆心。卧倒时，两手交叉压于胸下，两肘前伸，头自然向下压夹于两臂之间，闭眼闭嘴（有条件时塞耳），憋气（当感到有热空气时），两腿伸直并拢。核试验证明：在同一条件下，立姿狗发生极重度烧伤和中度冲击伤后死亡，而卧姿狗只遭受中度烧伤和轻度冲击伤后存活。在建筑物内就地防护。当人员来不及到室外防护时，应在室内屋角或床、桌下卧倒或蹲下。但注意不要利用不坚固或易倒塌的建筑物，要尽量避开门窗和易燃易爆物，以免间接受伤。为了减轻照射损伤可提前使用预防药物，如口服碘化钾等。

利用掩蔽部、防空地下室的防护。当接收到核袭击警报信号时，应立即进入掩蔽部、防空地下室，关好防护门，尽量不用明火照明。核试验证明：爆后1秒钟进入工事内的狗未受烧伤，而没有进入工事的狗却遭受极重度烧伤和冲击伤，5天后死亡。

在建筑物外的就地防护。坚固的建筑物对瞬时杀伤因素具有一定的防护作用。当发现核爆炸闪光时，应尽量利用墙的拐角或紧靠墙根卧倒，但要避开易倒塌的建筑物或土堆，避开易燃、易爆物体，以免受到间接伤害。

当建筑物外有土丘、土坎等高于地平面的地形时，应利用就近地形，背向爆心紧靠遮挡一侧的下方迅速卧倒；如土丘、土坎较小时，则可对向爆心卧倒，重点防护头部。利用土坑、沟渠等低于地平面的地形时，应迅速跃（滚）入坑内，身体蜷缩，跪或坐于坑内，两肘置于两腿上，两手掩耳，闭眼闭嘴，暂停呼吸。若坑大底宽，也可侧向或对向爆心卧倒。利用沟渠时，宜用横向爆心的沟渠卧倒防护，若沟渠走向对爆心时，只能利用拐弯处进行防护。

此外，山洞、桥洞、涵洞、下水道等都可用来防护；有时利用树木、丛林、青纱帐或潜入水中防护，也有一定效果。

2.对放射性烟云沉降的防护

放射性烟云沉降时，人员应迅速进入有掩盖的工事，暴露人员应迅速戴上口罩、手套，披上雨衣或斗篷进行全身防护；同时，将物资、器材、粮食、食品和饮水等遮盖起来。

需要通过放射性沾染地域时，人员应口服抗辐射药物，喝足开水，排除大小便，戴好口罩或面具，穿深腰鞋，视情穿雨衣或披斗篷，扎好“三口”：领口、袖口和裤脚口。尽量垂直于放射性沾染带快速横穿。

3.消除放射性沾染的方法

对人员、服装装具沾染的消除。人员被沾染后，应进行局部消除，可用清水和肥皂擦洗暴露的皮肤，同时清洗鼻腔、漱口和擦洗耳窝。无水时，可用毛巾、纱布、棉花等干擦，冬季可用干净的雪擦拭。擦拭时，应从上到下，顺一个方向进行。擦拭一次，将毛巾、纱布翻叠一次，防止已消除部位重新沾染。条件许可时，要进行全身洗消（沐浴最好）。对服装装具可采用拍打、扫除、抖拂、洗涤等方法消除，消除时人员之间应有一定距离，注意站在上风方向，采取从上到下、由外到里的方法进行。对粮食、饮水和食品沾染的消除。对粮食消除沾染，可采用过筛、加工脱壳、水洗风吹等方法，消除率可达90%以上；对包装完好的粮食可采用扫除、拍打或去除包装袋消除;对未包装的粮食,可铲除沾染层2~3厘米;对蔬菜、水果等,主要用水冲洗和剥皮的方法;对面包、馒头等熟食可剥掉表皮消除。对饮水沾染的消除一般可采用土壤净化法和过滤法。土壤净化法即在每升水中加干净细土粒20克,再加入明矾和石灰,经搅拌后澄清,上层澄清液的消除率可达60%~70%。过滤法即在盛水容器底部放水口处,先铺上二三层纱布,然后再取3~4厘米的细砂,上面铺2层纱布,再铺3厘米的粗砂或碎石,每次消除率可达80%以上。用上述方法处理的水,应进行检查,低于控制量时方可饮用。

二、化学武器的基本知识和技能

化学武器自问世以来,即遭到世人的强烈谴责和反对。国际上虽早就签订了禁止在战争中使用化学武器的公约和协议,但从未被真正履行过。

化学武器是以毒剂的毒害作用杀伤有生力量的各种武器、器材的总称。包括装有毒剂的化学炮弹、航空炸弹、火箭弹、手榴弹、地雷、布毒车、毒烟罐、毒剂发射器、航空布洒器和气溶胶发生器,以及装有毒剂前体的二元化学弹药等。化学武器在使用时,借助于爆炸加热和空气阻力等作用,将毒剂分散成蒸气、液滴、气溶胶状态,使空气、地面水、物体染毒;经呼吸道、皮肤、眼、口等器官引起人畜中毒,以杀伤、疲惫敌方有生力量,迟滞、困扰敌方军事行动。以毒害作用杀伤人、畜和毁坏植物的各种有毒物质叫军用毒剂,简称为毒剂。

(一)化学武器的杀伤特点

化学武器靠毒性作用杀伤人畜、毁坏植物,它与常规武器相比较,呈现出不同的杀伤特点。

杀伤范围大:化学武器能使较大范围的空气或地面染毒,同时毒剂云团能随风扩散到一定的地域。此外,毒剂云团还能渗入无防护设施和不密封的工事、车辆、建筑物内,从而造成染毒,伤害隐蔽的人员。

伤害形式、中毒途径和毒害作用多:不同种类的毒剂可造成空气、地面物体、水源食物等染毒并形成初生云、液滴、再生云的三种伤害形式。当人员吸入染毒空气、皮肤或伤口接触了毒剂液滴、误食了染毒的水或食物时,都会引起不同的中毒症状,受到不同的毒害和杀伤。

持续时间长:常规武器只要爆炸,则瞬间造成杀伤破坏作用,而化学武器的杀伤作用持续时间较长。如沙林毒剂爆炸后,毒剂云团的杀伤作用时间可持续数分钟至数十分钟;维埃克斯毒剂使地面、物体染毒后,其杀伤作用时间则可持续几天至几周。易受气象、地形条件的影响:气象条件对化学武器的使用影响很大。条件有利时,能充分发挥其杀伤作用和扩大其杀伤范围,反之,则使其杀伤作用大大降低,甚至无法使用,如风向不利时不便使用;风速过大(超过6米/秒)会将毒剂云团迅速吹散,不易造成伤害浓度,其危害纵深大大缩短;气温高,毒剂挥发快,其液滴伤害持续时间短;严寒时,某些毒剂会冻结;降雨能冲掉毒剂液滴或使某些毒剂水解;降雪能将毒剂液滴暂时掩盖等地形条件对化学武器的使用也有一定影响。在山谷湿地、居民地和丛林中,毒剂云团不易传播和扩散,因而杀伤范围将缩小,但滞留时间长;高地、开阔地、水面、毒剂云团扩散快,因而杀伤作用范围大,但持续时间短。

(二)化学武器的防护

1.对毒剂中毒的预防

预防原则上是将器材防护与药物预防相结合;群众性防护与专业技术防护相结合。主要措施有:

(1)及时使用防护器材。有条件的应迅速进入集体防护工事设施内,如无此条件的应进行个人器材防护。如佩戴各种防毒面具、防毒面罩或简易防护器材,用游泳镜、劳动保护镜或风镜防护眼睛;用多层口罩、毛巾防护口腔及呼吸道;戴手套、穿雨鞋防护四肢;穿雨衣、风衣、塑料雨披等保护全身。

(2)服用预防药物。在可能受到化学武器袭击时,为增强对神经性毒剂的防护能力,可组织人员提前服用防磷片或吸入解磷鼻化剂等预防药物。

(3)及时进行清洗消毒。离开染毒区后,尽快组织人员对器材进行洗消,在洗消时也应该注意个人防护,以防止造成间接中毒。

(4)遵守染毒区行动规则。在毒区内个人不得随意行动,更不得自行解除个人防护,人员应按指定路线有计划撤离,不准在毒区饮水、进食、吸烟,不准随意坐卧,不准在毒气容易滞留的房屋背风处、绿化地带、低洼处停留。

2.对毒剂的消毒

为防止或减轻中毒,保障人员安全,恢复染毒物品的使用价值,必须及时组织实施消除毒剂措施。

(1)消毒的方法。机械消毒法:用分离或切除染毒层,也可用未染毒物品覆盖或掘坑深埋等隔绝毒剂。化学清毒法:通过化学消毒剂与毒剂发生水解、氧化、氯化等化学反应破坏毒剂,生成无毒或低毒物质。物理消毒法:包括用吸附、溶解、冲洗、通风、高温等方法使毒剂从受染毒物体表面离去或部分被破坏。

(2)常用的消毒剂。化学消毒剂常用的有:三合二、次氯酸钙、漂白粉、一氯胺、二氯胺等;氢氧化钠、碳酸钠、碳酸氢钠;乙醇胺;高锰酸钾、浓硝酸、重铬酸盐等。物理洗消剂常用的有:水、酒精、汽油、煤油和二氯化烷等。

(3)人员的洗消。局部紧急消毒:迅速用纱布、棉花、纸片等吸去可见毒剂液滴,再用肥皂、洗衣粉等碱性溶液洗涤局部,然后用净水冲洗。全身洗消:当皮肤染毒面积较大时,经局部消毒后应再进行全身洗消,一般要在离开毒区后进行。

(4)地面、工事的消毒。通常可用喷洒消毒剂的方法进行消毒。无此条件时,用铲除、掩盖、火烧等方法,也能达到消毒的目的。

3.对中毒人员的急救

对中毒人员的急救必须正确、迅速,应根据毒剂的不同,采用相应的急救药物和方法。情况允许时,最好将中毒者撤出毒区后送医院治疗。急救时应先重后轻,主要依靠自救和互救,救治中应贯彻特效抗毒与综合治疗相结合的局部染毒处理与全身治疗相结合的方法,首先处理危及生命的伤情。

(1)对神经性毒剂中毒的急救。对中毒人员,如无法立即撤离毒区时,应首先戴上面具,立即注射解磷针;对呼吸困难者进行人工呼吸,对染毒皮肤及时消毒。对糜烂性毒剂中毒的急救。急救方法同人员皮肤的消毒。

(2)对全身中毒性毒剂中毒的急救。迅速捏破亚硝酸异戊酯安瓶,放在中毒人员鼻前(戴面具后,则将的亚硝酸异戊酯安瓶,塞入面罩内),使其吸入药剂。如症状不见消失还可再用。对呼吸困难者应进行人工呼吸。

(3)对窒息性毒剂中毒的急救。中毒人员应保持安静,尽量减少体力的消耗,注意保温,严禁人工呼吸。对失能性毒剂中毒人员,一般不需要急救,只要离开毒区,症状会自动消失。

三、生物武器的防护

生物武器是以生物战剂杀伤有生力量和毁坏植物的各种武器、器材的总称,旧称细菌武器。包括装有生物战剂的炮弹、航空炸弹、火箭弹、导弹和航空布洒器、喷雾器等,生物武器可使大量人、畜发病或死亡,也可大规模毁伤农作物,从而削弱对方的战斗力,破坏其战争潜力。

(一)生物战剂

生物战剂是以杀伤人、畜、破坏农作物的致病微生物、毒素和其他生物活性物质的总称,旧称细菌战剂。

1.生物战剂分类

按对人员伤害程度分类。失能性战剂:主要使人员暂时丧失战斗力,一般不会造成死亡,如布氏杆菌、葡萄球菌肠毒素等。致死性战剂:能使人员患严重疾病,其死亡率大于10%,有的高于30%以上,如鼠疫杆菌、黄热病毒等按所致疾病有无传染性分类。传染性战剂:它传染快,一旦流行,易形成疫区,能持续一定的时间。因此常用来袭击对方纵深内部的战略目标,如霍乱孤菌、天花病毒毒素等。非传染性战剂:它只感染接触者,无传染作用,因此常用来袭击需攻击的对方战术目标,如野兔热杆菌、肉毒毒素等。

按微生物种类可分为病毒、立克次体、衣原体、真菌、细菌及其产生的毒素等六类。

2.生物战剂侵入人体的途径

呼吸道吸入。绝大多数生物战剂,可通过其气溶胶方式,经呼吸道吸入人体,使人员发病。

(1)消化道食入。人员误食或误饮被生物战剂污染的食物或水等,经消化道进入人体,发生中毒。

(2)皮肤接触。生物战剂可直接经皮肤、黏膜、伤口或带菌昆虫叮咬进入人体,使人员发病。

生物战剂侵入人体后,能破坏人员的生理机能而发病。各种生物战剂致使人员发病后的症状,有相同之处,也有各自的特点。

(二)生物武器施放的方式

生物武器施放生物战剂的方式主要是:

1.施放生物战剂气溶胶

固体或液体生物战剂的微粒,在空气中形成的悬浮体,称为生物战剂气溶胶。它能随风传播,大面积地污染空气、地面、食物、水源等,并能渗入无防护设施的各种工事和建筑物。施放生物战剂气溶胶,是敌人撒布生物战剂的主要方式。具体方式有:

(1)生物弹爆炸施放

以小炸弹、集束炸弹、火箭和导弹弹头,通过弹内炸药爆炸形成生物战剂气溶胶。此种方法使用方便,成本低,但生物战剂损失较大。

(2)气溶胶发生器施放

借助装在该发生器内压力源的高压和喷嘴装置,将战剂喷出形成生物战剂气溶胶。这种方法,生物战剂损失小,且无爆炸声,但成本高,工艺复杂。布洒箱施放。将布洒箱装在飞机或舰艇上,在目标上风方向向低空喷洒或从海上施放吹向目标。它装置大,生物战剂损失小,适宜大面积污染。

2.投掷带菌的媒介物

将带菌昆虫、小动物及其他杂物等装在特制的容器里,由飞机等投放。此种施放方式,生物战剂损失少,并在带菌昆虫等生存的整个过程中,都能造成杀伤。方法有:

(1)四格弹布撒。该弹形状类似重磅炸弹,内分四格,使用时由飞机投下,在离地面30米左右裂开,将装在其中的昆虫、小动物和染菌撒在地面上。

(2)带降落伞的硬纸筒布撒。筒的外形与照明弹相似,系在降落伞下,落地时裂开用于撒布生命力较弱的蚊类。

(3)薄壳器布撒。用石灰制成的球形外壳内,装有各种昆虫、小动物,飞机投出落地时拌碎,昆虫、小动物散出。

3.其他方式

派遣特务施放生物战剂,污染水源、食物、通风管道等或在撤退时遗弃带菌物品或烈性传染病死者尸体等。

当敌人使用生物武器后,受到生物战剂气溶胶污染的或带菌昆虫、小动物及杂物等散布的地区,称为浸染区。生物战剂引起传染病发生和流行的地区称疫区。

(三)生物武器的防护

1.加强全民教育,建立和健全卫生防疫组织和制度

对全民进行反生物战教育,使他们了解反生物战的基本知识,学会正确地进行个人防护。对卫生专业人员应进行反生物战训练，掌握防护的基本原理，学会正确的组织防护措施。

针对可能发生敌方使用生物武器的征兆，应立即建立反生物战的组织，加强领导，密切协同，统一行动；根据反生物战的特殊情况，建立健全卫生防疫制度，包括个人和环境卫生、敌情监视和报告、标本采集和传送、现场处理、病人隔离及疫区处理等。

2.个人防护动作和药物预防、免疫接种

当敌方施放生物战剂气溶胶时，我方人员应戴好防毒面具或防疫、防尘口罩，同时还应戴上防毒眼镜和穿着防毒衣、防疫服、胶靴鞋和手套等。如有条件时，可进入具有滤毒通风设施的掩蔽部、坑道或人防工事内进行防护。

当敌方投放带菌昆虫时，我方人员为保护暴露皮肤，防止昆虫叮咬，应利用工事、房屋、帐篷和个人防护器材进行防护，同时还应在暴露的皮肤上涂抹驱蚊灵等驱避剂。为增强人体抗病免疫能力，提高治疗效果，我方人员应在战斗前进行免疫接种，当确知敌人使用生物战剂时，还应使用药物进行预防。

此外，还需要搞好个人卫生和战场环境卫生。

3.消毒、杀虫、灭鼠

对受污染人员的皮肤可用个人防护盒内的皮肤消毒液或1%的三合二水溶液，以擦拭法进行消毒。对污染的服装装具可用煮沸法、日晒法或药物浸泡法进行消毒。对污染的粮秣、食物，通常应销毁，如密封包装的，可用消毒剂，擦拭表面2~3次，放置3分钟后方可食用。对污染的水，须煮沸15分钟后方可饮用。对污染的地面、工事可用火烧法、铲除法和喷洒消毒剂等进行消毒。还应组织人员迅速对敌方投入的带菌昆虫、小动物用扫帚、铁锹等工具聚成一堆烧毁或深埋，对能飞善跳的昆虫、小动物则可用各种喷雾器（包括动用飞机）喷洒杀虫药物进行捕杀。

第九章　战备基础与应用训练

第一节　战备规定

一、战备概述

战备是部队为了应付可能发生的战争或突发事件而在平时进行的准备和戒备。士兵作为部队的主体,担负着执勤、处突、反恐怖和防卫作战任务,必须牢固树立战备观念,了解战备常识,搞好各项训练,确保一有情况,能够立即出动,圆满完成任务。

二、战备规定主要内容、要求

战备等级是部队战备程度的区分,全军战备等级分为四级战备、三级战备、二级战备、一级战备。

(一)四级战备

即国外发生重大突发事件或者我国周边地区出现重大异常,有可能对我国安全和稳定带来较大影响时部队所处的战备状态。

四级战备部队的主要工作有如下几个方面:

(1)进行战备教育和战备检查。

(2)调整值班、执勤力量。

(3)加强战备值班和情况研究,严密掌握情况。

(4)保持通信顺畅。

(5)严格边境管理。

(6)加强巡逻警戒。

(二)三级战备

即局势紧张,周边地区出现重大异常,有可能对我国构成直接军事威胁时,敏感时期、重大活动(会议)期间或者出现重大灾情时,部队所处的战备状态,主要依托营区现有人员、装备、物资等完成行动准备的戒备状态。

三级战备部队的主要工作有如下几个方面:

(1)进行战备动员。

(2)加强战备值班和通信保障,值班部队(分队)能随时执行作战任务。

(3)密切注视敌人动向,及时掌握情况。

(4)停止休假、疗养、探亲、转业和退伍。

(5)控制人员外出,做好收拢部队的准备,召回外出人员。

(6)启封、检修、补充武器装备器材和战备物资。

(7)必要时启封一线阵地工事。

(8)修订战备方案。

(9)进行临战训练,开展后勤、装备等各级保障工作。

(10)在规定时限内完成战备等级转换。部队完成三级战备等级转换后,营区以及附近人员收拢完毕,装备保持良好状态,战备物质补充到位,能够随时按照命令规定的时限出动执行任务。

(三)二级战备

当国家安全和社会稳定受到一般现实威胁时,通常指定有关部队进入二级战备。二级战备是部队按照现有实力达到齐装、满员,完成行动准备的戒备状态。

二级战备部队的主要工作有如下几个方面:

(1)深入进行战备动员。

(2)战备值班人员严守岗位,指挥通信顺畅,视情况派出侦查力量,实施路线勘察和现场侦查,严密掌握敌人动向,查明敌人企图。

(3)收拢部队。

(4)发放战备物资,抓紧落实后勤、装备等各种保障。

(5)抢修武器装备。

(6)开设基本指挥所,开通指挥信息系统,建立语音、视频、数据通信手段,指挥要素进入指挥位置,做好派出前指挥所(组)准备。

(7)完成应急扩编各项准备,重要方向的边防部队,按战时编制齐装满员。

(8)做好疏散部队人员、兵器、装备的准备。

(9)抢修工事、设置障碍。

(10)抓紧临战训练。

(11)调整修订作战方案。

(12)留守机构展开工作。

(13)在规定时限内完成战备等级转换。部队完成二级战备等级转换后,现有人员收拢完毕,装备、战备物资发放到位,能够随时按照命令规定的时限出动执行任务。

(四)一级战备

一级战备,即当国家安全和社会稳定受到严重现实威胁时,针对我国的战争征候十分明显时,部队所处的战备状态。一级战备是部队完成一切临战准备的最高戒备状态。

一级战备部队的主要工作有如下几个方面:

(1)进入临战战备动员。

(2)战备值班人员昼夜坐班,无线电指挥网全时收听,保障不间断指挥。

(3)运用各种侦察手段,严密监视敌人动向,进行应急扩编,战备预备队和军区战备值班部队,按战时编制满员。

(4)所需装备补充能力优先保障。

(5)完成阵地配系。

(6)落实各项保障;部队人员、兵器、装备疏散隐蔽伪装。

(7)留守机构组织人员向预定地区疏散。

(8)完善行动方案,完成一切临战准备,部队处于待命状态。

三、战备等级转换

部队进入等级战备,通常逐级进入三级战备、二级战备、一级战备;必要时,可以越级直接进二级战备、一级战备,或者由三级战备越级进入一级战备。

部队一旦进入战备等级状态,要求每一名士兵必须做到:

(1)严格遵守保密规定,不泄露部队行动的秘密。

(2)外出探亲人员,接到上级的通知后要迅速归队。

(3)服从命令,听从指挥,按上级的命令完成各项工作。

(4)提高警惕,坚持在岗在位,保持良好的战备状态。

(5)进一步落实战备计划,随时做好出动准备。

四、三分四定

(一)"三分"

就是将个人的物资分为携行、运行、后留三部分,分别放置。

1.携行

紧急情况时个人自己随身带的物资,如武器装备、当季被装、生活保障用品。

2.运行

就是有些物资个人很需要,但自己携带不了,需要上级单位帮助运走的物资,如非当季被装、床铺被褥后勤物资等。

3.后留

就是不需要带走的个人物资,留在营房里,由上级统一保管,如非军队配发的个人物品。

(二)"四定"

即定人、定物、定车、定位。

1.定人

根据战备行动方案,确定每个士兵在可能出现的紧急情况中所担负的任务、归谁指挥、可能的行动等内容。

2.定物

确定士兵紧急出动时携带物资的数量、种类,主要规定是武器装备的携带方法。

3.定车

确定士兵紧急出动时乘坐的车辆。

4.定位

确定士兵乘坐车辆的具体位置及在行进中可能担负的任务。

“三分四定”是战备工作的重要内容,每一个士兵平时要严格按规定做好各项工作,保证一旦有紧急情况就可立即出动。

第二节　紧急集合

紧急集合,就是在紧急情况下迅速进行的集合,是应付突然情况的一种紧急行动。指军队、警察或其他准军事化组织在非常规状态下或演习情形下突然实行集合。通常以警报、哨声等为信号,在极短的时间内对所属部队或一定范围内的人员按备勤要求进行集中(往往在五分钟以内),一般要求集合人员按规定着装,配带相关武器或装备。

紧急集合分为全副武装紧急集合和轻装紧急集合两种。全副武装集合是根据当时部分所处的战备等级状态而确定。此时,人员的负荷量,携行的装备和器材均按战备方案和上级的规定执行。轻装紧急集合是在执行临时性的紧急任务时采取的一种方式。

一、紧急集合要领

(一)着装

通常着训练服。白天进行紧急集合时,一般就按当时的训练着装进行。如果上级重新规定了着装,士兵应立即换装。夜间实施紧急集合时,士兵应迅速起床,按照帽子(冬季戴皮、棉帽时,披装后再戴),上衣,裤子,袜子,鞋子(双层床上层的士兵打完背包再穿鞋子)的顺序进行穿戴。

(二)打背包

背包宽30~35厘米,竖捆两道,横压三道,雨衣放在挎包内,大衣通常捆于背包上端,大衣袖子捆于背包两侧,鞋子横插在背包背面中央或竖插两侧。

(三)装具携带

着装通常按照“战斗装具左肩右肋,生活装具右肩左肋”的原则进行。

表9-1 着装与携行表

着装类型	着装及携行要求
徒手着装	着制式服装,扎腰带,佩戴值勤臂章。任务需要时,部分人员可以着便衣。
轻装	着制式服装,扎腰带,佩戴值勤臂章,戴头盔(钢盔),带挎包,水壶,雨衣,洗漱用具和急救包,携带手中武器,0.25个基数的弹药和催泪弹及部分防护器材。支队(团)派出指挥机构时,按出动人数和携行武器数运行0.25个基数的弹药和催泪弹。
混合着装	着制式服装,扎腰带,佩戴值勤臂章,戴头盔(钢盔),带挎包,水壶,雨衣,洗漱用具和急救包。部分人员带手中武器和0.25个基数的弹药。另一部分人员携带警械和0.25个基数的催泪弹。支队(团)派出指挥机构时,按出动人 数和携行武器数运行0.25个基数的弹药和催泪弹。
全副武装	着制式服装,扎腰带,佩戴值勤臂章,戴头盔(钢盔),带挎包,水壶,雨衣,洗漱用具,急救包和个人被服,携带手中武器,警械,0.25个基数的弹药和防爆护器材。支队(团)派出指挥机构时,按出动人数和携行武器的数量运行0.25个基数的弹药和催泪弹。
说明	1.部队(分队)执行任务时的着装类型,可以根据任务需要临时确定。2.混合着装时,携带武器,警械的人员比例,可能根据任务的需要临时确定。3.粮秣的携行(运行)量,可以根据实际情况临时确定。远离城镇执行任务时,可带二日份熟食和三日份生食;在城区执行任务且条件允许时,可不带粮秣;跨区执行任务时,可只带途中粮秣,到达任务地区后,由所在地区的武警部队协助保障。4.各类武器1个弹药基数为:手枪20发,狙击步枪100发,自动步枪,冲锋枪200发,轻机枪1000发,防暴枪20发,40火箭筒8枚,82无坐力炮20发,82迫击炮120发,轻型喷火器3个,催泪弹1个基数为4枚。

(四)集合

通常应逐级集合,逐级报告。如士兵披装完毕后,迅速跑步到班集合地点,向班长报告。全班到齐后,班长带领全班迅速赶到排集合场,并向排长报告,依次进行。紧急情况下,也可以排、中队(连)为建制统一集合。士兵在紧急集合时要做到:迅速肃静、确实、完整、安全、便于行动。这就要求每名士兵在平时应按规定放置武器、弹药、装具和衣物,这样在紧急集合时就便于拿取和穿着,行动才不会慌乱。

二、紧急集合训练

紧急集合的演练在我国部队、军事院校及公安院校往往作为新成员的必修课之一。其对保持队伍的战斗力以及纪律性有着重大的意义。通过紧急集合演练,使每位队员掌握对付各种突发事件的方法,能在短时间内到达紧急集合地点,在发生紧急、突发事件时,以最有效的方法在最短时间内控制事态发展,或保证出色完成上级交办的临时任务。

紧急集合的考核标准如下:

紧急集合按处突或战斗着装,携带背包或背囊,昼间10分钟,夜间12分钟内到达班集合点为合格。根据各类着装携行标准,集合时间也不相同,掌握迅速、肃静、确实、完整、安全、便于行动的原则。力求最快速度。

第三节 行军拉练

一、行军概述

行军是军队徒步或乘坐建制内和配属的车辆,沿指定路线进有的有组织的移动。其目的是转移士兵,争取主动,形成有利态势。行军按方式分摩托化行军、徒步行军;按时间分为昼间行军和夜间行军;按强度分为常行军和强行军;按行进方向分为向敌行军和侧敌行军。行军时,必须保持充分的战斗准备,迅速、隐蔽地按时到达指定地域。

行军的速度应根据任务、敌情、时间、行军能力、道路状况和气候季节而定。常行军通常徒步每小时45千米,日行程25~35千米。急行军是以最快的速度实施的行军,执行紧急任务时采用。强行军是加快时速和加大每日行程的行军方法,通常徒步每小时7千米左右,日行程50千米以上。

行军时,通常按照先头分队、本队和收容分队的顺序进行编组。

(一)徒步行军

徒步行军时,成一路或数路沿道路右侧或两侧行进,两队之间距离约100米。行军时,应适时组织大、小休息。小休息通常在开始行军30分钟后进行,其时间约15分钟,然后每行进50分钟休息一次,每次约10分钟。休息时,人员及车辆应靠道路右边,保持原队形;面向路外侧,保持原来队形。督促战士整理鞋袜和装具。在完成当日行程半数后进行大休息,时间约1~2小时。大休息通常是在走完当日行程的1/2以上时,进入指定地区休息2~3小时。大休息时,应抓紧时间用餐,并派出警戒,防止丢失物品。夜间休息时,人员不准随意离队,装备物品随身携带,出发前清点人数,检查装备物品。走完一日行程后,按上级指示进行宿营。

1.徒步行军应注意的事项

士兵在行军过程中应按照正确的行军要领,坚决服从班、组长的指挥,灵活处置各种情况,确保按时迅速到达目的地。

(1)士兵徒步行军应按照规定或上级命令携行有关装具。

(2)行军前,士兵应检查所带装备是否齐金,佩带是否牢固,尤其是要仔细检查鞋袜是否合适,以避免行军中脚起泡。

(3)行军过程中,应均匀呼吸,全脚掌着地,调整好步幅,保持正常的行军速度力。

(4)行军掉队时,应大步跟上,尽量不要跑动,以节省体力。体力好的士兵要主动帮助体力差的战友。搞好体力互助。

(5)小休息时,士兵应就地休息,及时调整体力,不要乱走动,并按要求处理脚上起的血泡。

(6)行军中,士兵要以灯光、旗语、音响、手势等简易信号,通信、运动通信等手段传递口令,保持通信联络。

(7)遇敌空中火力袭击时,士兵应就近利用地形进行防护,接到敌核、化学武器袭击警报时,人员迅速穿戴防护衣罩,就地隐蔽防护。警报解除后,应迅速抢救伤员,检查武器装备,恢复行军序列。

(8)行军中,遇有闹事人群拦阻时,按照命令及时组织疏导,疏导无效的,实施强行驱散。

(9)当道路、桥梁遭敌破坏或遇到难以通行的地段时,应按命令绕行,无法绕行时,应及时报告上级。

如果是夜间、山地、水网稻田地、沙漠、雪地等一些特殊环境和地形条件下徒步行军时,士兵要根据特殊环境和地形的特点及当时的具体情况,按命令进行必要的物资器材准备,特别是一些辅助器材(木板、救生圈、绳索、抓钩)一定要准备好。在高寒地区行军,要加强防寒保暖措施,做好装备在低温条件下工作的准备和防治冻伤工作。行军中要注意紧跟队形,不要掉队;无论遇到什么样的情况都要及时报告;要发扬不怕苦、不怕累的精神,坚决走到目的地。

2.徒步行军的典型案例

2008 年 5 月 12 日汶川大地震后,为实现国务院、中央军委关于尽快进入汶川重灾区的决心意图,武警 38 师坚决贯彻武警部队党委的指示,师参谋长王毅主动请缨,率 670 名官兵开赴汶川。

这是一场与时间赛跑的生命接力。此时,路上到处都是塌方,70% 以上的路面损坏,桥梁全部被毁,加之连续的大雨,救援人员迎着狂风每前进一步都十分困难。官兵们相互搀扶,边开路边前进。遇到山谷,大家上山时就手脚并用,爬着一步步往上挪;下山时,大家就像坐滑梯样往下滑。晚上,大家每 6 个人分成一组,一组 1 个手电筒,有时刚走过一个路段,背后就发生了塌方险情。战士刘强的脚被山下滑落的山石砸伤了,他硬是咬紧牙关,始终坚持不掉队。

13 日 23 时 15 分,王毅参谋长带领 200 名官兵(含有 10 名女兵),历经 21 个小时艰难跋涉,徒步强行军 90 多公里,(每小时 45 公里)率先到达这次地震的重灾区四川省汶川县城,几乎每个人的脚上都起了血泡,每个人的腿都有跌伤、碰伤。200 名官兵成为第一支到达汶川县城的救援部队,并立即用海事卫星电话向上级报告了汶川情况。自此,震后隔绝了 33 个小时的汶川与外界有了联系

（二）乘车行军

乘车行军时，应周密组织好登车、坐车和下车，防止摔伤、刮伤和撞车、翻车等意外事故的发生。上车前，要先将重武器、装备、器材装上车，轻武器、装具、背包等由个人携带。上（下）车时，人员通常从车厢尾部成一路或两路依次上（下）车。上车后要按指定的位置坐（站）好。采用坐姿时，可将背包取下坐在上面，装具一般不取下，轻武器靠于右肩把牢。下车时，要适当降低重心，选择比较平坦的地面跳下，防止磕伤或扭伤。行军时，通过山口、隘路、桥梁、渡口、岔路口、居民地或与友邻队伍相遇时，应按规定的顺序和交通调整哨的指挥迅速通过，不得争先拥挤。夜间通过岔路口时，注意看清路标，防止走错路。应保持正常的行进速度，主动给车辆让路，未经领导批准，不得随意超越前面的队伍。夜间行军，应适当缩小队伍长径，注意掌握行进方向，加强通信联络，严格灯火、音响管制，采取有效措施，防止人员掉队和摔伤。

二、宿营

（一）宿营地区的选择

宿营地区的选择应根据敌情、地形、任务和行军编制而定，平时组织野营训练以能够达到训练目的为标准，通常应符合下列条件：

（1）避开城镇、集市、车站、渡口、大的桥梁附近。

（2）避开疫区、传染病流行村落。

（3）有适当的地幅，通常师、团、营的宿营面积分别为 600 平方千米、60 平方千米、6 平方千米。

（4）有较好的进出道路，便于车辆、人员通行。

（5）露营地域，夏季要尽量选在高处，避开谷地、低地、洪水道和易于明塌的地方。

冬季应选在避风向阳处，土质较黏便于搭设简易遮棚或挖掘的地方，选择露营地区时，通常还要考虑以下因素：

（1）要符合战术要求，从具体位置到配置方式，都应以预想的战术背景为基本前提。

（2）要着眼于训练科目需要，有利于达到训练目的。

（3）要方便生活，尽量靠近水源并有进出道路。

（4）要选择在群众基础较好或影响群众利益较小的地区。

露营配置地域通常以班为点，排为块，连为片，团（营）为区，根据地形特点可成一字形、梯形、三角形、扇形配置，形成野训营地。首长机关通常设在便于观察、指挥的位置，分队与分队之间要按战术要求保持一定间隔。

（二）宿营方式

宿营方式分为舍营、露营和舍营与露营相结合三种。舍营是军队在房舍内宿营。露营是军队在房舍外宿营。通常在不具备舍营条件时采用，是平时部队训练的重点。野外露营的方式分为利用制式器材露营和利用就便器材露营。利用制式器材露营,通常是指利用帐篷、装配工事等制式器材进行的露营。利用就便器材露营,通常是指利用车辆、坦克、篷布、雨衣、草木等进行的露营。

(三)宿营准备

组织部队宿营前要与当地政府、武装部门取得联系,了解社情,并能得到他们的支持和帮助;应向当地群众了解自然情况、社会情况等为部队进驻提供资料;应向部队简要介绍宿营地区的敌情、社情和疫情及风俗习惯。组织部(分)队宿营训练时,准备工作通常有宿营常识教育、现地勘察和物资器材准备等。

1.宿营常识教育

宿营实施前,应进行群众纪律、民情风俗教育:在少数民族地区或少数民族集居地进行宿营训练时,还应进行国家的少数民族政策和尊重少数民族生活习惯教育。组织部(分)队学习宿营常识,学会搭设制式、简易帐篷,了解防蚊虫叮咬、防洪、防中暑、防冻伤、防塌方、防煤气中毒、防火灾、预防流行性疾病等基本常识。可以指定连队先试点,组织观摩示范。也可以先在驻地附近进行昼间的露营尝试训练,掌握露营方法。

2.现地勘察

野外宿营前,通常以团(营)为单位组织现地勘察,视情况也可以连为单位进行,重点明确宿营地点;各分队的宿营区域;各级指挥所的位置;进出道路;通信联络的方法;各种信(记)号;完成宿营准备的时限;组织检查的时间、内容等。

3.物资器材准备

宿营前,应认真检查个人的着装(衣服、被褥)。冬季宿营时要重点检查棉(皮)帽、棉(皮)手套、棉(皮)大衣、棉(皮)鞋的携带情况;夏季宿营时应重点检查雨衣(布)、蚊帐的携带情况。每人都应准备1~2套干净的内衣,以备更换。除携带装备的锹、镐外,还应准备必要的大镐、大锹、钢钎、麻袋等工具和物资。为弥补制式露营器材的不足,部(分)队应视情况购买或租借部分露营所需要的材料如搭设简易帐篷的塑料薄膜、稻草、支撑木、斧、锯、线绳等。

(四)宿营地工作

部队到达宿营地后,应立即组织所属指挥员勘察地形,选定紧急集合场,组织部队构筑必要的工事,组织各种保障,以保证部队安全宿营。

1.组织侦察

为了继续行军同时防止敌人突然袭击,部队到达宿营地域后,应立即向有敌情顾虑和尔后行动的方向上派出侦察,查明敌情和尔后行军路线情况。同时,迅速搜集部(分)队的行军情况和到达宿营地域后的住宿情况,了解有关敌情和社情。

2.组织警戒

为保障部队安全休息,要周密地组织宿营警戒。宿营警戒的组织应根据敌情、地形和宿营部署确定。通常团(营)向受敌威胁较大的方向上派出连(排)哨,向次要方向派出排(班)哨,连派出班哨、步哨、潜伏哨、游动哨。警戒派出的距离以保障主力不受突然袭击和有时间组织部队投入战斗为宜。

一般连哨为4~6千米,警戒地带的宽度连哨为2~3千米,排哨为1~1.5千米,必要时,应组织有重点的环形警戒,除派出战斗警戒外,各部(分)队还应指定值班分队或火器,并派出直接警戒。

3.组织对空防御和对核、化学武器的防护

为防止敌人航空兵和核、化学武器的袭击,应周密地组织观察警报配系,确定对值班分队,组织防空火力体系,划分防空疏散地域,规定隐蔽伪装,灯火管制措施,明确遭敌空袭及核、化学武器袭击时各部(分)队的行动与遗敌袭击后的处置方法,如敌方可能在附近地区空降,还应制订反空降作战方案,组织部(分)队构筑必要的防空工事等。

4.建立通信联络

宿营地域的通信联络,通常以有线电通信和运动通信为主,同时应充分利用地方既设线路。驻地较远的部(分)队可在短时间使用无线电联络。

5.严密封锁消息

战时部队到达宿营地域后,要对部队和当地群众进行防奸保密教育,控制人员流动,严密封锁消息。

6.密切军民关系

平时组织部队训练,部队应与当地党政机关取得联系,得到他们对野营训练的支持。部队可在训练间隙做好群众工作或组织军民共建活动。部队宿营结束,要认真清理文件和武器装备,避免丢失,消除宿营时所留痕迹,进行群众纪律检查和做好善后工作。

(五)生存工事的构筑

生存工事是指用于部队隐蔽、宿营的地下或半地下工事。平时组织部队训练也可构筑营地式生存工事。野训营地构筑包括露营区、训练区、生活保障区、文体娱乐区等。

第四节 野外生存

野外生存,即人在食宿无着的山野丛林中求生,主要包括:判定方位、迷途的处置;猎捕动物和采食野生植物充饥;就地取材,构筑简易的露营遮棚;识别利用草药救治伤病等。概括起来说,野外生存就是走、吃、住、自救四项。

一、野外求救

在作战和野外训练中,因迷失方向可能会出现与部队失去联系的现象,为摆脱困境必须掌握求救和联络的方法。夜间可在高处点火堆；白天可燃烟，在火上放青草，就会发出白烟，每隔 6 分钟放一次青草，这是世界通用的救难信号；在易被空中、地面发现的地方用石块摆放成“SOS”的救援标记；在草原可用刀割或手拔出相应的求救标记；适时脱去与周围地物颜色相近的军装，露出白色或其他色彩鲜艳的衬衣；当发现我方救援飞机；可用小镜子或指北针的反光镜照射救援飞机；在森林中，也可通过击打树木发出宏大的声音与救援人员联络。

二、野外生存的基本需要及其获取

（一）水

水是野战生存的重要条件，从某种程度上来说比食物更重要。

1.寻找水源的方法

寻找水源通常可采取观察草木的生长位置和动物的活动范围的方法来判定。

（1）在许多干旱的沙漠、戈壁地区生长着柽柳、铃档刺等灌木丛的地表下 6~7 米深就有地下水；有胡杨生长的地方地下水位距地表面不过 5~10 米；芨芨草指示地下水位只有 2 米左右；生长茂盛的芦苇，地下水只有 1 米左右；如果发现金戴戴、马兰花等植物，便可判定下挖 1 米左右就能找到地下水。

（2）在南方，叶茂的竹丛不仅生长在河流岸边，也常生长在与地下河有关的岩溶大裂隙、落水洞口的地方。在广西许多岩溶谷地、洼地，成串的或独立的竹丛地，常常就是有大落水洞的标志。这些落水洞有的在洞口能直接看到水，有的在洞口看不到水，但只要深入下去往往就能找到地下水。

（3）从特殊植物的生长地点来判定地下水的水质情况，如见到马兰花、拂子茅等植物群，就可断定那里不太深的地方有淡水。

（4）在地下水埋藏浅的地方，泥土潮湿，蚂蚁、蜗牛、蟹等喜欢在此做窝聚居；冬天青蛙、蛇类动物喜欢在此冬眠；夏天傍晚，因潮湿凉爽，蚊虫通常在此成柱状盘旋飞绕。

2.鉴定水

由于水在自然界的广泛分布和流动，特别是地面水流经地域很广，一般情况下难以保证水源不受污染。在野外没有检验设备时，可以根据水的色、味、湿度、水迹概略地鉴别水质的好坏。

（1）通过水的颜色鉴定。纯净的水在水层浅时无色透明，深时呈浅蓝色，可以用玻璃杯或白瓷碗盛水观察，通常水越清水质越好，水越浑则所含杂质越多，水色随含污情况不同而变化，如含有腐殖质呈黄色，含低价铁化合物呈淡绿蓝色，含高价铁或锰呈黄棕色，含硫化氢呈浅蓝色。

（2）通过水的味道鉴定。一般清洁的水是无味的，而被污染的水带有一些异味。如含硫化氢的水有臭鸡蛋味，含盐的水则带咸味，含铁较高的水带金属锈味，含硫酸镁的水有苦味，含有机物质的水有腐败、臭、霉、腥、药味。为了准确地辨别水的气味，可以用一只干净的瓶装半瓶水，摇荡数下打开瓶塞后，立即用鼻子闻；也可以把盛水的瓶子放在约60摄氏度的热水中，若闻到水里有怪味就不能饮用。

(3)通过水温鉴定。地面水(江河、湖泊)的水温，因气温变化而变化，浅层地下水受气温影响较小，深层地下水，水温低而恒定。如果水温突然升高多是有机物污染所致。工业废水污染水源后也会使水温升高。

(4)通过水点斑痕鉴定。用一张白纸，将水滴在上面，晾干后观察水迹。清洁的水是无斑迹的，若有斑迹则说明水中杂质多、水质差。

3.净化饮用水

野外生存最重要的是要保持良好的身体状态，而净化饮用水对安全卫生是个保障。

(1)饮用水的消毒。水的消毒主要是杀灭有害人体的致病微生物，主要方法有两种：物理法(主要是将水煮沸消毒，这是一种既容易又简单而且比较可靠的消毒方法)；化学法(利用化学药品氯、碘、高锰酸钾、漂白粉、明矾、“69-1”型饮水消毒片等)。

(2)饮用水的洁治。常用方法有沉淀、过滤、混凝三种。在野外，因条件限制也可以用含有黏液质的野生植物净化浑浊的饮用水。饮用水最好再加少许漂白粉或煮沸消毒。

(二)食物

食物是为人体提供热能和营养，以维持生命的基本物质。野外生存时寻觅的食物种类主要有野生植物、动物、昆虫、鱼类、藻类等。大部分野生植物、动物、昆虫鱼类都可食用，只有少量有毒不可食用。

1.植物类食物

当找到某种具有潜在食用价值的植物时，如果是自己所不认识、未曾尝试过的植物，在食用之前必须先尝试其性味，鉴别是否有毒、可否食用。尝试时，一人一次只能尝试一种。在尝试过程中，如果出现疑惑，就不要试下去，应尽快设法把它呕吐出来。木炭灰是可用的催吐剂。少量木炭灰吞下肚就会诱使呕吐，此外它还能吸附毒素。植物被挤破弄烂后会很快变质，不再适于食用。因此，采集时应注意排放有序避免挤压和混合，以保持所采植物的鲜度。

(1)叶与茎：主要采摘柔嫩的幼枝。

(2)球根与块茎：可食用植物的球根和块茎，富含淀粉，最好煮熟再食用。

(3)野果：野果除了生吃之外，还可以做成热浆汁或是甜味饮料。采摘时，最好挑选已经熟透或接近成熟的，因为成熟的野果比较没有苦涩。

(4)坚果：坚果蛋白质含量高，甚至还可熬出食用油。落在树下的坚果表明已经熟透，成熟的坚果会自动掉下来，也可用长棍把它们敲打下来。

(5)种子和谷类：采摘植物种子时，要特别注意尝试，严格鉴别其是否含有致命的毒素，取食那些经过检验可以食用的种子和谷类。

(6)菌类：菌类指的是各种蘑菇类植物，蘑菇虽然味美，但有少数种类的毒蘑菇，一旦误食，即可能致人死命，因此，采摘前，必须先学会鉴别的方法。不要采食长有白色菌褶，茎干基部有菌托以及带菌环茎干的菌类；不要采食腐败的菌类。

(7)树皮：很多树的树皮是可以食用的，尤其是北方地区的桦树、柳树、白杨和三角叶杨树的树皮，树皮的纤维比较粗，应煮烂再食用。

(8)花朵：可食植物的花朵也是可以吃的，但由于花朵容易受到昆虫的污染，所以最好采摘尚未开放的，并且必须煮熟后食用。

2.动物类食物

捕捉一切能够食用的小动物，是野外求生时解决食物来源的有效方法。比较容易捕捉的小动物主要有蛇、蛙、龟、蜥蜴、鱼、虾等。

(1)蛇类。捕蛇首先必须保证自身安全。捕蛇的工具最好选取带有叉子的长木棍。打蛇要打七寸(即蛇的心脏所在位置)，下手要快、要准。可先用叉子叉住蛇的颈部，用另一木棍或重物猛击其头部。对付树上栖息的蛇可先用棍棒将其击落到地上。总之，捕蛇既要胆大，又要心细，要谨防被毒蛇咬伤。蛇的宰杀，可以剥皮，也可以不剥皮。其烹饪方法，可以红烧、清炖，也可以烧烤。

(2)鱼类。在江、河、湖、海、池塘等各类水系，垂钓或捕捉鱼、虾，也是获取食物的重要手段。对捕捉到的鱼，食用前必须辨别是否有毒。通常在热带浅海中，没有鱼鳞而有刺、尖棘或硬毛，形状比较怪异的，可能是毒鱼，不可食用。在我国，含有毒素的鱼类约有20种，如河豚、刺鱼、鳞豚、六斑刺豚、角箱豚等，其中最常见的有河豚。如果不慎误食毒鱼，应马上用高锰酸钾液洗胃，或服用催吐药、泻药将已食进的鱼毒排出。

(3)两栖动物。所有青蛙类的肉都可食用，但有些种类(如塘酥)皮下有毒腺烹煮之前必须剥皮。青蛙肉可煮成清汤，或红烧、爆炒，无论采用哪种烹饪方法，都必须煮熟煮透，以杀死寄生虫。

(4)鳖鱼类。龟、鳖类爬行动物肉味鲜美、营养丰富，是求生者难得的美食。捕捉方法：在水中的，可用渔网或钓钩捕捉；对爬上岸的、个头不大的按住背部即可捕获，个头大的也只需把它掀翻，使之背部朝下，但要随时阻止它们翻身，也要防止被它们的利齿咬伤。宰杀时，可先重击其头部，将其杀死，然后沿腹部剖开，去除内脏，切除头部，即可根据需要切块下锅烹煮。鳖肉必须煮熟方可食用。

(5)昆虫类。昆虫也是野外求生者能获取的动物性食物资源。最有利用价值的是白蚁、蚱蜢、蝗虫、蟋蟀、蜜蜂等。特别是蜜蜂，不但蛹、幼虫和成年蜂可以吃，而且在蜂房里还可以找到蜂蜜。蜂蜜富有营养且易为人体所吸收，是求生者理想的食物。昆虫最好经过烹、烧之后食用，这样既美味又安全。食用前，对诸如蝗虫、蚱蜢、蟋蟀之类的大型昆虫，要先去掉小腿及翅膀。因为腿毛会刺激消化道，某些种类幼虫的纤毛会引起皮疹。

(6)蜥蜴。蜥蜴各地均有，所有的蜥蜴肉都可以食用。大多数蜥蜴生性胆怯，但有些大蜥蜴和巨蜥受到攻击时会咬人。捕捉时要谨防被咬伤或被其利爪抓伤。捕捉到这类动物后，先砍头剁脚，然后剥皮、剖腹去除内脏，即可下锅烹饪或烧烤食用。

(三)火

野外求生者，不但要懂得如何生火和用火，而且要懂得控制火焰燃烧和安全用火。

1.选择生火点

根据所处环境的地形特点,确定生火的地点。最好选择在靠近宿营处,既能保证用火安全又便于火焰燃烧和散烟的地点。

(1)身处林区时:生火、用火必须优先考虑的问题是严防引发森林火灾,所以,生火点最好选在林中空地、林缘边、通过林区河流的岸上、小溪旁最高水位线上背风的地方。尽量避开易燃的针叶树林。

(2)身处草原时:生火点最好选在靠近水源的地方,如河流、水塘的旁边,也可选在背风的坡地上,但四周一定要开出2米以上的防火隔离带。用火过程必须全程有人值守,做到人走火灭。

(3)身处山地、丘陵地时,可寻找山洞、背风石崖旁、向阳背风的山坡上,或河床边、溪流旁的最高水位线以上的地方,但雨季要谨防山洪暴发。在山地生火时要依据植被情况,做好安全防火工作。

2.构筑火炉

为了保证用火安全,提高热效能,求生者应当在选定的生火点上,根据用途、地形特点和可能获取的材料,采用垒、挖、架等办法,构造合适的火炉。有条件时,也可以利用就便取材改造成火炉。

3.搜集燃料

(1)主燃料。最好选择燃烧持续时间长、热效能好、不发烟或发烟少的燃烧物。野外生存,可选择的燃烧物主要有枯木、干燥的动物粪便等。

(2)引火物。引火物最好是易燃物质。枯草、枯死的细小树枝、针叶松的落叶等是最好的引火材料。

4.点火方法

(1)火柴点火。

(2)凸镜生火。在阳光直射的情况下,可利用随身携带的放大镜、望远镜和照相机的凸镜将太阳光聚焦于引火物之上,将其点燃。

(3)火刀击打火石。操作方法:左手食指和拇指捏住火石,食指和中指之间夹住引火物(通常是带有余灰的引火纸卷),并使火石靠近引火物,右手握住打火刀(没有火刀用其他刀具的背部也行),按照划火柴的动作,用力击打火石,使之迸出火花,点燃引火物。

(4)钻木取火。操作方法:用一根干燥坚硬的纺锤状木棒在一块干燥的软木底座摩擦钻孔,靠钻孔摩擦发热点燃引火物。

(5)电池生火。电池放电产生的电火花可用来点火。一小块沾了点汽油的布就是最好的引火物,只要在这块布的上方爆出火花,就能燃起火苗。

5.用火

(1)合理安排工作,注意节省燃料。火焰燃烧起来后,求生者应当根据自己的需要,要分清轻重缓急,统筹安排工作顺序,合理利用燃料燃烧产生的热能。

(2)掌握燃烧技巧,保证持续用火。野外生火非常不容易,所以,必须注意保存火种。为了使火焰持续燃烧,必须备有较多的燃料,并学会控制燃烧的技巧。

(3)注意用火安全,防止引发火灾。在选择生火地点时,要尽量避开易燃的植被;生火前,生火点四周要有足够的防火隔离带,如果没有自然形成的隔离带,应人工开辟 2 米以上的防火隔离带;要有灭火应急措施,在生火点的旁边,必须备有沙土堆或水,或备有灭火工具,一旦火势失控,马上扑灭;从点火到撤离的整个用火过程,火堆、火炉边都必须有人值守,发现燃烧有可能失控时,立即进行处理;撤离生火地点时,必须把火彻底扑灭,并用沙土覆盖,以防死灰复燃,引发火灾。

第五节　识图用图

一、地形图基本知识

(一)地图概述

1.地图的定义

地图,是地球表面自然和社会现象的缩写图。它是按照一定的数学法则,用特定的图式符号、颜色和文字注记,将地球表面的自然和社会现象,经过一定的制图综合测绘于平面上的图。

2.地图的分类

按表示内容可分为普通地图和专题地图;按比例尺可分为大、中、小比例尺地图;按用途可分为政区图、军用图、航海图、交通图等。

普通地图又分为地形图和地理图,大于或等于 1 : 100 万比例尺的普通地图叫地形图,是国家经济建设、国防建设和军队作战训练不可缺少的主要地形资料。专题地图又称专门地图或主题地图。它是以普通地图为底图,着重表示某一专题内容的地图,如地貌图、交通图、气象图等。

(二)地图比例尺

地图比例尺是指地图上某两点间直线长度与相应实地水平距离之比。为便于了解地图缩小的倍数,分子通常化为 1,即:

地图比例尺 = 图上直线长度/相应实地水平距离 = 1/M

M 为比例尺分母,其值越大,比例尺越小;其值越小,比例尺越大,一幅地图,当幅面大小一定时,比例尺越大,它所包括的实地范围越小,图上显示内容越详细;比例尺越小,包括的实地范围越大,图上显示的内容越简略。

读距离的方法,通常用直尺量算,在直线比例尺上比量,用里程表量读。这里只介绍用直尺量算。用直尺量算距离时，先用直尺在图上量取所求两点间的长度（厘米）然后乘以该图比例尺分母，即得实地水平距离。其公式为：

实地水平距离＝图上长×比例尺分母

如在 1：15 万地形图上量得某两点间长为 3.2 厘米，则实地水平距离为：

3.2 厘米×50000＝160000 厘米＝1600 米

这种方法量得的距离，为水平距离，当路线起伏较大时，应按其平均坡度另加坡度及弯曲改正数。

坡度及弯曲改正数表

<table>
<tr><th>坡度</th><th>+改正数（%）</th><th>坡度</th><th>+改正数（%）</th><th rowspan="5">如：图上量读距离为 2000 米，平均坡度为 13°，则实地距离＝2000＋2000×20%＝2400 米</th></tr>
<tr><td>0°～4°</td><td>3</td><td>20°～24°</td><td>40</td></tr>
<tr><td>5°～9°</td><td>10</td><td>25°～29°</td><td>50</td></tr>
<tr><td>10°～14°</td><td>20</td><td>30°～34°</td><td>65</td></tr>
<tr><td>15°～19°</td><td>30</td><td>35°40°</td><td>80</td></tr>
</table>

（三）地物符号

地物在地图上是按照《地形图图式》规定的符号和注记表示的，这些符号称地物符号。根据地物符号和注记，可以识别现地地物的种类、性质和分布情况，分析它们在军事上的价值。

1.地物符号的图形

地物符号的图形，多数是参照地物的平面形状设计的，如居民地、河流等；有些是参照地物的侧面形状设计的，如烟囱、水塔等；有些是按有关意义设计的，如变电所、气象站等。了解地物符号设计的一般规律，再与现地地物的形状进行联想，就易于识别和记忆。

2.地物符号的分类

（1）点状符号。点状符号是指地物在自身结构和形体上自成一体且相对独立、不能依比例尺表示的地物符号。如水塔、烟囱、纪念碑等。

（2）线状符号。线状地物符号是指地物以线性结构为特征，其宽度不能依比例尺表示的符号。如，铁路、公路、土堤等。

（3）面状符号，面状符号是指实际地物占地面积能依比例尺显示于地形图上的符号。如密集的居民地、江河湖泊、水库池塘、森林植被等。

3.符号的有关规定

（1）符号的注记。注记是用文字和数字来说明符号不能表示的质量、数量和名称，如居民地，江河、山和山脉的名称注记，公路路面质量等的说明注记，以及说明物体数量特征的数字注记。

（2）符号的颜色。为使地图内容层次分明，清晰易读，有较强的表现力，地形符号采用不同的颜色。

黑色——表示人工地物和部分自然地物,如居民地、道路、独立石、溶洞。

蓝色——表示与水、冰雪有关的物体,如湖泊、水渠、冰川、雪山。

绿色——表示与植被有关的物体。

棕色——表示地貌与土质。

(四)地貌判读

地图上表示地貌的方法很多,主要有等高线法、渲法、分层设色法、写景法等。这里主要介绍等高线法。

1.等高线显示地貌

(1)等高线显示地貌的原理。设想用一组高差间隔相等的水平面去截割地貌,则其截口必为大小不同的闭合曲线,并随山背、山谷的形态不同而呈现不同的弯曲形状,将这些曲线垂直投影到平面上,便形成了一圈套一圈的等高线图形。这些曲线的多少、形态与实地地貌的高程和起伏情况相一致。

(2)等高线显示地貌的特点。同一条等高线上各点的高程相等;相邻等高线的间隔与地面坡度成反比;等高线弯曲形状与实地地貌保持相似关系;等高线是闭合曲线,一般情况下互不相交。

(3)高程起算与注记。我国过去以 1956 年黄海平均海水面为全国高程起算的基准面。20 世纪 80 年代,通过复查和计算,对原起算基准作了准确修正,定为“1985 国家高程基准”。从平均海水面起算的高度叫高程,也叫真高,或称海拔。两点间高程之差叫高差。

地形图的高程注记有两种:一种是点的高程注记,用黑色,字头朝向北图廓;一种是线的高程注记,用棕色,字头朝向上坡方向。

比高(由地物所在地面起算的高度)注记,与其所属要素的颜色一致。

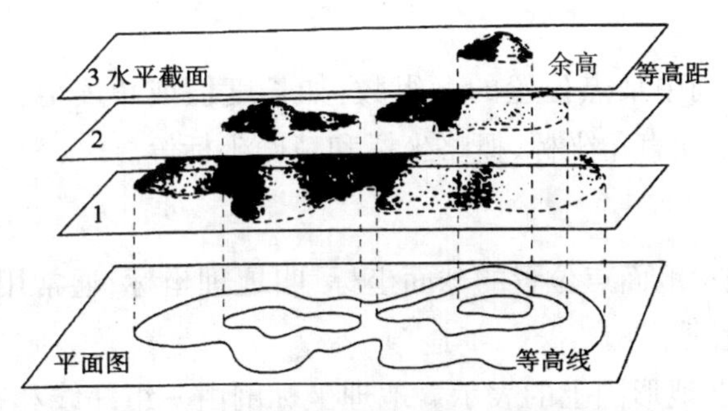

图 9-1 等高线表示地貌的原理

2.地貌的识别

地貌形态虽有多样,但它们都是由山顶、凹地、山背、山谷、鞍部、山脊等地貌元素组成的。掌握了识别这些地貌元素的要领,即能识别各种地貌形态。

山顶,山的最高部位叫山顶。以等高线中最小环圈表示,有的环圈外绘有示坡线,表示斜坡方向。

凹地,四周高、中间低,无积水的地域叫凹地。大范围的则称盆地。凹地在地形图上也是用闭合的等高线表示的,但内圈高程低于外圈高程。

山背,从山顶到山脚向外突出的部分叫山背。图上表示山背的等高线从山顶起逐渐向外凸出,凸起部分顶点的连线叫分水线。

山谷,相邻两山背或山脊之间的低凹部分叫山谷。图上表示山谷的等高线,逐渐向山顶或鞍部方向凹入,最凹部分的连线叫合水线。

鞍部,相邻两山顶间形如马鞍状的部分。图上用一对表示山背和一对表示山谷的等高线显示。

山脊,由数个相邻山顶、山背、鞍部所连接的凸棱部分。山脊的最高棱线叫山脊线。

3.高程、起伏和坡度的判定

(1)高程和高差的判定。首先了解本图等高距,在判定(目标)点附近找一等高线或点的高程注记;然后根据判定点与高程注记的关系位置,向上或向下数等高线,相应加减等高距,即可判定目标点的高程。

两点的高程相减,即为两点的高差。

(2)地面起伏的判定。判明行动地区和行进方向的起伏,可依等高线的疏密情况、高程注记,河流位置和流向,判定山脊、山背、山谷的分布和地形总的起伏状况。

判明行进路线的起伏,先应判定等高线的起伏方向,再按行进路线穿越等高线的多少,疏密和方向等进行判定。也可在判定山背、山及河流位置后,依行进路线的方向来判明路线的上下坡情况。

(3)坡度的判定,判定地图上某段坡度时,用两脚规量取该段相邻两条或间隔相等的相邻 2~6 条等高线之间隔,然后保持张度不变,到坡度尺上相同的间隔上比量,读出下方相应的坡度。

(五)坐标

确定平面上或空间中某点位置的一组数,如长度值或角度值,叫该点的坐标。坐标又可分为地理坐标、平面直角坐标、概略坐标和精确坐标等。

1.地理坐标

用纬度和经度表示地面点位置的球面坐标,叫地理坐标,通常用度、分、秒表示,般用来指示飞机、舰船位置等。

(1)地理坐标网在地形图上的表示。地理坐标网由一组纬线和一组经线构成。地形图是按纬度和经度分幅的,南、北内图廓线是纬线;东、西内图廓线是经线。地图比例尺不同,表示地理坐标网的形式也有区别。

1∶2.5 万、1∶5 万、1∶10 万的地形图,只绘平面直角坐标网,其四边图廓间绘有经、纬度分度带,分度带的每个分划表示 1 分,将它们对应的度、分连接起来,即构成地理坐标网。

1∶25 万、1∶50 万、1∶100 万的地形图,只绘地理坐标网。横线是纬线,纵线是经线,经、纬度数值注记在内外图廓间,在四边内图廓线上还绘有表示分、秒的短线。

(2)地理坐标的量读。在大比例尺地形图上量读某点的地理坐标时,可通过该点分别向经、纬分度带作垂线,直接在分度带上读取坐标,也可连接对应的分度带,即可绘成地理坐标网。量读地理坐标时,一般按先纬度后经度的顺序进行。

2.平面直角坐标

用平面上的长度值,表示地面点位置的直角坐标,叫该点的平面直角坐标。由于经纬线在图上多是弧线,不便于图上作业,更不便于距离和角度的换算,因此,在大比例尺图上都绘有平面直角坐标网。

平面直角坐标是由两条垂直相交的直线建立起来的坐标系统。纵线为纵轴,以 X 表示;横线为横轴,以 Y 表示;两直线的交点为坐标原点,以 0 表示。确定某点的位置时,以该点到横轴的垂直距离为纵坐标(X),到纵轴的垂直距离为横坐标(Y)。并规定,X 值在横轴以上的为正,以下的为负;Y 值在纵轴以右的为正,以左的为负。如甲点的坐标:X = 250,Y = 30。用这种方法确定点位的,就叫平面直角坐标法。我国地形图上的平面直角坐标网,是按高斯投影构成的。高斯投影是以 6°为一带,每个投影带的中央经线是直线,与中央经线相垂直的另一条直线是赤道。地形图上的平面直角坐标,就是以中央经线为纵轴(X),以赤道为横轴(Y),其交点为坐标原点(0),这样,每个投影带便构成一个独立的坐标系。同时,再分别以坐标系的纵轴(各投影带的中央经线)和横轴(赤道)为基准,按每隔 1 公里作平行线,形成平面直角坐标网。在比例尺大于 1∶10 万的地形图上,以绘制平面直角坐标网为主。我国领土位于赤道以北,所以纵坐标(X)值均为正值;横坐标(Y)值,位于中央经线以东的为正,位于中央经线以西的为负。为了计算方便,消除负数,又将横坐标(Y)值均加上 500 公里常数,(即等于将纵轴西移 500 公里)横坐标以此纵轴起算,Y 值也就全是正数了。

(六)方位角与偏角

1.方位角

从某点的指北方向线起,按顺时针方向量至目标点方向的水平角,叫作某点至目标点的方位角。通常用密位或 360°角制量度。军事上标定地图方位、指示目标、确定射向保持行进方向等,都用到方位角。

由于有三种指北方向线,故有三种方位角。

(1)真方位角。地面上某点指向北极的方向叫真北,其方向线叫真北方向线(或真子午线)。以真子午线北方向为基准方向的方位角,叫真方位角。真方位角主要用于精密测量。

(2)磁方位角。地面上某点磁针所指的北方叫磁北,其方向线叫磁北方向线(或磁子午线);以磁子午线北方向为基准方向的方位角,叫磁方位角。地形图南、北图廓上的磁南、磁北两点的连线,为该图磁子午线。磁方位角,是在军队行进、炮兵射击及航空、航海时广泛应用的。

(3)坐标方位角。地形图上平面直角坐标纵线所指的北方叫坐标纵线北方向。以坐标纵线北方向为基准方向的方位角,叫坐标方位角,主要用于炮兵射击指挥。

2.偏角

地面点的真北、磁北和坐标北方向线,叫三北方向线。它们之间的夹角,叫偏角,也叫三北方向角,偏角共有三种。

(1)磁偏角。任意点的磁北方向对于真北方向的夹角,叫作该点的磁偏角。磁子午线在真子午线以东的为东偏,在真子午线以西的为西偏。

(2)磁坐偏角。任意点的磁北方向对于坐标北方向的夹角,叫作该点的磁坐偏角。磁子午线在坐标纵线以东的为东偏,在坐标纵线以西的为西偏。

(3)坐标纵线偏角。任意点的坐标北方向对于真北方向的夹角,叫作该点的坐标纵线偏角。坐标纵线在真子午线以东的为东偏,在真子午线以西的为西偏。在比例尺大于和等于1∶10万地形图上,以图幅中心点的偏角为准,在南图廓下方绘有偏角图,用它可进行不同方位角的换算。三种偏角,东偏为正,西偏为负。

3.方位角量测与换算

(1)用量角器量读坐标方位角。量读某点至目标点的坐标方位角时,先将两点连成直线,使其与坐标纵线相交;然后用量角器按方位角的定义量读。

当坐标方位角大于30-00180°时,应将量角器放在坐标纵线的左边,使零分划朝南,将量读出的密位数加上30-00,即为所求坐标方位角。

(2)磁方位角与坐标方位角的换算。

求磁方位角。当坐标方位角已知时,计算公式是:

磁方位角=坐标方位角-磁坐偏角

求坐标方位角。当磁方位角已知时,计算公式是:

坐标方位角=磁方位角+磁坐偏角

二、现地使用地形图

现地使用地形图,主要是通过地图与现地对照,明确自己所处位置,了解周围地形情况,确定遂行任务的方向和目标。

(一)现地判定方位

现地判定方位,就是在现地判明东、西、南、北方向,它是现地用图和遂行作战任务的前提。

1.利用指北针判定

平置指北针,待磁针静止后,磁针北端所指的方向就是北方。常用的指北针为62式和65式。使用指北针前应检查磁针是否灵敏,使用时应避开高压线和钢铁物体。指北针在磁铁矿和磁力异常地区不能使用。

2.利用太阳和时表判定

北半球当地时间 6 时左右太阳在东方，12 时在南方，18 时左右在西方。根据这一规律，可概略判定方位。要领是："时数折半对太阳，12 指的是北方"。当地时间是下午 2 时 40 分，即 14 时 40 分，则以 7 时 20 分对太阳，此时表盘"12"所指的方向就是北方。

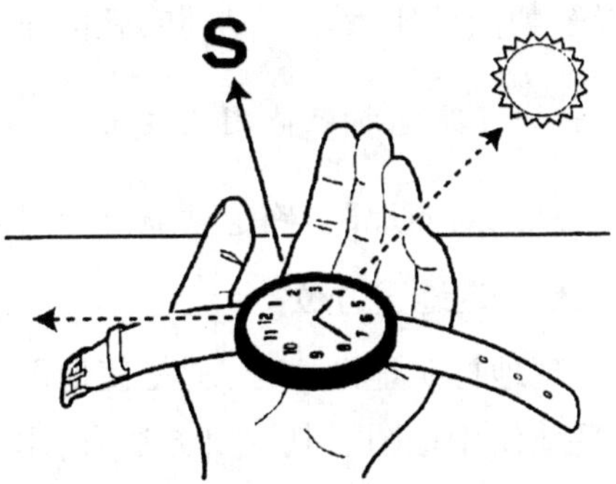

图 9-2　利用太阳与时表判定方向

3.利用北极星判定

小熊星座尾巴上最亮的一颗星，叫北极星。北极星位于正北天空，离地平面高度相当于当地的纬度。通常根据北斗七星（大熊星座）或 3 字星（仙后星座）寻找，它们位于北极星两边，围绕北极星旋转。北斗七星是 7 个比较亮的星，形状似一把勺子，将勺头甲乙两星连线向勺口方向延长，约为甲乙两星间隔的 5 倍距离处，有一颗略暗的星，就是北极星。当北斗七星转到地平线下，则可利用 3 字星寻找，3 字星由 5 颗较亮的星组成，形似"3"字，在 3 字缺口方向约为缺口宽度的两倍距离处，就是北极星。夜间找到了北极星就找到了北方向。

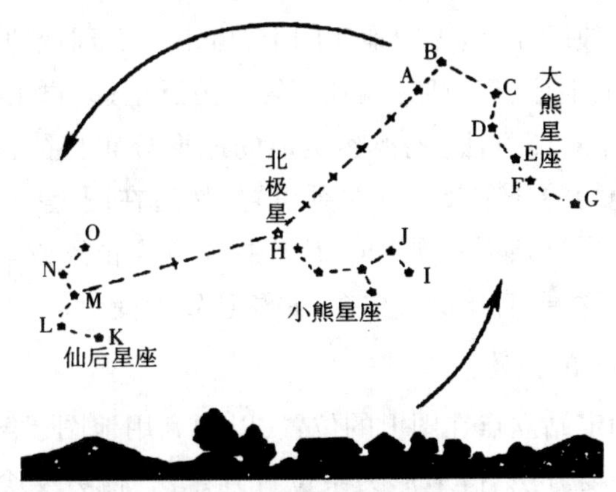

图 9-3　利用北极星判定方向

4.利用地物特征判定

有些地物、地貌受阳光、气候等自然条件的影响，形成了某些特征，利用这些特征可概略判定方位。

（1）独立大树，通常是南面向阳的枝叶茂密，树皮光滑；而北面背阳的枝叶稀疏，树皮较粗糙。砍伐后，树桩上的年轮，北面间隔小，南面间隔大。

（2）突出地面的物体，南面干燥，青草茂密，冬季积雪融化较快；北面潮湿，易生青苔，积雪融化较慢凹陷物体和林中空地等南北方向的上述现象则相反。

（3）我国农村的住房和较大的庙宇、古塔的正门多向南开。

（4）我国北方草原、沙漠等地区，因受西北风的影响，在灌木、草窠附近形成的沙垄，其头部大尾部小,头部指西北方向,尾部指东南方向;在有新月形沙丘的地区,其迎风面坡缓,朝向西比;背风面坡陡,朝向东南。

(二)现地对照地图与定位

现地对照地图,确定站立点、目标点在图上的位置,是现地用图的主要内容。

1.标定地图方位

现地标定地图方位,就是使地图的上北、下南、左西、右东方位与现地方位一致,以便于现地使用地图。其主要方法有:用指北针标定,利用直长地物标定,利用明显地形点标定等。这里介绍用指北针标定的方法,即将指北针的准星朝向地图上方,直尺边切于地图磁子午线,然后转动地图使磁针北端指零,则地图方位即已标定。

2.现地对照地形

现地对照地形,就是在现地把图上的地形符号与现地的地物、地貌一一对应判别出来。同时要求把现地有而图上没有,或图上有而现地已不存在的各类地形元素在图上或现地的位置找到。它通常是在标定地图方位之后进行的,先通过观察实地地形概貌,判定站立点的概略位置;再依此进行全面、详细的现地对照;然后准确判定站立点的图上位置。因此说,现地对照与判定站立点的图上位置是交替进行互相联系的一项工作。

现地对照地形的一般顺序是:先现地后图上,再由图上到现地,反复进行。对照的要领是:先对照大而明显的地形,后对照一般地形;先由近至远,再由远及近,按一定方向顺序进行,逐片进行对照。对照方法:先观察实地的地形分布特征,特别是山川大势,脊谷走向,形状大小,重要地物的分布及相互关系位置,然后在图上一一"对号入座",进而判定站立点的位置。当地形复杂不便观察时,应变换站立点位置或登高观察。

现把对照地形应注意,要有比例尺概念,并注意发展变化。

3.确定站立点在图上的位置

现地用图需随时确定站立点在图上的位置,以便利用地图了解周围地形和遂行作战任务。确定站立点的主要方法有:地形关系位置判定法、侧方交会法、后方交会法、磁方位角法等。这里主要介绍地形关系位置判定法。

先标定地图方位,按照现地对照的方法步骤,逐一判出站立点四周明显地形点在图上的位置;再依它们对于站立点的关系位置,在图上确定出站立点的位置。

4.确定目标点在图上的位置

作战中常需将新增和新发现的地形目标与战术目标标绘在地图上,以便量取坐标、指示目标和确定射击诸元。确定目标点在图上的位置,是在确定站立点在图上位置之后进行的,主要方法有:地形关系位置判定法、前方交会法、截线法等。这里主要介绍地形关系位置判定法。

首先观察实地目标点与周围明显地形点的关系位置,然后在图上找出相应符号,并依关系位置确定目标点的图上位置。如目标为敌坦克发射点,位于三角点所在高地和张家庄北无名高地之间的鞍部,且在分水线以南、小路以北的斜坡上。故按此关系在图上找到鞍部,而后按目标对于分水线和小路的距离比,在图上定出敌坦克发射点的位置。

第六节 电磁频谱监测

电磁频谱,是指按电磁波波长(或频率)连续排列的电磁波族。在军事上,电磁频谱既是传递信息的一种载体,又是侦察敌情的重要手段,因此成为交战双方争夺的制高点之一。世界上一些军事强国普遍认为,电磁频谱是唯一能支持机动作战、分散作战和高强度作战的重要媒体。外军评论认为:“频谱是一种无形的战斗力,并且是可与火力机械动力相提并论的新型战斗力。”甚至预言:“21 世纪将是频谱战的时代”;“战时频率资源如同弹药、油料一样重要,是作战的必需物资基础。”因此,加强信息化建设,加强频谱管理,连着战斗力的全面提升,连着打赢未来信息化战争,必须予以高度重视。

电磁频谱在经济、军事等领域的广泛应用,使其逐渐从后台走向前台,世界范围内的频谱和卫星轨道资源争夺日益激烈,电磁空间成为各方搏杀的主要战场。各国竞相完善相关法规,最大限度地维护本国的电磁频谱空间利益,极力推进电磁频谱资源市场化和国际化。美国人讲:“频谱是一个国家的主权。”

面对频谱资源竞争日益激烈的严峻形势,中央军委指出:“时代的进步和我国的发展,使我们的国家安全利益逐渐超出传统的领土、领海、领空范围,不断向海洋、太空、电磁空间扩展和延伸。太空安全、海洋安全、电磁空间安全,已成为国家安全的重要领域。”

一、电磁频谱监测基本知识

电子技术装备利用的电磁频谱已覆盖从极低频短波、微波、毫米波、亚毫米波、红外到可见光等全部频谱,电磁空间将全方位地向其他所有空间扩展,并相互渗透。在未来复杂的信息化战场环境中,合理地管理与有效利用无线电频谱,达到制频谱权的目的,已成克敌制胜的关键因素之一。

(一)信息化战场电磁频谱特点

(1)信息化战场中,决定频谱承载力的因素增多,包括带宽、可利用性/可及性、空间参数、瞬时参数、电磁波特性电磁环境功率、频谱管理措施、技术限制等;(2)在信息化战场中数字射频系统对频谱有更高要求,数字无线电系统具有了新的特征;(3)使用无线电频谱的设备数量与设备种类特别多。

在数字化战场条件下,频谱管理工作自然发生了很大变化,除了考虑一般性因素外,还应该考虑诸如如何制频谱权、频谱如何支持战场信息传输系统等一系列问题。

(二)系统基本功能

电磁频谱监测系统应具有以下基本功能:

(1)截获以雷达为主的非通信辐射源信号。

(2)测量信号特征参数。

(3)辐射源测向和定位。

(4)数据分析及处理。

(5)电子情报现场处理。

(6)数据管理与交换。

(7)支持组网监测。

(三)系统基本组成

电磁频谱监测系统主要由信号截收、测向定位、分析处理、运行管理、数据传输和辅助等分系统组成。

二、电磁频谱监测方法训练

(一)紧贴训练任务,加强基本理论学习

一是加强基础知识学习。官兵在掌握频谱管理基础知识的同时,进一步学习光学、电磁学、信号测向、通信干扰等知识,使官兵了解电磁波的基本概念、频谱区分、波形特征和传播特点。二是加强基本技能学习。加强频管装备基本常识以及信息化战争基本理论等信息化知识的学习,组织对本单位用频装备以及作战对手电子战装备的战、技术性能及其电子进攻的基本原则、方法和手段进行研究和学习,突出频谱监测装备操作运用技能的训练,打牢电磁频谱监测和管理训练的基础。三是加强基本战法学习。了解战场地理环境和电磁环境,熟悉复杂电磁环境下频管系统组织运用的原则及作战频管战法、管法等,学习电磁辐射在军事上的运用及对作战行动的影响。

(二)区分对象层次,合理确定训练内容

应根据任务需要,对象不同,合理设置训练任务,突出训练重点,狠抓训练落实。训练中的重点“装备操作运用”,难点“目标信号侦析”等课题,进行集中研究和反复调练。综合运用“基地化、模拟化、网络化”等手段,借助分布交互仿真技术,计算机技术和网络技术,把分散的软、硬件设备及参训者有机地联系在一起。

(三)突出技能训练

主要围绕提高复杂电磁环境下频谱监测和管理的适应能力,加强复杂电磁环境下现有频管装备的技术基础训练,实现人与装备的有机结合。在熟悉各类频管装备优缺点和使用条件的基础上,重点熟练掌握装备应对复杂电磁环境的操作程序、防护及维修的方法和手段运用,同时要突出环境监测、信号源测向定位,干扰源查找等训练。

参考文献

[1]叶育旺,梁思影．大学生军事理论教程[M].上海:上海交通大学出版社,2019.
[2]李彦涛,刁莹,张阳红．军事理论教程[M].哈尔滨:哈尔滨工程大学出版社,2019.
[3]罗蕊,邹星庐,门传开．大学生军事理论教程[M].北京:科学出版社,2018.
[4]李小荣．大学生军事课教程[M].北京:中国电力出版社,2018.
[5]郭满,齐亮,吴党阳．大学生军事理论教程[M].西安:西北工业大学出版社,2018.
[6]潘成阳,陈进,李伟．大学生军事理论教程[M].北京:科学出版社,2018.
[7]肖占中．军事理论与军事技能教程[M].北京:军事谊文出版社,2010.
[8]袁德金.毛泽东军事思想教程[M].第2版.北京:军事科学出版社,2012.
[9]全军军事术语管理委员会.军事科学院中国人民解放军军语[M].北京:军事科学出版社,2011.
[10]李大光.影响未来战争演变的军事高技术[M].北京:兵器工业出版社,2011.
[11]凌胜银.中国特色社会主义国防建设研究[M].北京:军事谊文出版社,2012.
[12]中华人民共和国国务院新闻办公室.中国武装力量的多样化运用[M].北京:人民出版社,2013.
[13]中共江苏省委组织部,江苏省军区政治部.江苏省加快国防现代化建设干部读本[M].南京:南京大学出版社,2013.
[14]吴国辉.科技铸剑——国防科技和武器装备创新发展[M].北京:长征出版社,2014.
[15]于巧华.战之能胜——提高信息化条件下威慑和实战能力[M].北京:长征出版社,2015.
[16]中华人民共和国国务院新闻办公室.中国的军事战略[M].北京:人民出版社,2015.
[17]总体国家安全观干部读本[M].北京:人民出版社,2016.
[18]中共中央宣传部.习近平总书记系列重要讲话读本(2016年版)[M].北京:学习出版社,人民出版社,2016.
[19]何毅亭.以习近平同志为核心的党中央治国理政新理念新思想新战略[M].北京:人民出版社,2017.
[20]刘杰,张言军.新编大学生军事课教程[M].大连:大连理工大学出版社,2012.
[21]国防大学大学生军训教研室.军事理论教程[M].北京:人民邮电出版社,2017.
[22]翟毓兴.大学军事理论教程(第四版)[M].上海:复旦大学出版社,2017.
[23]王英杰.军事理论与技能训练[M].北京:机械工业出版社,2015.

参考文献